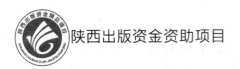

陕西出版资金资助项目

包容性创新

——地方政府创新的路径选择

赵 武 著

西安电子科技大学出版社

内 容 简 介

    包容性创新这一概念无论从理念上还是从政策角度，对于我们而言都是全新的。本书梳理了包容性创新的概念框架，并依据社会排斥理论、BOP 战略、福利经济学等理论，剖析了包容性创新的机理，指出地方政府包容性创新的突破口，书中尝试并建立了符合当地包容性创新的绩效评级体系，并从政府角度提出包容性创新政策的框架建议。

    本书理论联系实际，丰富和深化了包容性创新理的论研究，为专家学者进一步研究提供参考，也为地方政府有效组织和实施包容性创新提供科学有效的指导和支撑。

图书在版编目(CIP)数据

包容性创新：地方政府创新的路径选择/赵武著. —西安：西安电子科技大学出版社，2018.12
ISBN 978 - 7 - 5606 - 3988 - 8

Ⅰ. ① 包…　Ⅱ. ① 赵…　Ⅲ. ① 地方政府—行政管理—创新管理—研究—中国　Ⅳ. ① D625

中国版本图书馆 CIP 数据核字(2015)第 318749 号

策划编辑　高樱
责任编辑　高樱　毛红兵
出版发行　西安电子科技大学出版社(西安市太白南路 2 号)
电　　话　(029)88242885　88201467　　邮　编　710071
网　　址　www. xduph. com　　电子邮箱　xdupfxb001@163.com
经　　销　新华书店
印刷单位　陕西利达印务有限责任公司
版　　次　2018 年 12 月第 1 版　2018 年 12 月第 1 次印刷
开　　本　787 毫米×960 毫米　1/16　印张　14
字　　数　275 千字
印　　数　1～1000 册
定　　价　33.00 元
ISBN 978 - 7 - 5606 - 3988 - 8/D

XDUP 4280001 - 1

* * * 如有印装问题可调换 * * *

前　　言

　　十八届五中全会提出了全面建成小康社会新的目标要求：经济保持中高速增长，在提高发展平衡性、包容性、可持续性的基础上，到二○二○年国内生产总值和城乡居民人均收入比二○一○年翻一番，产业迈向中高端水平，消费对经济增长贡献明显加大，户籍人口城镇化率加快提高；农业现代化取得明显进展，人民生活水平和质量普遍提高，我国现行标准下农村贫困人口实现脱贫，贫困县全部摘帽，解决区域性整体贫困；国民素质和社会文明程度显著提高；生态环境质量总体改善；各方面制度更加成熟、更加定型，国家治理体系和治理能力现代化取得重大进展。创新、协调、绿色、开放、共享的发展理念，是关系我国发展全局的一场深刻变革。全会提出，坚持创新发展，必须把创新摆在国家发展全局的核心位置，不断推进理论创新、制度创新、科技创新、文化创新等各方面创新，让创新贯穿党和国家一切工作，让创新在全社会蔚然成风。

　　近些年中国经济突飞猛进，吸引了全世界的目光。然而在取得举世瞩目的成就的同时，一些严峻问题也随之涌现：改革开放及经济快速增长的成果并未惠及社会所有成员，收入分配差距和贫富差距并没有得到实质性解决，反而急剧拉大；在建设创新型国家的进程中传统产业、不发达地区和低收入人群被排斥在创新大背景之外；低收入人群和弱势群体的潜在需求并未得到重视和挖掘，其创新创业能力未能被制度化地加以开发利用；尤其在金融危机爆发后，中国社会经济需要转型升级，需要扩大内需，需要通过创新驱动发展的模式来刺激经济内生力。

　　在当前复杂的国内外环境下，为促进经济的可持续发展、保持社会的和谐稳定以及健康的生态环境，我们必须重塑发展理念，从单纯追求 GDP 增长方式转向更有利于低收入群体的包容性增长(Inclusive Growth)，强调经济增长在创造就业与创造价值的同时消除由于个人背景或环境造成的机会不平等。但现有的创新系统是精英型的创新，基本上是以企业、政府、高校以及科研院所为核心构成的，关注的是经济效益与技术效率，不会把低收入群体纳入考虑，当然这种情况是由多方面的原因造成的。包容性创新(Inclusive Innovation)的提出可以很好地解决这一问题，为实现包容性增长提供了新的理论支持。

"包容性增长"这一概念最早是由亚洲开发银行在 2007 年提出来的，其基本内涵是指倡导机会平等的增长，其最终目的是让普通民众最大限度地享受经济发展带来的收益。2010 年 9 月 16 日，胡锦涛主席在亚太经合组织上发表了题为《深化交流合作，实现包容性增长》的致辞，指出"实现包容性增长，根本目的是让经济全球化和经济发展成果惠及所有国家和地区、惠及所有人群，在可持续发展中实现经济社会协调发展。"包容性增长寻求的是社会、经济、生态协调发展与可持续发展，与单纯追求 GDP 增长相对立。包容性增长又被称共享型增长或机会均等的增长，是一种全新的增长理念。既要通过经济增长创造就业和其他发展机会，又要使发展机会均等化；既要通过保持经济的高速与持续的增长，又要通过减少与消除机会不均等来促进社会的公平与包容性；在保持经济增长的同时，让社会和各阶层人群分享到增长的利益，让弱势群体得到保护。简而言之，包容性增长就是让所有人享受经济增长带来的好处，促进社会的公平与包容性。

　　2011 年 4 月，博鳌亚洲论坛召开，胡锦涛主席发表《包容性发展：共同议程与全新挑战》主旨演讲，阐述中国对这一概念的看法以及中国在"包容性发展"方面的实践。胡锦涛主席正式提出了"包容性发展"这一概念，强调："在经济发展的同时，要获得社会的发展和人的发展。""包容性发展"很快取代"包容性增长"进入公众是视野，引起了广大专家学者研究的兴趣。包容性发展理论的提出，说明中国乃至亚洲的发展和经济增长模式已经到了转型的关口，必须从单纯追求经济增长转向包容性增长、可持续发展和社会共享繁荣。由"包容性增长"向"包容性发展"的转变，是为了突出关注重点的变化。发展不仅包含了经济的增长，而且还包含了社会、教育、医疗、生态环境等各个方面的共同发展。由此可见，包容性发展与科学发展观是一脉相承的。

　　在"包容性增长"到"包容性发展"的实践发展中，"包容性创新"应运而生。2012 年 5 月，中国财政部、世界银行联合在北京举办了"亚太地区包容性创新政策论坛"。来自世界银行、亚洲开发银行、全球研究联盟等国际机构的专家学者围绕包容性创新的概念和模式、基层创新的推进和传播、有利于推动包容性创新的政策环境、有关国家的包容性创新实践等内容进行了有益的探讨与交流。我国十八届三中全会明确提出要"让全体中国人民共享发展成果"，中国政府已将建立和谐社会、减少收入差距、扩大基本公共服务作为最重要的发展目标。包容性创新与中国现阶段社会经济转型升级密切相关，它意味着单纯追逐快速外向的经济增长模式将得到改变。人们普遍关注民生幸福、社会公平和生态环境，在更高的程度上开发和利用社会群体创新力，形成经济改革成果惠及社会多数人的创新机制。

　　党的十八大以来，以习近平同志为总书记的党中央毫不动摇地坚持和发展中国特色社会主义，勇于实践，善于创新，深化对共产党执政规律、社会主义建设规律、人类社会发展规律的认识，形成了一系列治国理政新理念、新思想和新战略，在新的历史条件下深化改革开放，加快推进社会主义现代化提供了科学理论指导和行动指南。十八届五中全会提出，坚持绿色发展，必须坚持节约资源和保护环境的基本国策，坚持可持续发展，坚定走生产发展、生活富裕、生态良好的文明发展道路，加快建设资源节约型、环境友好型社会，形成人与自然和谐发展的现代化建设新格局，推进美丽中国建设，为全球生态安全作出新贡献。坚持共享发展，必须坚持发展为了人民，发展依靠人民，发展成果由人民共享，作出更有效的制度安排，使全体人民在共建共享发展中有更多获得感，增强发展动力，增进人民团结，朝着共同富裕方向稳步前进。

　　包容性创新与中国密切相关，但这一概念无论从理念上还是政策角度，对于我国政府而言仍然是全新的。本书梳理了包容性创新的概念框架，包括背景、内涵及演进，总结归纳了其内涵特征，分析了包容性创新与传统创新的差异，概括了包容性创新的模式，并依据社会排斥理论、BOP战略、福利经济学等理论剖析了包容性创新的机理，研究了包容性创新的基本手段和途径，建构其促进机制，丰富和深化了包容性创新的理论研究，因而这本书的研究具有重大的理论意义。同时，在本书中，著者还运用区域创新系统理论剖析包容性创新系统的运行机制及动态演化特征，从政府角度提出包容性创新的政策框架建议，为有效组织和实现包容性创新提供科学有效的指导与支撑，这对推进国家层面的包容性创新战略也具有重要的现实意义。

著　者

2017 年 10 月

目　　录

第一章 绪 论

第一节 包容性创新的研究背景及意义

一、研究背景与问题提出

改革开放 30 多年以来，我国经济发展取得了较大的进步，一跃成为世界第二大经济体。但是，伴随着经济的发展，社会矛盾逐渐突出。改革开放及经济快速增长的成果并未惠及社会所有成员，收入分配差距和贫富差距并没有得到实质性解决，反而急剧拉大；在建设创新型国家的进程中传统产业、不发达地区和低收入人群被排斥在创新大背景之外；低收入人群和弱势群体的潜在需求并未得到重视和挖掘，其创新创业能力未能被制度化地加以开发利用；尤其在金融危机爆发后，中国社会经济需要转型升级，需要扩大内需，需要通过创新驱动发展的模式来刺激经济内生力。具体表现为低收入群体总量大、收入差距明显以及公共服务水平不均等。根据世界银行发布的数据，截止 2009 年中国总人口数为 13.31亿人，其中约有 3.65 亿人生活在世界银行确定的贫困线（每天生活标准不超过 2 美元）以下，约占全球贫困人口的 1/7。中国贫困人口发生率为 27.2%，在"金砖五国"中虽低于印度和南非，但明显高于巴西和俄罗斯。据国家统计局统计显示，2014 年我国的基尼系数为0.469，总体来看，虽然自 2008 年之后中国的基尼系数逐年回落，但仍基本处于 0.47~0.49 之间，超出国际警戒线水平，按照国际一般标准，处于收入差距较大行列。与此同时，中国的城乡居民家庭人均收入比也逐年上升，由 1985 年的 1.85 上升至 2012 年的 3.10，收入不均等现象不断加剧，低收入人群的社会经济福利水平较低。在公共服务方面，总体来看我国居民享受基本公共服务呈现出不均等态势。虽然近些年来，中国基本公共服务水平大幅度提升，但城乡之间的差距并未减小。例如：数据显示，2013 年我国城市每万人口拥有的平均医疗机构床位数为 73.58，而农村每万人医疗机构床位数仅为 33.45，两者之间差距悬殊。2013 年，我国城市人均卫生费用为 3234.12 亿元，而农村人均卫生费用仅为 1274.44 亿元。社会公共服务差距的不断扩大，导致越来越多的低收入人群需求难以被充分满足。

研究表明，创新在推进社会经济可持续发展方面将呈现出显著优势。但现实中，已有的创新系统主要是精英型的创新，基本是以企业、政府、高校以及科研院所为核心构成，关注的是经济效益与技术效率，不会将低收入群体纳入其中。当然，这种情况是由多方面的原因造成的。包容性创新(Inclusive Innovation)的提出可以很好地解决这一问题,它为实现包容性增长提供了新的理论支持。在"包容性增长"与"包容性发展"等理论的不断发展演化下,"包容性创新"理论应运而生。

包容性创新正是促进经济发展成果惠及社会大多数人的引擎,是推进经济社会可持续发展的有效途径。包容性创新是让所有的人群,特别是弱势群体参与到创新活动当中。同时,创新成果能够扩散到所有的人群,增加民众的创新机会和创新能力,并使所有人都从创新活动中受益。在这里,创新被赋予了更为广泛的含义,它不仅包括科技创新,还包括金融创新、制度创新等内容。

在当前复杂的国内外环境下,我国要保持经济的可持续发展、社会的和谐稳定以及健康的生态环境,必须要重塑发展理念与创新理念,从单纯追求 GDP 增长方式转向更有利于低收入群体的包容性增长,从传统的精英型创新转向更利于低收入人群的包容性创新,努力创造平等机会,使创新的收益和成果为更大范围的人群所享受。包容性创新是促进经济发展成果惠及社会大多数人的引擎,是实现经济、社会、生态可持续发展的重要手段,它与科学发展、和谐发展以及创新驱动发展一脉相承。

2013 年 9 月,国家主席习近平在哈萨克斯坦纳扎尔巴耶夫大学发表了题为《弘扬人民友谊,共创美好未来》的重要演讲,倡议用创新的合作模式,提出共同建设"新丝绸之路经济带"的重大战略构想。该战略的提出表明我国向欧亚各国开放的全新战略方向,积极打造陆上战略大通道,承袭"古丝绸之路"精神,实现沿线国家及地区社会改善和经济发展,一经提出就引起了国际社会的广泛关注。通过实施创新实现经济增长,进而一举实现后发赶超是实现"丝绸之路经济带"再度繁荣的核心策略。作为古代丝绸之路的起源,陕西省是现代"丝绸之路经济带"建设过程中重要的桥头堡,是推进经济带建设的重要一环。在我国经济逐步进入"新常态"形势下,陕西省深入实施创新驱动发展战略,建设创新型省份,努力建成具有陕西特色的区域创新体系,为全面实现"三个陕西"的奋斗目标提供引领和支撑。因此,客观、公正、科学地评价陕西省区域包容性创新能力,分析区域包容性创新发展存在的问题,并提出相关对策建议,对帮助构建陕西省区域创新体系,建设创新型省份,落实创新驱动发展战略,实现经济社会又好又快发展都有深远的意义。

二、研究意义

1. 理论意义

研究包容性创新是完善包容性创新理论的需要。目前,关于包容性创新的概念、特征以及包容性创新商业模式的研究比较多,但对区域包容性创新的内涵、区域包容性创新能力的形成及内在机理、数理模型层面的定量研究却相对缺乏。本书的研究目的在于为理解区域包容性创新系统的内涵、提高区域包容性创新的能力、提升区域包容性创新的绩效寻找理论支撑。包容性创新在中国仍处于萌芽阶段,但这种趋势不可逆转。包容性创新作为一种草根创新，具有强大的生命力。通过梳理包容性创新的概念框架，总结并归纳其内涵特征，基于社会排斥理论、BOP(Bottom of Pyramid，金字塔底层战略，指针对低收入群体的商业战略行为，又称 Base of Pyramid)战略理论以及社会福利学等理论剖析包容性创新的机理，研究了创新提升包容性的基本手段和途径，丰富和深化了包容性创新理论研究，对区域包容性创新能力的实证分析，可以使得计量数理分析方法在包容性创新研究中得到广泛的应用，提升包容性创新研究领域研究方法的科学性和研究结论的可靠性。给大家展示一个比较完整、清晰的包容性创新理论的面貌，填补包容性创新研究的空白，同时为我国推进包容性创新实践提供理论支撑与指导。

2. 现实意义

当前，中国经济进入发展的瓶颈期，经济总量在保持多年快速增长后开始放缓，各项产业都面临转型，转变经济发展方式逐渐提上日程。首先，经济发展方式面临从主要靠出口和投资带动向主要靠扩大内需带动的新发展方式的转变；其次，经济发展方式面临从粗放型增长向可持续发展方式的转变；最后，经济发展方式面临从"唯 GDP"模式向注重社会公平等多元社会价值追求的包容性发展方式的转变。包容性创新与中国密切相关，这一概念无论从理念上还是政策角度，对于我国政府而言都是全新的。2006 年，我国颁布的《国家中长期科学和技术发展规划纲要(2006—2020)》中提出了"提高自主创新能力，建立创新型国家"的战略部署，党的十八大更是提出了"实施创新驱动发展战略，加快构建国家创新体系，把全社会智慧和力量凝聚到创新发展上来"。作为我国西部地区经济实力较强的陕西省为深入实施创新驱动发展战略，建设创新型省份，也出台了若干政策，希望建成具有陕西特色的区域创新体系。本书通过分析区域包容性创新系统的内涵并建立相关结构模型，构建了陕西省区域包容性创新能力评价指标体系，对陕西省区域包容性创新的能力进行了科学的评价，提出了相应的对策建议，这对陕西省实施创新驱动发展战略，建设创新型省份具有重要的现实意义。

第二节　问题的提出

一、新常态下政府面临的创新转型[①]

2014 年，国家主席习近平指出目前我国仍处于重要战略机遇期，要不断增强信心，从当前中国经济发展的阶段性出发，适应经济新常态，即我国经济由高速增长转为中高速增

---

① 于永臻，李鹏程. 当前我国的创新性国家建设亟须实现三个转型[J]. 经济研究参考，2012 (68).

长；经济结构不断优化升级；经济发展动力从要素和投资驱动转向创新驱动。在当前外部需求下降和内需不振，原材料、劳动力等生产要素成本持续上升，欧美发达国家制造业和新兴经济体间竞争日益加剧的背景下，以高新技术创新驱动发展成为各国的必然选择。但实践表明，"精英式创新"无法实现社会整体福利水平的提高，大量低收入人群被排除在参与创新和共享创新成果之外，导致权利失衡和机会不公。因此，亟须转变创新的理念和模式，推动经济社会的可持续发展。包容性创新强调在充分研究低收入人群对创新产品和服务的可获得性与可负担性的基础上，发掘有限资源潜力，开发出能够让低收入人群参与和分享的创新产品与服务，帮助降低社会排斥和实现公平效率。

1. 商业技术创新由政府主导向市场主导转型

改革开放以来，我国始终处于"赶超"阶段，以政府为主导的国情一直没有改变。在创新方面，也参照先行国家的发展模式，由政府调动资源并按照指定目的加以运用，这样做的主要原因在于政府主导型的技术创新模式成功概率较大。此外，从各国历史经验来看，在后进国家赶超先进国家、实现工业化的过程中，一些国家运用政府力量加快资本积累，促进市场机制的形成，保护本国幼稚产业，保证相对优势的发挥，的确显示了很大的能量。以日本为例，其政府主导型创新模式在其赶超阶段就非常有效，使许多产业迅速赶上世界先进水平，取得巨大成功，如在半导体产业方面，为了在超大规模集成电路(VLSI)方面赶超美国，日本政府出面协调5家最大的半导体制造商，组成超大规模集成电路技术研究组合，研制超大规模集成电路，政府预算也投入大量补助。由于集中投入资金和人力，1980年日本比美国早半年研制出 64 K 动态随机存储器(DRAM)，比美国早两年研制成功256 K 存储器。这些新开发出来的半导体产品，由政府支持的大财团生产和销售；1981 年日本生产的 64 K 存储器已经占领了 70％的世界市场。到 1986 年，日本半导体产品已经占世界市场份额的 45.5％，高于美国的 44.0％；DRAM 的世界市场占有份额高达 90％，成为世界最大的半导体生产国。

然而，在后来信息产业的全球争霸中，日本采用同样的创新模式，但却输给了美国。在取得半导体产业霸主地位以后，日本继续沿用政府行政指导的做法，按照通产省和国家广播公司(NHK)规定的技术路线在模拟式基础上开发高清晰(HDTV)。继 1986 年开发出新型 HDTV 系统以后，日本在 1991 年正式开始了 HDTV 节目的播放。在这段时间里，美国人仍以自己的千军万马各显神通的方式进行视听技术的研究和开发。1988 年，美国有不同公司开发的、互不兼容的 24 个 HDTV 制式方案。1991 年日本人正在欢庆播送模拟式 HDTV 的胜利的时候，一家美国公司向美国联邦通信委员会递交了开发数字式 HDTV 的计划。接着，另一家美国公司又在 1993 年开发出数据压缩和解压缩技术，使得在单个频道中可以传输多达 10 套电视节目。这样一来，美国一举超越了日本的领先地位，使后者在模拟式 HDTV 方面整整 20 年的投资完全付诸东流。1996 年美国联邦通信委员会最终批准了数字式 HDTV 标准，并且规定了到 2006 年全部电视实现数字化的时间表。数字技术突破的重大意义不止于视听领域，实际上，随着数字化的发展，视听系统与计算机网络和通信网络结合在一起，形成集成化的宽频带网络体系，并使人类进入到崭新的数字时代。与此同时，也形成了美国对包罗万象的信息产业不容挑战的霸主地位。

为何日本在前后两个时期内对产业发展进行的"行政指导"形成了如此不同的结果？究其原因，主要在于随着信息技术产业的逐步兴起，国家主导型的创新模式开始趋于弱势，无法满足超越发达国家创新能力的现实需求。究其原因，是因为在过去的"赶超"时期，先行国家走过的道路是清晰的，后进国家政府具有相对充分的信息。而导致这一问题更深层的原因在于政府往往能够在短时间内发挥其宏观作用，弥补民间力量不足所造成的资源获取能力较低，创新目的不明确等弱项。但在面对创新的课题时，政府并不具有信息优势，其反应能力和效率反而不如民间机构，更为严重的是政府的过度干预和直接组织管理，会压制个人创新潜力的发挥。

在创新问题上，我国常见的一个误区是认为以高额的研发投入和纳入更多的科研机构、大学和大型企业，加之现代化的交通、通信等基础设施，就足以推进高新技术产业迅速发展。谈起发展高新技术产业，首先想到的就是铺摊子，建项目，扩大研究机构和生产企业。事实上，这是一种在集中计划经济下形成的错误观念，把发展高新技术产业的希望寄托在政府为之投入大量物质资本上显然没有抓住事物的根本，其结果往往是投入多、效益低，浪费了大量宝贵的资源，却看不到有多大的效果；另外，靠政府投入大量人力其实也会劳而无功。事实证明，把高新技术产业发展的希望寄托于政府，这样的结果多是投入多、效益低，不仅浪费了大量资源，同时也造成再创新的恶性循环。如今，我国的技术水平开始赶上发达国家，而且在大量商业化的技术领域甚至和发达国家站在一条起跑线上，一起步入了探索未知的创新阶段，发达国家已经不愿转让新技术给潜在的竞争对手，而在各国一起探索未知领域的竞争平台上，我国政府并不具有信息效率优势，而且政府过度干预会压制个人创造力的发挥。因此，需要加快创新模式转型，由政府主导型向市场主导型转变。

2. 创新驱动机制由技术模仿向体制改革创新转型

一般来说，高新技术具有研发周期长、风险高、资源投入大且成功率较低等特征。相关研究表明，全球范围内95％以上的高新技术研发投资并未取得理想成果，而取得成果的高新技术中只有很小一部分具有商业价值。相对发达国家，发展中国家往往处于技术末端，资本和知识储备缺乏，促进技术创新的投融资体系和现代金融市场也并不发达，承担风险能力较低。技术模仿创新成本较低，风险也较小，因而成为多数发展中国家最依赖且最有效率的一种创新形式。从世界各国的实际情况看，20世纪50至90年代，通过技术模仿创新，日本只用了20～30年的时间，赶上并超越了欧洲许多国家，并在一段时期内与世界头号经济强国美国并驾齐驱；韩国也只用了30年左右的时间成为世界中等发达国家，并在亚洲四小龙中占有一席之地。日本的近40年快速增长的经验表明：对于处在赶超阶段的后进国家，利用与先行发达国家的技术差距，并以技术模仿驱动创新是实现快速的技术进步、产业升级和经济转型的有效途径。

改革开放以来，我国主要依靠技术模仿驱动创新的机制发展了几十年，至今在部分行业企业仍然可以看到技术模仿创新的身影。改革开放之初，我国技术水平远远落后于发达国家，与发达国家的技术差距十分明显。利用与发达国家的技术差距，技术模仿创新着实为我国的企业带来了巨大的收益。从企业成长的情况来看，长虹、海尔、吉利等企业，通过模仿创新，已成为在国际上具有一定声誉的大型企业集团。以吉利汽车为例，1997年吉利汽车刚刚进军轿车领域时，几乎完全模仿国外先进汽车厂商的成熟技术，从造型设计到零部件体系，从底盘到发动机变速箱等汽车关键技术，有的直接套用国外的先进技术进行生产，有的则对其进行部分改进再生产。在国内汽车行业整体技术水平远远落后于国外的条件下，吉利迎来了快速的发展机遇，营业额不断上升，而通过技术模仿，吉利的自主研发创新能力也不断提升，连续九年进入中国企业500强，并被评为首批国家创新型企业。依靠技术模仿我国成功摆脱了改革开放初期技术水平远远落后于发达国家的状况，实现了我国经济社会的跨越式发展。然而，随着技术水平的不断提升，我国与发达国家的技术差距也越来越小，某些技术水平甚至已经赶超发达国家，在很多行业领域里进行技术模仿的空间不断缩小，技术模仿创新收益逐渐减少。这为我国加快改变依靠技术模仿驱动创新的机制提供了推动力。

一些研究表明，决定一个企业、一个地区乃至一个国家高新技术发展状况的最主要的因素，不是当地物质资本的数量和质量，而是与人力资本潜力发挥相关的经济组织结构和文化传统等社会与制度因素。高新技术产业和传统产业的最大区别在于它是建立在以掌握相关知识的专业人员的基础上，即生产诸要素中，掌握知识的专业人员往往扮演着最为关键的角色。因此，在高新技术产业的发展中，检验一种制度安排是否适当的最终标准，在于它是否有利于发挥人力资本或者专业人员的积极性和创造力。在创新能力的培育和科技成果的转化方面，美国硅谷的经验具有重大的借鉴意义：在提升创新能力方面，制度重于技术[1]。美国学者 A. 萨克森尼安的《地区优势：128公路地区与硅谷》[2]对造成美国这两个主要高新技术产业基地发展差异的社会经济文化因素作了深刻的比较分析，尽管128公路地

---

[1] 吴敬琏. 制度高于技术[J]. 经济研究参考, 1999(75).

[2] 公路地区的新技术产业诞生在美国最老的工业基地新英格兰地区——波士顿。作为128公路地区新技术产业主要依托的麻省理工学院(MIT)教授和毕业生们战争年代在华盛顿的显赫地位显然对128公路地区技术产业的兴起到了重要作用。硅谷地区的工业虽然也受到战时国家科研基金和军事订货的恩惠，但是它所在的加利福尼亚州毕竟远离首都，这就形成了MIT以政府和成熟的大公司为导向，而作为硅谷中心的斯坦福大学则着重为小企业提供重要的机会的传统。

区与硅谷开发相近的技术在同一市场上活动，结果却是后者蒸蒸日上，前者逐渐走向衰落，需要对这种现象作出解释。作者令人信服地证明，发生这种差异的根本原因在于，它们存在的制度环境和文化背景完全不同。这本书的作者写道：人们往往都没有意识到硅谷那种合作竞争的不寻常组合连同其他要素共同构成的制度环境给他们带来的成就。其实，硅谷的这种地区优势正是使硅谷企业迅猛发展的重要因素。

当前，我国已逐步进入将创新的驱动机制由技术模仿向通过体制改革释放创新主体活力的阶段，政府在大量创新活动中的主要职能逐步转向为高新技术产业的发展创建合适的制度环境。具体体现三个方面。

（1）政府的性质和结构决定了它在直接生产和商业活动中不具有民间企业所具有的市场适应性和竞争力，因此，它应当尽量从市场活动中退出，更不应直接经营企业和干预企业经营决策；

（2）真正适合政府起作用的是市场失灵的领域，政府应当在建设有利于创新的经济制度和社会环境、确立竞争规则和维护市场秩序、提供公共物品、组织重大共性技术的开发等方面发挥自己的作用；

（3）政府必须依据上述原则明确自己的职能定位，减少对科研和生产活动的干预，做好自己的分内工作，才能真正推动我国高新技术产业的发展。当前发展高新技术产业，提升我国自主创新能力，就不能只盯着物质资本或技术本身，而要把主要的注意力放到创建有利于发挥人力资本作用的经济体制和社会文化环境方面。

3. 创新理念由"精英型创新"向"包容性创新"转型

近几十年，中国经济迅猛发展，一举成为全球第二大经济体。然而，经济的高度增长并没有解决由于权利贫困和社会排斥所导致的贫富差距分化，低收入人群的需求无法充分满足。根据北京大学中国社会科学调查中心发布的《中国民生发展报告2014》，2012年中国家庭净财产的基尼系数高达0.73，顶端1％的家庭占有全国三分之一以上的财产，而底端25％的家庭拥有的财产总量仅为1％左右，低收入家庭参与经济发展的权利以及满足各类需求的愿望被不断挤压。加之日益凸显的人口和生态问题，使正处于经济转型时期的中国面临着来自经济、社会、生态等各方面的压力。因此，改变目前"精英型创新"为主导的现状，逐步实现"包容性创新"，提高社会均等化程度，为低收入人群创造创新机会和致富环境，是实现我国创新驱动发展新格局的重要方面。

从目前各国包容性创新的相关活动中可以看出，各国都致力于本国包容性创新体系的建设主要有两种重要模式：一是从金字塔顶端向底端的"自上而下"的模式，通过发挥企业和政府的作用，充分考虑低收入人群对创新的可获得性和可负担性的基础上，满足其对创新产品和服务的需求；另一种是"自下而上"的模式，低收入人群为创新主体，由政府、企业提供相应的技术、资金支持，使低收入人群通过创新解决自身问题。

无论哪种创新模式，政府在其中都起着十分重要的作用。这一作用综合体现在创新产品的研究、开发、运用和推广等方面。政府可以通过实施相应的政策手段，在需求和供给两个层面促进包容性创新。在需求方面，主要表现在市场化的政府采购制度。政府采购可以为创新提供巨大的市场潜能，通过构建政府采购自主创新产品政策体系，完善自主创新产品认证体系，编制自主创新产品政府采购预算，与创新企业或处在金字塔底层的群众订立采购合同，支持创新产品的推广及商业化，可以综合考虑采购节能环保、生物制药、新能源及信息科技等领域的自主创新产品。在供给方面，政府可采取的政策手段更加丰富，政府可以综合运用财政及金融的手段加大对包容性创新的支持力度；通过税收补贴财政支出、财政贴息及转移支付等财政政策为企业及金字塔底层的群众创新提供资金支持；通过金融政策及金融工具，如差别化利率政策及设立风险投资基金，激励并支持包容性创新的发展。

在政府支持包容性创新建设方面，印度的经验值得借鉴[①]：一是构建包容性创新的环境。印度于 2010 年成立了国家层面的创新委员会，以统筹管理监督全社会各个领域的创新。国家创新委员会重点支持企业金字塔底层及社会的创新，提供有利的政策和监管机制，充分利用财政资金的杠杆效应汇聚全社会资本投向包容性创新。二是努力实现创新的低成本，采取自上而下的模式为低收入群体提供产品和服务。低成本是印度包容性创新的显著特点，如印度 DSK 公司生产的平板电脑售价仅为 35 美元。三是形成金字塔底层群体创新的蜜蜂网络。蜜蜂网络已成为印度民间创新的价值链，建立起了一整套从创新产品的研究、开发、工程设计和模型扩大产出及商业化的标准机制。

我国政府尽管没有明确提出包容性创新的概念，但实际上无论是政府、企业还是民间团体在包容性创新方面都做了很多工作。如财政部的金太阳工程[②]，旨在为西部偏远不发达地区建立光伏发电站；海尔集团研究开发价格低廉的洗衣机、手机、电脑，以满足农村人口的需求；黑龙江饶河县的一位农民发明出我国第一台无链式玉米收割机等。然而，我国的包容性创新发展依旧相对缓慢，并且在发展过程中也产生了很多问题。为了进一步促进包容性创新，政府可以在多方面实现突破。

二、包容性创新与经济发展方式的相关性研究

2014 年，中央政治局会议提出要统筹处理好"稳增长、促改革、调结构、惠民生、防风险"的关系，这体现出中央对当前经济发展基本面的准确把握。实际上创造良好发展预期和透明宏观政策环境，充分发挥市场作用，增强发展活力和后劲，促进经济社会持续健康发

---

① 亚太地区包容性创新政策论坛. 包容性创新政策论坛观点综述[C]. 2012 年 7 月.
② 张少春. 中国战略性新兴产业发展与财政政策[M]. 北京：经济科学出版社，2010.

展，这些都与包容性创新的内涵趋于一致。

1. 由投资出口带动向消费带动转变

改革开放以来，扩大内需始终是拉动我国经济增长的重要因素。但随着工业化、城市化进程的不断推进，我国需求结构开始逐步失衡，投资需求增长不断加快，而消费需求日渐趋弱。研究认为，消费力对经济增长和经济发展有着重要影响。消费力也可以说是一种生产力，对社会再生产起着导向作用，是经济可持续发展的动力。近些年，我国政府始终把"稳增长"和"促改革"作为政府工作的重点。其中，尤其重视扩大内需和稳定外需协调发展，实现内需和外需的有效互补，把增加居民消费作为扩大内需的重点。当前，在日益激烈的国际竞争中，投资和出口面临着越来越严重的发展约束，提升消费、扩大内需对经济增长的拉升作用更加成为新形势和新格局下实现经济可持续发展的重点所在。

与传统经济发展模式不同，包容性发展更加重视社会经济运作的公平性，将目光转向高新技术产业外其他领域和行业的发展，鼓励社会各界尤其是贫困人群的广泛参与，以及成果分享的均衡性，让全体公民都能够获取学习和创新的机会，平等地获取必要的知识、技术和资源，简而言之，即"人人参与，人人受益"。包容性创新充分满足低收入人群需求，在充分考虑金字塔底端人群对产品和服务的可获得性和可负担性的基础上，通过创新活动创造出能够为更多人享用的产品和服务。从社会发展角度来说，包容性创新追求合理平等的社会发展规律，推崇消除社会排斥，以基数更大的金字塔底层人群为消费对象，以为其提供质优价廉的产品和服务为目的，因此往往能够极大程度上刺激社会底层消费人群的消费欲望，从而实现涉及全社会各个层级的消费人群。居民消费结构的改善，有利于刺激各行业或产业产品的销售。可以预见，通过包容性创新过程所研发出的创新成果可以极大程度上带动社会整体消费水平，从而加快社会经济由投资出口向消费带动转型。

通过包容性创新范围的不断延伸和扩展，涉及更多层面的更加适应各类人群的创新产品和服务将不断涌现，从而更大程度上刺激陕西省整体消费潜力，加快实现由消费促进发展的合理的经济发展方式。

2. 由粗放型发展向可持续发展转变

长久以来，依靠增加生产要素的投入来扩大生产规模，促进经济增长是我国经济发展的重要模式。在一国参与国际竞争的过程中，粗放型发展的国家往往依托于廉价劳动力和自然资源，通过吸引国际投资引入本国，从而弥补当地资本投资不足的劣势。然而，这种发展方式往往单位产品的消耗资源大、收益小、价格低、结构工艺落后，还对一国的自然环境的可持续发展造成严重威胁。从长远来看，粗放型发展并不利于我国经济的长期、可持续发展。加快经济发展模式由粗放型向可持续转变，是区域经济未来发展的必要途径。

可持续发展理念强调以人为本，追求人与人、人与后代人以及人与自然的和谐发展，坚持公平性、共同性和协调性三大原则。其中，公平性原则强调机会、利益均等化，倡导同代内区际间和代际间的均衡发展，以消除贫困，保护不同人群平等发展的权利为目标。共同性原则从整体视角出发，关注区域内可持续发展政策的合理性，倡导局部利益与整体利益的有机结合。协调性原则强调协调短期利益与长期利益，此外尤其重视社会价值追求。这与包容性理念有所重叠。2009 年，联合国千年发展目标中明确使用了"包容性"的概念，其内涵具体体现在千年发展目标的八个方面。其中，尤其强调了"消除贫困"这一口号，提出在消除贫困环境、建立透明制度、筹集资金、债务问题、疾病控制等多方面加强对发展中国家的帮助和扶持。这一口号的提出，促使更多的人开始深入探讨包容性理念的现实价值。就我国而言，经过改革开放，国家贫困问题得到很大程度的改善，经济连续若干年保持高速增长态势，成为世界经济的重要参与主体和未来发展的导向人。然而，经济的发展却伴随着大规模资源使用效率低下，社会贫富差距不断扩大等问题，有悖于可持续发展的内涵。

包容性是让所有人享受发展的好处，反对机会排斥，倡导利益均衡。基于其基础上的包容性创新应运而生。从经济学角度来看，包容性创新追求低成本、低价格、高收益的效果。由此可见，包容性创新与中国现阶段社会经济转型升级密切相关，它抛弃传统单纯追逐快速外向经济增长模式，追求高层次的可持续发展夙愿，开发和利用社会群体创新力，形成经济改革成果惠及全社会的创新机制。通过包容性创新推动显示经济发展方式的转变，加快区域经济的跨越式发展，挖掘增长的长远动力，是实现未来陕西省"稳增长"的必然选择。

3. 由"唯 GDP"增长向包容性发展转变

2014 年，中国 GDP 总量达 636 463 亿元，首次突破 60 万亿元，同比增长 7.4%。在中国经济逐渐步入"新常态"之际，GDP 的高与低意味着中国经济的列车将沿着不同的轨道前行。中国经济多年来的高速发展令世界瞩目，但随之而来的雾霾、地下水污染等问题日益显现，生态环境的肆意破坏和自然资源的过度消耗，为我国未来的发展敲响了警钟。

长期以来，GDP 是我国评价考核城市发展的重要指标，也是考核城市管理者工作成绩的重要指标，"唯 GDP"增长方式导致了人、财、物等生产力要素不断向城市集聚，城市规模越来越大。交通拥堵、房价高涨、生活成本提高、空气污染、无处不在的噪音、街区发展失衡这些常见的"城市病"随之出现，此外各特大城市还面临着不同程度的人口膨胀、资源短缺、环境污染、生态恶化等城市问题。在当前复杂的国内外环境下，为促进经济的可持续发展、保持社会的和谐稳定以及健康的生态环境必须重塑发展理念，从单纯追求 GDP 的增长方式转向更有利于低收入群体的包容性发展，在强调经济增长创造就业机会与创造价值的同时应消除由于个人背景或环境造成的机会不平等。

包容性创新的提出和运用能够很好地解决这一问题。包容性发展追求经济、社会和人的共同发展，摒弃单纯追求 GDP 增长的目标，寻求全面、合理、平稳的社会经济增长。此外，由于包容性创新将低收入人群纳入创新过程之中，因此在解决好就业、分配、社保等直接涉及惠民生等方面显示出传统创新难以超越的优势。其以深化改革的力量破除了体制机制障碍，为更广泛的普通民众带来了福音。这与实现未来陕西省经济稳定增长，加快经济体制改革，调整经济发展结构，惠及更广阔的民生以及防范经济运行风险等目标呈现出高度的契合。

三、中美地方政府创新的比较①

1. 中美地方政府创新的基础比较

1) 中美地方政府创新的政治基础不同

我国的官僚体制与西方的官僚体制有着显著区别，我国政府实行的首长负责制以及任期制使得公务员系统的升迁、任免等都与其政绩挂钩，而这很大程度上助长了地方政府官员的"政绩冲动"。由于任期有限，使得他们往往注重政府创新的形式而忽视政府创新的内涵，政府创新易产生"短视行为"而缺乏长期战略规划。一些有效的政府创新案例由于地方领导的调任而陷于僵局或被搁置不提，这一方面是由地方政府创新的干部驱动造成的，另一方面也与我国当前政府管理的体制基础有关。推动地方政府创新，必须破除"政绩驱动"而导致的"美化效应"、"短视效应"和"自利效应"，从官僚控制的视角转变为公民和服务使用者的视角，推动各地地方政府创新，形成良好的竞争博弈格局以及学习示范效应。当然，从根本上而言则需要加强政治体制改革，不失时机地在关键领域实现增量改革。

2) 中美地方政府创新的经济基础不同

美国繁荣的市场经济为美国的地方政府创新的学术研究与创新实践提供了资金的支持，不仅如此，美国企业创新的有效经验为政府创新提供了源源不断的智慧。在激烈的市场竞争当中，美国涌现出一批成功的公司企业，他们在竞争中摸索出来的经营管理经验和模式成为政府创新借鉴的素材。美国政府也重视与企业的合作关系，在政府创新中往往愿意采纳来自社会各界，尤其是精英企业家们的意见和建议。当前我国社会主义市场经济的发展还存在较多问题，企业自身创新能力较低，难以产生卓有成效的创新经验，也无法充当政府的"智库"并提出真正切实有效的建议。

3) 中美地方政府创新的文化基础不同

深入考察可以发现，中美政治文化的不同也造成了中美地方政府创新的差异。例如，我国政治文化中典型存在着"潜规则""内部章程""非正式制度""关系文化"等传统思想观念。政治文化中潜藏的"政绩文化观"和政绩评判的 GDP 导向，进一步导致了我国地方政府

---

① 吴娜，姚荣. 包容性创新：我国地方政府创新的路径选择[J]. 商业时代，2012(34).

创新也存在着浓厚的"GDP"导向，即注重创新的经济效益而忽视社会效益，强调创新的效率而忽视创新的公平与正义。一些政府创新甚至沦为少数地方官员腐败以及升迁的工具，这不仅削弱了政府创新的效能，更破坏了政府的合法性基础，产生了严重的公信力危机。因此，警惕政府创新行为的"内卷化"和"创新异化"，促进政府创新的制度化建设，是当前我国地方政府创新需要重视的问题。反观美国政治文化则强调民主与法治，注重对于公民诉求的回应，强调自由与公平正义。美国政府坚持政府作为正义的捍卫者，政府创新在多大程度上改善了大众福利是判断政府创新成功与否的标准。追求正义、提升公民福祉的政府创新宗旨构成了美国政府创新的文化基础。

4）中美地方政府创新的社会基础不同

公民社会的建设对于政府的善治起着关键性作用，无论是民主治理还是多中心治理或网络治理都强调多元参与和多元互动，而公民社会的建设则是其中的重要力量。通过"中国地方政府创新奖"的案例研究也可以发现，社会发育健全的省份，地方政府创新案例更多。我国政府创新往往都是政府自身的创新设计与探索，关起门来制定创新实施方案是我国地方政府创新的普遍做法。尽管在我国地方政府创新中也不乏如浙江省杭州市开放式政府决策的成功经验，但这样的案例还较少，且成功的经验没有上升为国家制度，只是少数地区的试点与探索。这就要求政府创新加强"基层探索"与"顶层设计"的互动，将行之有效的地方政府创新个案加以推广与制度化。正如著名学者、政治学家俞可平所言，一些好的地方政府创新需要上升为国家制度。

5）中美地方政府创新的法律基础不同

美国地方政府创新是建立在较为完善的法治和制度基础上的。法治是美国政治和社会的基础，一切社会政治活动都是在法律的基础上开展的。美国社会具有良好的尊重法律、遵守法律的传统，一部 200 多年前制定的宪法至今仍然是美国全部政治生活的基石。美国民众的政治参与意识较强，对政府管理的要求较高，他们往往以"主人"的态度要求政府改善经济社会管理，及时解决社会问题，这也有效抑制了政府的腐败与寻租行为，对政府创新的制度化建设也都产生了极大的推动作用。相比较而言，我国地方创新行为由于缺乏相应的法律基础而无法制度化，这使得很多有效的地方政府创新案例得不到推广，甚至出现"人息政亡"的状况，也浪费了大量的公共资源。

2. 中美地方政府创新奖比较

1986 年，美国哈佛大学肯尼迪政府学院 Ash 研究所发起了"美国政府创新奖"项目，回应了那些公众对民主冷漠和政府信任缺失的担心。这个奖项的目标是通过发掘、鼓励和推广联邦政府、州政府和地方政府中的最佳创新举措，以重塑公众对政府的信心和信任。自项目启动以来，该研究所表彰了 400 多项创新，投入 2000 多万美元奖金用以推广和复制这些创新理念。中国地方政府创新奖与美国地方政府创新奖相比，设立时间较晚，规模较小，涉及范围和影响力还不够大。"中国地方政府创新奖"于 2000 年由中央编译局比较政治与经济研究中心、中央党校世界政党比较研究中心和北京大学中国政府创新研究中心等单位共同联合创办。为了突出科学性和独立性，从第五届开始由北京大学中国政府创新研究中心主办。该奖项每两年举行一次，至今已经连续举办六届。

通过比较中美政府创新奖可以发现，两国政府创新奖在颁发的层次、规模、类型等多方面都存在差异。美国政府创新发生在州、郡和市镇层面上的案例占大多数，中国政府创新则主要发生在地级市和县级公共权力部门当中。考察中美两国政府创新奖差异形成的原因，主要包括政治文化、官僚体制、经济发展水平、宏观政治体制、政府态度等诸多方面。而这些差异从根本上而言可以归结于治理理念的差异，也正因为如此，有学者提出"治理理念的变革是政府创新的根源"，通过治理理念的变革推动地方创新走出"美化宣传甚于实际功效、注重形式而非制度化巩固完善、'理念——建构'型的主动创新欠缺"等地方政府创新困境。

3. 美国地方政府创新的启示

比较中美地方政府创新的奖项设置，可以发现中美地方政府创新可资借鉴的学术资源也存在着较大差异。美国地方政府创新受到本国学术研究的启示，新公共管理理论、公共选择理论以及多中心治理甚至网络治理、整体性治理理论都对政府创新产生了极大的推动作用，从理念上建构了政府创新的内容。我国地方政府创新则多为"刺激——回应"式的被动创新，创新理念较为僵化，许多地方政府创新难以走出"地方性知识"的困境，从而真正建构其"制度性知识"。

中国地方政府创新的根本出路在于通过理念创新与制度建设，将地方政府创新的"地方性知识"上升为"制度性知识"。需要加强"基层探索"与"顶层设计"的互动，"政府设计"与"社会智慧"的融合，并形成学理性的"知识生长"，以推动公共管理学的学科发展，从而更好地服务于经济社会的改革与发展。具体而言，消解我国地方政府创新的现实困境需要从以下三方面入手：

第一，加强地方政府创新的理论研究。当前我国政府创新的研究还刚刚起步，呈现出方兴未艾的趋势。通过 CNKI 对 2000 年至 2012 年有关"政府创新"的文献进行考察可以发现，我国地方政府创新研究强调案例文本的研究而忽视学理的提升，难以提出切实有效的地方政府创新理论。政府创新研究注重借鉴西方政府创新理论研究我国的地方政府创新实际，导致了研究的"内卷化"即"有增长无发展"的局面。对政府创新的理论基础、动力、困境、趋势、可持续性、制度化建设以及基本概念等地方政府创新基本问题的考察不应该成为应景的研究，而应该注重"智库"与"理论"的共同生长。一方面，政府创新研究为地方政府创新提供思路与政策建议；另一方面，促进学科自身"知识增量"的生成。加强地方政府创新的国际交流和合作，拓宽政府创新研究的视野与境界。在未来的一段时间里，通过跨学科交流、多案例研究、跨国别合作等途径，真正建构起"政府创新学"，从而为我国行政管理体制改革尤其是政府创新提供系统的理论支撑。

第二，加强公民社会建设。通过对连续六届"中国地方政府创新奖"的奖项考察也可以发现，公民社会建设较好的省份和城市如浙江省、江苏省、北京市、上海市，其创新的案例较多。要加强公民社会建设，一方面，需要促进公民政治参与，提升公民的维权意识与政治参与意识，加强利益诉求机制的建设，拓宽利益表达渠道；另一方面，需要培育各类民间组织，通过非政府组织的发育，为公民社会的发展奠定良好的组织基础，从而进一步促进社会管理创新。民间组织的培育有利于推进公共治理形成"多中心治理"格局，从而实现善政与善治。可以借鉴浙江省杭州市开放式决策的成功经验，广纳公民参与决策创议、拟定决策方案活动并综合运用现代信息技术平台，推进各项政务信息公开，自觉接受公众的监督与问责。

第三，积极拓展地方政府创新的制度空间。反思当前中国地方政府创新的困境，可以发现如"花瓶式"创新、"形式主义"以及浅尝辄止的"碎片化"创新大多是地方政府官员僵化的"政绩观"在作祟。阿舒勒在分析美国的公共创新激励机制时提到，美国政府的官员有很强的接受新鲜理念的强烈动力，因为创新最有可能推动他们的职业发展。我国地方政府创新多受到"上级领导"的影响，这一方面是由于首长负责制下，我国地方政府创新存在着较大的政治风险；另一方面，"唯上是从"的传统观念也影响着地方政府创新。显然，我国地方政府创新本身对创新的失败还缺少包容，有效的创新激励机制还未能建立起来。"实证研究结果表明，地方政府推动的改革创新具有突出的'低风险取向'，创新的可持续性如何主要取决于能否获得体制内的认可和支持。公众需求给政府带来的压力和地方官员的'政绩需求'会催化创新和变革的产生，但是，决定变革与否，主要取决于现有的制度空间"（陈雪莲、杨雪冬，2009）。当前的实际是一些好的创新项目没有得到上级的重视，没有及时地用国家制度的形式将其固定下来，从而导致一些好的较为成熟的政府创新裹足不前。

从当前的趋势来看，地方政府创新这两年呈现出"退化"趋势，这一方面由地方政府创新的压力与风险决定，另一方面也不可避免地受宏观体制与"稳定压倒一切"思维的约束与阻碍（裴丽、姚荣，2011）。在当前中国的政治经济体制背景下，促进地方政府创新依旧需要坚持"党委领导、政府负责、公众参与、社会协同"的思路，推进政府创新的包容性发展。需要加强顶层设计，不断强化中央政府在政府创新中的作用。一方面，中央政府需要在卓越创新实践的持续和推广中积极主动发挥自身作用；另一方面，中央政府自身也需要加强政府创新，积极参与到政府创新，对地方政府创新产生示范效应。

第三节 国内外研究现状

一、国外研究现状

1. 关于包容性创新的概念、内涵及特征的研究

Prahalad 与 Hart[1][2][3][4] 认为，包容性创新主要是指生活在贫困线下、权利得不到充分保障的金字塔底层群体内部蕴含着巨大的商机，企业通过技术创新和商业模式创新来满足其内在的需求或利用其创新能力，不仅可以获得巨大的经济回报，还可以提高低收入群体的生活质量，缓解和消除贫困。包容性创新扩大对必需品和服务的供给，以改善生活质量，并通过知识的创造、获取、适应和吸收来实现经济振兴，并直接满足低收入群体，主要是金字塔底层人群的需求（Ted London，2007）[5]。包容性创新所指的创新是指以支付得起的价格，提供高质量的产品和服务，从而为低收入群体提供更多改善生活质量的机会（Rajan，2009）[6]。Dahlman（2012）[7]认为，包容性创新是针对低收入人群的真实或潜在的需求而进行广泛的创新，该类创新既可以是高科技含量的创新，也可以是低技术含量的创新，但他们的共同特点是可以让低收入人群受益。George 等（2012）[8]认为，包容性创新有利于弱势

---

[1] Prahalad C K，Hart，S. L. The Fortune at the Bottom of the Pyramid[J]. Strategy & Business，2002，26：54 - 67.

[2] Prahalad C K，Hammond. A. Serving the World's Poor，Profitably [J]. Harvard Business Review，2002，80(9)：48 - 57.

[3] Prahalad C K. The Fortune at the Bottom of the Pyramid：Eradicating Poverty Through Profits [M]. New Jersey：Wharton School Publishing，2004.

[4] Prahalad C K. Bottom of the Pyramid as a Source of Breakthrough Innovations[J]. Journal of production innovation management，2012，29(1)6 - 12.

[5] Ted London. A Base of the Pyramid Perspective on Poverty Alleviation[R]. William Davidson Institute Working Paper，2007.

[6] Rajan Varadarajan. Fortune at the Bottom of the innovation pyramid：The Strategic Logic of Incremental Innovations[J]. Business Horizons，2009(52)：21 - 29.

[7] Dahlman C J. The World under Pressure：How China and India Are Influencing the Global Economy and Environment [M]. Stanford：Stanford University Press，2012，5 - 9.

[8] Gerard George，Anita M. McGahan and Jaideep Prabhu. Innovation for Inclusive Growth：Towards a Theoretical Framework and a Research Agenda [J]. Journal of Management Studies，2012，6：661 - 683.

群体，包容性创新是一个过程也是绩效产出结果。理解包容性创新必须承认在创新的开发和商业化过程中存在不公平的情形，也要承认在价值创造过程中不公平情形同样会发生。

经济合作与发展组织（OECD）认为，包容性创新是指要充分利用科学、技术、商业和创新诀窍来解决低收入群体的需求[①]。世界银行和联合国发展署（UNDP）则进一步提出了包容性创新的概念，指出包括处于经济、社会金字塔底层的人群在内的更多利益相关者不应该只是被简单地视为创新的被动接受者，而是要作为创新的主体，进而纳入创新的全过程之中[②]。世界银行认为，包容性创新具有可获得性、可持续性、生产高质量的产品和服务、服务于低收入群体、广泛的影响力等特征[③]。

2. 商业模式视角

许多研究者认为，为了使利润与扶贫大规模整合，企业需要建立全新的商业模式和革新产品，来适应面向低收入群体的包容性创新。根据 Hart 和 Christensen 的观点，发展中国家的低收入群体中蕴含着巨大的潜在市场，这一市场可以为破坏式创新提供天然的、理想的试验场所和发展平台，为企业今后的成长提供巨大的增长潜力机会。企业将发展重点转向处于经济、社会金字塔的底端，开展包容性创新，就可以在更大群体的市场中启动新的增长引擎[④]。

Jessica Scholl（2013）[⑤]认为，包容性商业模式是社会创新的关键驱动力，要想成功实施包容性商业模式创新必须要重新定义企业及其利益相关者之间的关系，并提出了包容性商业模式创新的分析框架。Jamie Anderson 与 Niels Billou（2007）[⑥]认为，企业如果想在经济

---

① P Holtz. Unleashing India's Innovation：Toward Sustainable and Inclusive Growth [M]. The World Bank，2009.

② Lina Sonne. Innovative Initiatives Supporting Inclusive Innovation in India：Social Business Incubation and Micro Venture Capital [J]. Technological Forecasting & Social Change，2012 (79)：638－647.

③ Shahzad Ansari, Kamal Munir and Tricia Gregg. Impact at the 'Bottom of the Pyramid'：The Role of Social Capital in Capability Development and Community Empowerment [J]. Journal of Management Studies，2012，49(4)：813－841.

④ Hart，S L. Innovation，Creative Destruction and Sustainability[J]. Research Technology Management，2005，48(5)：21－27.

⑤ Jessica Scholl. Inclusive Business Models as a Key Driver for Social Innovation [J]. Social Innovation，2013.

⑥ Jamie Anderson，Niels Billou. Serving the World's Poor：Innovation at the Base of the Economic Pyramid [J]. Journal of Business Strategy，2007(28)：14－21.

金字塔底层取得商业上的成功，使其产品或服务能够让更多的人群受益，则需要把重点放在产品或服务上，并提出了面向 BOP 进行产品创新的 4A 框架：可用性、可负担性、可接受性和知名度。Arpita Agnihotri(2013)①认为，包容性商业模式创新可以创造一个双赢的局面，不仅将低收入人群作为客户，更重要的是将他们作为企业的供应商、生产商以及雇员。Minna Halme 等(2012)②、Tassilo Schuster 等(2012)③认为，跨国公司要想取得商业模式上的成功，必须要充分利用本地资源，提高自身的学习能力。Simanis 等(2013)④，提出 BOP 商业模式创新的理论分析框架，该框架包含 BOP 特征、社会嵌入、价值主张、扩展能力和可持续能力五个维度。

3. 企业社会责任视角

Andre Nijhof 等(2002)⑤认为，企业进行包容性创新是一个包含企业社会责任的行为，符合企业的伦理道德。Denis G 等(2013)⑥认为，跨国公司在金字塔底层更有承担企业社会责任的义务，它应该将部分盈利服务于全球经济金字塔底层的穷人们，并捍卫企业社会责任的道德观念。Shyama V 等(2012)⑦认为，为应对创新收益所带来的不平衡性，主张通过包容性创新来服务于低收入人群，从而实现企业社会责任价值。

研究发现，率先进行包容性创新的企业都会具有先发优势，而且在市场中的议价能力

① Arpita Agnihotri. Doing Good and Doing Business at the Bottom of the Pyramid [J]. Business Horizons，2013(56)：591 - 599.

② Minna Halme，Sara Lindeman，Paula Linna. Innovation for Inclusive Business：Intrapreneurial Bricolage in Multinational Corporations [J]. Journal of Management Studies，2012，49(4)：743 - 784.

③ Tassilo Schuster，Dirk Holtbrugge. Market Entry of Multinational Companies in Markets at the Bottom of the Pyramid：A Learning Perspective [J]. International Business Review，2012 (21)：817 - 830.

④ Simanis E，Hart S L. The Base of the Pyramid Protocol：Beyond Basic Needs[J]. Business Strategies，2008，3(1)：57 - 84.

⑤ Andre Nijhof，Olaf Fisscher，Jan Kees Looise. Inclusive Innovation：a Research Project on the Inclusion of Social Responsibility [J]. Corporate Social Responsibility and Environmental Management，2002(9)：83 - 90.

⑥ Arnold Denis G，Andres Valentin. Corporate Social Responsibility at the Base of the Pyramid [J]. Journal of Business Research，2013(66)：1904 - 1914.

⑦ Shyama，V Ramani Shuan SadreGhazi，Geert Duysters. On the diffusion of Toilets as Bottom of the Pyramid Innovation：Lessons from Sanitation Entrepreneurs[J]. Technological Forecasting & Social Change，2012(79)：676 - 687.

也会大大增强，这是因为将企业社会责任融入到包容性创新中后，可以极大地提升企业的形象，有利于开拓新的市场(Denis G. Arnold，2013)。Andre Nijhof 等认为，企业进行包容性创新，会使企业社会责任迎合众多利益相关者的诉求，加强企业与利益相关者之间的关系，进而使得这些利益相关者对企业产生强烈的信任感和认同感，从而使他们对企业的产品和服务更加青睐。

Hart(2005)①等认为在当今社会，驱使企业在进行包容性创新时，将社会责任考虑进来。一方面是因为消费者的社会责任意识的觉醒，这样就使得企业开始更加关注低收入群体的需求以及生态环境保护方面的社会责任行为。一般消费者都更加愿意购买带有社会责任属性或包容性属性的产品。毋庸置疑，企业将社会责任特征融入到包容性创新中已经成为企业获得核心竞争力的有力手段之一。另一方面，因为国际社会对低收入群体减贫与发展问题的关注也越来越多，如世界银行、OECD 和亚洲开发银行等国际机构都强烈呼吁企业进行包容性创新。

4. 战略管理视角

包容性创新战略是指促进包容性创新产品或服务的可持续性生产、传播和吸收的一系列政策，从而将被排斥人群融入一国的创新生态体系②。考虑到 BOP 人群的巨大购买力，他们的需求理应得到满足，私营企业应和创新生产流程中的其他各方一道提供持续供应。包容性创新战略的目标不只是简单地将不同产品推向市场，而是要在资源获取上处于劣势的个人和国家创新生态体系之间建立一种持久的联系，克服 BOP 市场失灵的现象，并使创新体系获得其他可为其服务的创新。

Prahalad 与 Hammond(2002)、Karnani(2007)、Simanis 与 Hart(2008)分别把低收入群体视为消费者、生产者、商业合作伙伴的 BOP 创新发展战略。世界经济论坛(The World Economic Forum)将低收入人群视为消费者、生产者和企业家三种模式，然后探讨处于每种模式下低收入人群如何被整合入整个价值链体系。Seeloss 等(2007)③则以战略联盟理论及资源基础观为基础和视角，建立了企业的资源、能力与面向包容性创新的匹配模型，分析了企业、非政府组织以及其他社会企业家联合开发 BOP 市场的业务模型的关键成功因素

---

① Hart，S L. Innovation，Creative Destruction and Sustainability[J]. Research Technology Management，2005，48(5)：21－27.

② Anderson J，Markides C. Strategic Innovation at the Base of the Economic Pyramid [J]. MIT Sloan Management Review，2007(49)：83－88.

③ Seelos C，Mair J. Profitable Business Models and Market Creation in the Context of Deep Poverty：A Strategic [J]. Academy of Mangement Perspectives，2007，21(4)：49－63.

和规律。Simanis 与 Hart(2008)①认为，社会嵌入是企业进入金字塔底层市场的前提，这样有助于解决企业与这一群体的市场、文化等方面的距离问题。培育社会嵌入能力有助于企业获得与金字塔底层市场相关的信息，进而可以更有效地开发这一新市场；同时获得 BOP群体的信任，获得企业嵌入社会网络中的网络资源或能力，从而赢得竞争优势。

5. 影响因素视角

Lina Sonne(2012)②以印度为例，认为虽然通过社会企业家的努力可以促进包容性创新蓬勃发展，但是，这些企业家容易受到缺乏融资的影响，因为银行以及该小额信贷机构不愿或无力资助他们。他认为企业孵化器与风险投资是形成支持包容性创新的生态系统的重要支撑。Sorina Moica 等（2012）③、Ioana Manafi 等（2013）④以芬兰、西班牙、罗马尼亚等国家为例，指出创业教育对包容性创新的成功产生重要影响。

Shahzad Ansari 等（2012）⑤指出社会资本对金字塔底层以及包容性创新发挥了重要的作用，企业需要充分利用当地社区和其他更丰富的资源网络。Eva Heiskanen 等（2010）⑥则认为，培养创新型用户以及包容创新社区是包容性创新成功的关键。Dacin、Dacin、Matear(2010)将社会创业理论（The Social Entrepreneurship）纳入到包容性创新研究中，社会创业理论强调企业家精神和创业精神，而包容性创新的成功在很大程度上依靠创新创业者个人努力，因此企业家精神可能对包容性创新的成功产生直接影响。

① Simanis E，Hart S. L. The Base of the Pyramid Protocol：Beyond Basic Needs［J］. Business Strategies，2008，3(1)：57-84.

② Lina Sonne. Innovative Initiatives Supporting Inclusive Innovation in India：Social Business incubation and Micro Venture Capital［J］. Technological Forecasting & Social Change，2012(79)：638-647.

③ Sorina Moica，Teodor Socaciu. Model Innovation System for Economical Development Using Entrepreneurship Education［J］. Procedia Economics and Finance，2012(3)：521-526.

④ IoanaManafi，Daniela Elena Marinescu. The Influence of Investment in Education on Inclusive Growth - Empirical Evidence from Romania vs. EU［J］. Procedia - Social and Behavioral Sciences，2013(93)：689-694.

⑤ Shahzad Ansari，Kamal Munir and Tricia Gregg. Impact at the 'Bottom of the Pyramid'：The Role of Social Capital in Capability Development and Community Empowerment［J］. Journal of Management Studies，2012，49(4)：813-841.

⑥ Eva Heiskanen，SampsaHyysalo. Constructing Innovative Users and User Inclusive Innovation Communities［J］. Technology Analysis & Strategic Management，2010，(4)：495-511.

6. 影响作用视角

包容性创新的相关文章主要分析探讨了其对经济、社会和生态环境的影响作用。

（1）包容性创新对经济的影响作用。通过对利润、成本、市场占用率、客户群的增长等因素的分析，表明企业包容性创新举措对经济发展的影响。但这些文章并没有真实衡量包容性创新对经济的影响，忽视了包容性创新的外部性。文章表明，尽管直接评估包容性创新对经济的影响是困难的，但包容性创新对当地经济发展的影响一般是积极的、正向的。Akula(2008)在文章中探讨小额信贷公司的包容性创新对当地经济的影响。Lakshman(2009)发现 ITC 有限公司专注金字塔底层市场，积极进行包容性创新后，每年增加市值30%左右。

（2）包容性创新对社会的影响作用。研究表明，对当地人口的社会影响要比那些对经济影响稍大一些，而且影响大多是正面的、积极的。包容性创新对扶贫、减贫的影响更是巨大的。Rajeswari Raina(2012)以南亚和非洲撒哈拉以南地区的包容性创新为例，指出这两个地区存在饥饿、儿童营养不良和性别歧视等问题，发挥包容性创新政策的作用显得尤为重要。

（3）包容性创新对生态环境的影响作用。在经济、社会和生态环境这三个影响方面，生态环境得到的重视程度最小。正如 Hart 和 Christensen(2002)所说的那样，"如果发达国家的商业模式和消费正在成为全世界的标准，那么我们将需要不止四个地球来提供原材料、化石燃料以及废弃物的处理"。Hart 和 Milstein(2003)在他们的可持续价值的框架中，讨论清洁技术、污染防治和包容性创新战略。Hahn(2009)认为，贫穷也会造成负面的环境影响，穷人为生存斗争可能导致环境恶化，这也进一步表明包容性创新在改善穷人的状况的同时也有利于生态环境。

二、国内研究现状

1. 包容性创新的概念、内涵及特征的研究

国内学者邢小强(2010)[①]等认为，包容性创新必须充分挖掘贫困人群中蕴藏的巨大消费、生产和创业潜力，在经济金字塔底层区域构建把低收入群体纳入其中的包容性创新系统，这样将有利于经济的可持续发展和社会的和谐稳定。常修泽(2012)[②]认为，包容性创新

---

① 邢小强，周江华，仝允桓. 面向金字塔底层的包容性创新系统研究[J]. 科学学与科学技术管理，2010(11)：27－32.

② 常修泽. 关于包容性体制创新的探讨[J]. 上海大学学报(社会科学版)2012(5)：1－15.

的体制创新应该包括：产权体制创新，包容国有与民营；分配体制创新，包容国富与民富；可持续发展体制创新，包容天、地与人；社会管理体制创新，包容民生与民主。

李扣庆（2012）对包容性创新的理解分为三个层次：第一，为使社会弱势群体生活便利而开发的低成本技术产品，其本质是将弱势群体纳入到新技术支撑的社会网络；第二，提高弱势群体的创新能力，增加他们进行创新的机会，营造包容性的创新环境，鼓励草根创新；第三，在人类共同的生存环境被极大挑战的今天，所有生活使用的和赖以创业的技术都必须是环境友好和可持续的。邢小强（2013）[①]等认为，包容性创新具有创新思维的系统性、创新形式的多样性、创新过程的开放性、创新机制的独特性、创新结果的可持续性等特征。

2. 包容性商业模式的研究

赵晶等（2007）[②]根据低收入人群在商业价值链中所发挥作用的不同，将包容性创新的商业模式分为资源开发型、市场开发型和资源—市场开发型三类；企业包容性创新基本竞争战略的选择受到企业自身能力的影响，不同的管理能力、创新能力、社会关系和资本能力都会成为包容性创新战略的类型；面向低收入人群的商业模式创新是在包容性创新战略的指导下开展的。全允桓等（2011）[③]运用多案例研究方法将低收入群体作为资源提供者进行研究，分析低收入人群在不同发展阶段参与商业活动所面临的挑战，并针对不同商业挑战制定出相应的包容性创新策略，帮助低收入群体作为资源提供者真正参与到商业活动中，进而解决贫困问题，实现自身能力的提高。邢小强等（2011）[④]选择6家中国本土从事包容性创新相关活动的商业企业，通过多案例研究方法归纳出包容性创新商业模式的不同维度，并对其维度进行了详细阐述，认为包容性创新的商业模式主要由价值主张、本地能力、价值网络、关键活动与盈利模式五个维度构成。周江华等（2012）[⑤]以山寨手机行业为例，发

[①] 邢小强，周江华，全允桓. 包容性创新：概念、特征与关键成功因素[J]. 科学学研究，2013(6)：923-931.

[②] 赵晶，关鑫，全允桓. 面向低收入群体的商业模式创新[J]. 中国工业经济，2007(10)：5-12.

[③] 全允桓，邵希，陈晓鹏. 生命周期视角下的金字塔底层创新策略选择：一个多案例研究[J]. 管理工程学报，2011(4)：36-41.

[④] 邢小强，全允桓，陈晓鹏. 金字塔底层市场的商业模式：一个多案例研究[J]. 管理世界，2011(10)：108-124.

[⑤] 周江华，全允桓，李纪珍. 基于金字塔底层市场的破坏性创新：针对山寨手机行业的案例研究[J]. 管理世界，2012(2)：112-130.

现破坏性技术通过商业模式相连接进而实现对传统技术的破坏，商业模式和技术的协同创新是包容性创新成功的关键因素。郝秀清等（2013）[①]提出包容性创新商业模式的理论分析框架，该分析框架主要包括价值主张、BOP 特征、社会嵌入、扩展能力和可持续能力五个维度，并运用相关案例将该分析框架用来分析国内企业进行包容性创新的商业实践。

3. 包容性创新系统的研究

范轶琳等（2010）[②]提出用包容性发展的理念重构农村创新系统，认为包容性创新可以使低收入人群成为地位平等的创新伙伴，参与知识创新、技术创新甚至是政策的设计和选择，并提出通过构筑包容性创新系统和提高农村地区的包容性创新能力，为低收入人群提供生计并增加其收入的机会。邢小强等（2010）[③]认为，包容性创新系统由低收入群体或当地社区、相互学习与合作的企业、政府与非政府组织以及其他辅助性专业服务机构等构成，通过市场、技术、组织与制度的系统创新而实现社会、经济与生态环境等多重价值创造与分享的网络体系；包容性创新系统是包含多种类型创新活动的系统创新；其创新结果对社会和谐、经济发展、生态环境的可持续发展具有积极的影响。邵希等（2011）[④]认为区域包容性创新体系主要是由区域内各个与包容性创新相关的主体及其相互联系而组成的创新网络系统，通过知识和技术的创造、传播、吸收、储备、转移、扩散以及应用，进而提升区域包容性创新的能力和水平，最终实现包容性增长以及包容性发展；区域包容性创新体系主要由创新主体、创新支撑、创新环境等三个子系统构成，各个子系统之间存在多种链接流。赵武、孙永康（2014）[⑤]对包容性创新进行了初步的理论探索，认为包容性创新系统由创新螺旋体、创新支持以及创新环境三部分构成，将三螺旋及多重螺旋理论与包容性创新系统进行系统整合，构建了基于多重螺旋模型的包容性创新系统模型，并在此基础上深入分析了包容性创新系统的动力机制——利益驱动机制、合作共赢机制、扩散与溢出机制、政府支持促进机制。

[①] 郝秀清，张利平，陈晓鹏，仝允桓. 低收入群体导向的商业模式创新研究[J]. 管理学报，2013(1)：62-69.

[②] 范轶琳，吴晓波. 包容性增长研究述评[J]. 经济管理，2011(9)：180-184.

[③] 邢小强，周江华，仝允桓. 面向金字塔底层的包容性创新系统研究[J]. 科学学与科学技术管理，2010(11)：27-32.

[④] 邵希，邢小强，仝允桓. 包容性区域创新体系研究[J]. 中国人口·资源与环境，2011(6)：24-30.

[⑤] 赵武，孙永康. 基于多重螺旋模型的包容性创新系统研究[J]. 科技进步与对策，2014(8)23-28.

三、研究述评

随着包容性创新研究的不断深入，以及相关实践活动的日益普及，包容性创新问题已经引起了政界、学界和企业界的高度重视，并逐渐成为创新管理研究的一个重要主题。本书在文献梳理的基础上，首先对包容性创新概念、内涵以及特征进行了相关界定；然后从商业模式、企业社会责任、战略管理、影响因素以及影响作用等五个视角对现有的相关研究成果进行了比较系统的评介。通过上述评介，我们不难发现虽然现有的包容性创新研究取得了丰硕的成果，但仍然存在不少问题。这些问题的存在严重限制了政府、企业、NGO、低收入群体等对包容性创新的认识，从而束缚了实施包容性创新的思路，制约了包容性创新在提高经济、社会、生态环境等方面的作用，也阻碍了包容性创新相关研究的深入开展。归纳起来，包容性创新研究仍处在起步阶段，并且存在许多值得学者们重视和深入探讨的问题。

1. 对包容性创新的概念、内涵界定的不够准确

目前，关于包容性创新的概念和内涵并没有得到明晰和统一的界定，国外学者从不同角度对其进行了界定。国外学者的观点，包容性创新基本包含两层含义：一方面，针对低收入群体的特定需求开展创新活动，使他们能够获得并享受创新成果；另一方面，低收入群体亲自参与、推动、实施具体的创新活动，在创新过程中发挥作用、创造价值。包容性创新是促进经济改革成效惠及社会大多数人的引擎，把以往受到社会排斥的低收入群体纳入到创新活动中来，给他们提供平等参与的机会，同时整合创新参与主体的各项资源与能力而产生创造全新知识的新途径，从而使低收入群体的创新能力获得提升与发展，并且合理分享创新的成果。因此，未来需要进一步明晰包容性创新的概念与内涵，在现有包容性创新研究的基础上加大包容性创新研究的力度。

2. 包容性创新的内在机理、作用机制的研究不足

目前学术界对包容性创新的内涵和外延都处在探讨之中，还未能形成比较完整成熟的理论体系。已有的研究成果大都关注包容性创新的内涵、特征与模式的探究，而从包容性创新的内涵、特征和模式出发，充分挖掘包容性创新理论的内在机理及其推进机制的研究十分缺乏。因此，未来要深入探讨包容性创新的内在机理与作用机制。

3. 对包容性创新成功的影响因素及影响程度有待深入

目前，国内外学者将金融支持、创业教育、培养创新型用户、建设创新社区、社会嵌入能力、文化传统等单因素作为包容性创新成功的决定性影响因素，但这是不全面的。然而包容性创新的成功，是多方面因素共同作用产生的，我们需要归纳出其成功的关键影响因素，并通过案例和实证的检验。

包容性创新战略是指通过将贫困、弱势、低收入人群纳入到国家创新体系以促进包容性创新的可持续产生、传播与吸收的一系列政策。包容性创新将成为国家创新体系的一个重要补充，对于自下而上的自主创新模式至关重要。包容性创新应与前沿创新齐头并进，提升贫困、弱势、低收入人群的购买力和创收机会。但是目前国际社会普遍关注的是精英型创新、前沿创新，并没有认识到包容性创新战略的重要性与紧迫性，因此需要加强这些方面的研究。

4. 包容性创新是一个系统工程，并不是企业或者政府单独可以完成的，需要整合各方资源，构建一个包容性创新系统

包容性创新系统是面向低收入人群构建的，且其边界具有开放性，以低收入人群、企业、政府与 NGO 作为创新的主体，各创新主体基于各自的资源和能力并与其他主体进行多种形式的互动与学习。包容性创新系统内的创新活动对社会、经济、生态的可持续发展具有正向影响，而且具有内生的发展动力与运作机制。因此，引入系统观显得非常有必要，从系统的视角才能更准确地理解包容性创新。由于包容性创新具有"双重外部性"问题，包容性创新绩效有很大一部分是隐性的，因此，单纯的局部研究和静态研究很难全面真实地反映包容性创新的绩效。

除了利润、知识以外，一些成功的包容性创新还能产生其他收益。包容性创新可以通过扩大基本必需品的覆盖面、提高资源匮乏人群的生产力和降低准入门槛来促进经济的发展。此外，包容性创新带来的收益还体现在增强社会包容性、提高国民福祉、满足人们生活在一个更加平等的社会的愿望。

5. 包容性创新的测度目前仍处于起步阶段，针对区域包容性创新的测度还未开展

国内关于区域创新以及区域创新系统的研究已经比较成熟，但将包容性创新与区域创新系统有机结合起来的还没有出现。关于包容性创新的实证研究还未开展。

综合国内外有关包容性创新的研究文献发现，关于包容性创新的研究主要以案例研究、政策对策研究为主，包容性创新的计量实证分析的研究还尚不多见。鉴于此，本书从区域创新系统的角度，构建区域包容性创新能力指标体系，并实证分析包容性创新与经济发展水平之间的关系。

第四节　本书的研究内容及结构安排

一、研究内容

本书试图探讨并解决以下三个主要问题：

（1）包容性创新在现实操作过程中是如何演化和运行的。

（2）政府层面的包容性创新是如何形成并实现的。

（3）区域包容性创新体系的结构特征以及各个构成要素之间的关系对区域包容性创新体系的构建有何影响。

二、研究方法

本书主要采用了文献研究法、案例分析法、统计分析法及回归模型分析法等方法。

1. 文献研究法

对前人研究成果的学习和借鉴是集合所有学术研究的前提和基础。本书在大量阅读、归纳并引用有关包容性创新、商业模式、企业社会责任、战略管理、创新系统、创新实践、基本公共服务等国内外相关文献资料的基础上，综合运用社会排斥理论、区域创新系统理论、创新生态系统理论、协同创新理论、三螺旋理论等对包容性创新体系的特征与影响因素、区域包容性创新体系的形成与实现进行分析和探讨，研究当前地方政府所面临的创新转型，并在此基础上构建了包容性创新体系机构特征以及各个构成要素之间的关系对区域包容性创新体系的构建有何影响的理论假设模型。

2. 案例分析法

本书第三章中以用户创新参与度为标准，通过总结四个不同的案例，对包容性创新产品或服务的扩散模式进行总结。第四章中引入了包容性创新领域的相关实践，列举了发展中国家和发达国家的包容性创新案例，并对其进行具体的描述，分析包容性创新在现实中的应用。第五章中以菲方政府为突破口，通过对典型案例的分析，深入研究了包容性创新与政府购买公共服务的融合机制。

3. 统计分析及回归模型分析法

本书实证分析所需的测度数据主要来源于统计年鉴以及相关信息披露的网站，利用加权综合指数法对获取的数据进行初步的统计分析，再用描述性统计、单位根检验及Hausmam检验对其进行实证分析。

三、结构安排

本书各章节的内容安排如下：

第一章　绪论。主要对本书的研究背景及意义、新常态下我国建设创新型国家面临的创新转型以及包容性创新与经济发展方式的相关性、现阶段国内外学者的相关研究进行概述。随后，描述本书的基本内容和采用的研究方法，并给出本书的基本研究结构图。最后，总结本书的主要学术观点、创新点及未来研究方向。

　　第二章　理论基础。首先从包容性创新的基本概念入手，简要介绍包容性创新的内涵，总结其特征并与传统创新进行比较，并概括包容性创新的主要实现模式和路径。其次，详细介绍包容性创新的理论渊源，描述包容性创新的演进方式，从企业和个体层面入手分析包容性创新过程中存在的社会排斥，并具体探究创新提升包容性的基本手段。最后，深入探讨包容性创新的支持理论：社会排斥理论、区域创新系统理论、创新生态系统理论、协同创新理论以及三螺旋理论。通过运用这些理论的研究得出结论：包容性创新是有效降低社会排斥、提高低收入人群生活品质、实现区域社会经济包容性增长的重要推动力。这是进一步研究包容性创新的基础。

　　第三章　构建区域包容性创新驱动发展新格局。从构建区域包容性创新体系角度出发，提出区域包容性创新体系的构成要素：中低收入群体的需求、包容性创新主体、创新支持条件、包容性创新环境以及创新产出。然后，提出包容性创新系统模型。最后，从利益驱动机制、合作共赢机制、协同创新机制和政府促进机制等不同角度研究包容性创新系统的运行机制，进而对构建区域包容性创新系统的条件、推动机制、方法与过程做详细探讨。在此基础上，研究创新扩散理论，并建立包容性创新产品扩散的理论模型，通过分析四个典型案例，将包容性创新产品或服务的扩散模式划分为价格导向型、需求导向型、政府＋企业协作型和政府主导型，并且总结不同扩散模式的特点。

　　第四章　各国开展包容性创新的实践探索及启示。总结世界各国包容性创新的典型案例。首先，介绍发展中国家的包容性创新实践，主要选取了印度、巴西、孟加拉国以及非洲国家，对其包容性创新实践进行概述。接下来，引用北美国家、欧洲国家以及以色列等发达国家的包容性创新案例，并对其进行具体介绍。最后，通过对世界各国包容性创新实践的总结和分析，提出对我国包容性创新实践的借鉴和启示。

　　第五章　地方政府包容性创新的突破口。首先从交易成本角度分析了包容性创新，并指出包容性创新过程中政府理性决策行为与政策选择。其次，分析基本公共服务领域的包容性创新，提出包容性创新与地方政府购买公共服务的融合机制，探讨包容性创新视角下政府购买公共服务的风险防范。然后聚焦包容性创新在扶贫攻坚领域的优势，探索包容性创新与精准扶贫的融合机制。最后，探讨包容性创新中小微企业创业计划及成长路径。

　　第六章　以陕西省10地市为例，探讨包容性创新的绩效评价体系。在对包容性创新的影响因素进行界定分析的基础上，着重探讨包容性创新绩效评价体系的构建，通过选取中低收入群体的需求、创新主体、创新支持条件、创新环境和创新产出等指标，最终构建区域包容性创新能力评价指标体系。随后，从统计年鉴以及相关信息披露网站获取相应的数据，并利用统计分析、回归分析等方法进行实证分析，最终得出结论：总体来看，陕西省的包容性创新政策制度体系还不够完善，创新主体的主要作用并未得到充分发挥，在包容性创新的信息基础设施建设和金融服务支持等方面明显不足，区域内的包容性创新能力不强且发展不平衡。在实证分析的基础上，对陕西省区域包容性创新体系的构建提出系列政策建议。

　　第七章　主要分析目前我国包容性创新的发展现状，探讨地方政府推进包容性创新的主要障碍，并提出对策建议。首先，对我国包容性创新发展的总体现状进行描述。其次，进一步分析制约包容性创新发展的制约因素，如政府支持不足、创新支持环境不利和创新主体获取资源或自身能力不足等。最后，提出促进我国包容性创新的对策建议：政府层面的顶层设计和基层规划、财政金融政策的制定、社会环境营造等。

　　本书的章节结构逻辑如图 1-1 所示。

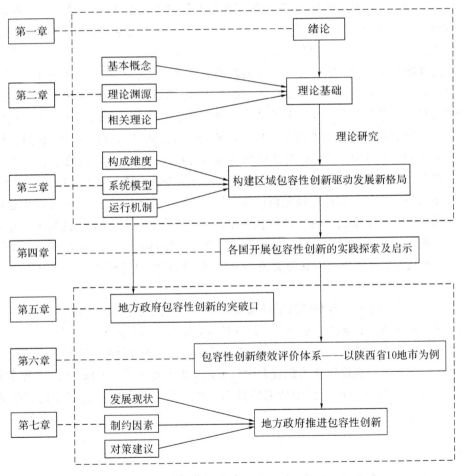

图 1-1　本书的框架结构

第五节　结论与未来展望

一、主要结论

（1）包容性创新与中国现阶段社会经济转型升级密切相关，它意味着单纯追逐快速外向经济增长模式将得到改变，人们普遍关注民生幸福、社会公平和生态环境，在更高的程度上开发和利用社会群体创新力，形成经济改革成果惠及社会多数人的创新机制。当前，我国经济进入新常态，创新理念由"精英型创新"向"包容性创新"转型，努力创造平等机会，使创新的收益和成果为更大范围的人群所享受。这一概念无论从理念上还是从政策角度，对于我国地方政府而言仍然是全新的。

（2）包容性创新作为有别于传统精英创新的新模式，基于个体层面和企业层面面临的主观能力性排斥和客观体制性排斥，正式、非正式的政策制度及外部的客观环境和经济体主观能力等可能对贫困人群产生的社会排斥。政府可以通过多元创新解决社会发展中的弱势群体本身权利的贫困和所面临的社会排斥，将低收入群体纳入创新网络，通过价值链创新提供更低廉的产品和服务，促进经济的可持续增长并保持社会的和谐稳定。

（3）作为一种社会经济系统，地方政府应构建包括创新主体子系统、创新支撑子系统、创新环境子系统在内的包容性区域创新体系。包容性创新主体、创新主体之间及创新主体与外部环境多个关系等都会随着创新过程而不断变化，表现为新旧组织的加入与退出、关系的建立、深化和解散及资源的分散与重新整合等，支撑创新系统运转表现为利益驱动机制、制衡约束机制、合作协调机制与交流学习机制，包容性创新形成和发展具有动态演化特征。

（4）在实践中，由于包容性创新活动面临着市场信息匮乏、知识和技能不足、制度体系不完善、基础设施落后、金融服务缺乏等特殊挑战，包容性创新系统应在技术选择、改进与扩散、当地信息获取、知识传播和吸收、信任关系确认等方面发挥作用，地方政府加强顶层设计，制定促进地方包容性创新的财政金融政策，以基本公共服务领域、扶贫攻坚领域、创新创业领域作为地方政府包容性创新的突破口，并建立适合当地的包容性创新绩效评级体系。

二、可能的创新点

（1）构建包容性创新的理论分析框架。传统创新的理论基础很多，包括熊彼特创新理论、技术创新理论、人力资源理论、新增长理论、技术进步理论等，这些理论主要围绕产业竞争力、产品竞争力、竞争性环境以及相应的知识产权与扩散展开。本书基于社会排斥理论的研究视角，将社会排斥划分为个体层面和企业层面，从个体层面选择生产机会、参与、分享三个维度，企业层面选择生产资源机会、参与、分享三个维度，运用社会排斥理论，深入探析主观能力性排斥和客观体制性排斥的表现形式及形成成因，从社会排斥角度探索包容性创新的基本手段和途径，是对包容性创新理论研究的深化。

（2）运用创新系统理念解决现实问题。构建包括创新主体子系统、创新支撑子系统、创新环境子系统在内的包容性区域创新体系，在经济金字塔底层区域构建把低收入群体纳入其中的包容性创新体系有利于促进经济的可持续发展并保持和谐稳定，通过技术、市场、制度与组织的系统创新而实现经济、社会与环境等多重价值创造与分享。

（3）从政府角度提出包容性创新政策框架建议。为构建一个以消除贫困为导向的包容性区域创新体系，政府需要从提供有益于包容性创新的制度框架，消除包容性创新面临的特有障碍，提高包容性创新提供的效率与扩散范围以及增加贫困群体能力等方面入手构建政策体系，并为包容性创新活动提供完善的基础设施、教育与培训体系，健全有效的制度环境以及必要的金融服务。

三、研究展望

包容性创新与中国密切相关，这一概念无论从理念上还是从政策角度，对于我国地方政府而言仍然是全新的。本书围绕"我国地方政府的创新转型"展开，其基本思路包括如下递进步骤：包容性创新的逻辑依据→包容性创新的机理：基于社会排斥视角→包容性创新的动态演化特征与动力机制→构建包容性区域创新体系促进包容性创新：政府包容性创新政策框架。首先，从包容性创新的内涵、演进及特征等梳理包容性创新概念框架，阐述包容性创新的逻辑依据；其次，从个体层面和企业层面分析社会排斥的成因，从社会排斥角度探索包容性创新的基本手段和途径；再次，剖析支撑创新系统运转利益驱动机制、制衡约束机制、合作协调机制与交流学习机制，运用生命周期理论分析包容性创新系统的动态演化过程与演化特征；最后，构建包括创新主体子系统、创新支撑子系统、创新环境子系统在内的包容性区域创新体系，构建地方政府包容性创新政策框架推进包容性创新。

包容性创新是通过创新解决社会发展中的弱势群体本身的权利的贫困和所面临的社会排斥，本书运用社会排斥、BOP战略、福利经济学等理论，构建从个体层面和企业层面探析能力性排斥和体制性排斥的理论分析框架，探究包容性创新的促进机制。厘清包容性创新和传统创新模式的区别，理论上从社会排斥角度提出包容性创新的基本手段和途径，分析包容性创新系统的运行机制、动态演化过程与特征，是对包容性创新理论研究的深化。

目前来看，关于包容性创新的研究尚不多见，从某个角度分析包容性创新的体系化论文更少，研究深度与广度都有待提高，有关政策支持有待提供理论支撑。在理论构建层面，包容性创新理论的构建主要考虑在新兴技术不断出现、产业转型升级的背景下，以及多层市场架构和制度体系不断改进的情境下，创新是如何出现以解决正式经济和非正式经济体由于受到体制和能力的限制难以获取相关机会、参与生产和分享社会成果的问题。从限制形成的角度来看，理论的构建可以从社会认知理论、交易成本理论、社会网络理论以及利益相关者等理论角度分析壁垒的形成机制。如在社会认知理论上，研究可以思考搜寻方式如何限制弱势群体的资源获取等，在此需要考虑个体对于信息认知方式的差异，如理解在大量信息聚集的背景下，弱势群体本身的认知惯性又如何影响个体在能力构建、资源获取上的限制问题。从限制解决的角度看，理论的构建可以从制度理论、资源分配理论、交易成本理论以及代理理论的角度分析创新的设计机制。在制度理论上，主要考虑对于弱势群体如何提升其合法性的问题，包括法律、规范以及认知，这种合法性的提升又如何影响企业本身在社会生产中的运作模式的问题。

包容性创新将贫困人群纳入到创新活动中，充分挖掘贫困群体中蕴藏的巨大消费、生产、创业潜力，在促进经济发展的同时，也为贫困群体创造价值，为被排斥在传统商业市场之外的贫困人群提供平等参与的机会，赋予其创造收入的能力。这不仅能让贫穷人从中直接获益，同时也为参与其中的其他组织与机构创造出新的价值。包容性创新活动需要整体配合，如何从国家政策角度推进包容性创新活动，政府如何建立一个包容性的、以消除贫困为导向的创新体系，确保贫困人口和中小企业参与到创新活动中，真正有效地解决贫困问题，这些问题都有待进一步探讨。传统创新以企业、高校、科研院所为主体，相关法律、法规和政策大致形成了供给、需求、环境等较为完整的体系。宏观层面上的科技政策、产业政策、教育政策、经济政策、财政政策、税收政策等都有相应的配套。包容性创新不完全是高精尖的创新，不完全是经济效益高的创新，其对创新活动的规模、效益、效率等都有可能有不同的要求，那么相应的政策该如何调整急需政策主体部门的解答。

第二章　理论基础

第一节　基本概念

一、概念及内涵

对研究对象进行概念界定是理论展开的前提，但现有文献还没有对包容性创新进行清晰的定义与说明。由于包容性创新把创新研究从技术经济领域拓展到社会发展领域，涉及多个学科，仅从单一理论视角很难洞悉与把握其性质与内涵。因此，应当结合包容性增长、BOP战略、企业竞争优势、贫困治理与可持续发展等相关理论把包容性创新定义为：企业等私营部门以可持续的方式为被现有经济社会体系排斥在外的BOP群体提供机会来平等参与市场以提高收入、发展能力与扩大权利的新思想、新模式与新方法的开发与实现。由于包容性创新的内涵非常丰富，结合上述定义从以下几个方面加以说明：

首先，包容性创新本质是通过创新性的思想、模式与方法为穷人提供平等参与市场的机会。尽管BOP人群有着大量未被满足的需求[①]，也拥有数量惊人却无法创造价值的死资本（Dead Capital），但大多数贫困地区并不存在发育完善的产品、服务或劳动力交易市场来满足需求和创造价值[②]。而且穷人在本地不完善的市场体系中往往处于弱势地位，生产与消费能力都很低下。这事实上剥夺了穷人有效参与正规市场并享受益处的能力与机会，使其被排斥在全球市场化进程之外，而这种剥夺与排斥主要是由所处环境而非个人努力原因所造成[③]。包容性创新可以有效服务于BOP市场并与全球经济联系在一起，通过把穷人

---

① Hammond A L, Krammer W J, Katz R S, etal. TheNext 4 Billion: Market Size and Business Strategy at the Base of the Pyramid[M]. World Resource Institute, International Finance Corporation, 2007. 3 - 6.

② De Soto. The Mystery of Capital: Why Capitalism Triumphs in the West and Fails Everywhere Else[M]. New York: Basic Books, 2000. 10 - 12.

③ 庄巨忠. 亚洲的贫困，收入差距与包容性增长[C]. 北京：中国财政经济出版社，2012. 10 - 15.

纳入到多种形式的市场关系并赋予穷人新的市场角色与地位,客观上降低或消除了市场机会的不平等。

其次,包容性创新隐含着对贫困人口追求幸福生活意愿与能力的尊重和信任。在包容性创新视角下,穷人并不是传统观念下消极被动的受助者和被怜悯者,而是对自身所珍视幸福生活有着强烈渴望的市场参与者,具备创新所需要的各类关键资源与能力①。因此,创新的成功依赖于企业与穷人之间的深度合作,这不仅拓展了企业创新的视野与格局,也给予穷人利用自身资源与提升能力的机会。穷人不是需要解决的问题,而是解决方案的重要组成部分。在这个意义上,包容性创新是企业与穷人进行价值共创(Value Co-creation)与分享的过程,而不是把穷人作为接受对象的单向价值传递。

再次,包容性创新并非出于企业社会责任和慈善动机,而是企业构筑长远竞争优势的战略工具和行为。Kelly 等学者②指出,创造新市场与新顾客是全球企业以最好方式来生存、增长、拓展其核心利益的动机。随着世界范围内中高端市场的竞争越来越激烈,蕴含的成长空间日趋饱和,而从未被充分探索的金字塔底层则为企业的跨越式发展提供了新的可能③。但是 BOP 市场传统资源的匮乏以及存在大量非传统市场参与者等状况为企业运营造成各种挑战,企业必须打破业已接受的市场逻辑与框架,重新构建新的模式与方法才能克服。因此,BOP 市场环境特质为企业提供了成长的潜力与创新空间,有助于企业通过学习积累新的资源与能力并建立新的竞争优势。这种基于赢利与发展的战略动机能够保证包容性创新的效率与经济上的可持续性,所依赖的正是企业追求利润与有效配置资源的本质特征。

最后,包容性创新有助于 BOP 人群收入、能力与权利贫困的缓解。通过提供平等参与市场的机会,包容性创新把穷人视为有价值的消费者、生产者与创业者,并根据穷人的不同角色进行相应的创新④⑤。消费者导向的包容性创新为穷人创造可负担的产品与服务,可以涵盖营

① Sen A. Development as Freedom[M]. New York: Anchor Books, 1999. 5-10.

② Kelly L, José Antonio Rosa, Madhubalan Viswanathan. Marketing to subsistence consumers: lessons from practice[J]. Journal of Business Research(special issue), 2009, 63(6): 559-569.

③ Simanis E, Hart S L. The Base of the Pyramid Protocol: Toward Next Generation BoP Strategy [M]. 2nd Edition, Center for Sustainable Global Enterprise, Cornell University, 2008. 3-8.

④ Prahalad C K. The Fortune At The Bottom of The Pyramid: Eradicating Poverty Through Profits[M]. NJ: Wharton School Publishing, 2005. 6-7.

⑤ Hall Jeremy, Matos Stelvia, Lorn Sheehan. Bruno Silvestre Entrepreneurship and innovation at the base of the pyramid: a recipe for inclusive growth or social exclusion? [J]. Journal of Management Studies, 2012, 45(4): 785-812.

养、能源、交通、通信、金融与教育等多个领域，提升穷人的生活水平与综合素质[①]；生产者导向的包容性创新以消除贫困生产者的生产性障碍与交易性障碍为目的[②]，提高生产效率并深化穷人的市场角色认知；创业者导向的包容性创新则旨在培养金字塔底层的创新精神与创业意识，增强穷人创新能力并提供创业机会。不同类型的包容性创新对穷人的经济改善、能力提升与权力扩大等多个方面都有积极影响，从而能够有效缓解和降低各种形式的贫困。

Prahalad 与 Hart(2002)[③]认为，生活在贫困线下、权利得不到充分保障的"金字塔底层群体"内部蕴含着巨大的商机，企业通过技术和商业模式的创新来满足其内在的需求或利用其创新能力，不仅可以获得巨大的经济回报，还可以提高低收入群体的生活质量，缓解和消除贫困。Gerard George(2012)[④]认为，包容性创新有利于弱势群体，包容性创新是一个过程也是绩效产出结果。理解包容性创新必须承认在创新的开发和商业化过程中存在不公平的情形，也要承认在价值创造过程中不公平情形也会发生。Oecd(2012)[⑤]认为，包容性创新是利用科学、技术和创新诀窍以解决低收入群体的需求。

国内学者邢小强(2010)[⑥]等认为，包容性创新必须充分挖掘贫困人群中蕴藏的巨大消费、生产和创业潜力，在经济金字塔底层区域构建把低收入群体纳入其中的包容性创新系统，这样将有利于经济的可持续发展和社会的和谐稳定。常修泽(2012)[⑦]认为，包容性体制创新简称包容性创新。包容性体制创新应该包括：产权体制创新包容国有与民营；分配体制创新包容国富与民富；可持续发展体制创新包容天、地与人；社会管理体制创新包容民生与民主。李扣庆(2012)[⑧]认为，包容性创新可以理解为三个层次：一是为社会弱势群体生

---

① Subrahmanyan S J，Tomas Gomez - Arias. Integrated Approach to Understanding Consumer Behavior at Bottom of Pyramid[J]. Journal of Consumer Marketing，2008，25(7)：402 - 412.

② London T，Anupindi R，Sheth S. Creating Mutual Value：Lessons Learned from Ventures Serving Base of the Pyramid Producers[J]. Journal of Business Research，2010，63(6)：582 - 594.

③ J Prahalad，C. K，Hart，S. L. The Fortune at the Bottom of the Pyramid[J]. Strategy & Business，2002，26：54 - 67.

④ Gerard George，Anita M. McGahan and Jaideep Prabhu. Innovation for Inclusive Growth：Towards a Theoretical Framework and a Research Agenda [J]. Journal of Management Studies，2012，6：661 - 683.

⑤ 郝君超，王海燕. 包容性创新的实践与启示[N]. 科技日报，2013 - 6 - 16(001).

⑥ 邢小强，周江华，仝允桓. 面向金字塔底层的包容性创新系统研究[J]. 科学学与科学技术管理，2010(11)：27 - 32.

⑦ 常修泽. 关于包容性体制创新的探讨[J]. 上海大学学报(社会科学版)2012(5)：1 - 15.

⑧ 于潇. 包容性创新下的选择题[N]. 中国会计报，2012 - 11 - 30 (008).

活便利而开发的低成本技术产品，其本质是要使弱势群体进入新技术支撑的社会网络。二是提高弱势群体的创新能力，并为他们创造创新机会和致富环境，鼓励草根创新。三是人类共同面临的生存环境被极大挑战的今天，要求所有涉及的技术，包括生活使用的和赖以创业的，必须是环境友好的、可持续性技术。

纵观国内外学者的观点，包容性创新基本包含两层含义，一方面，针对低收入群体的特定需求开展创新活动，使他们能够获得并享受创新成果；另一方面，低收入群体亲自参与、推动、实施具体的创新活动，在创新过程中发挥作用、创造价值。包容性创新是促进经济改革成效惠及社会大多数人的引擎，把以往受到社会排斥的低收入群体纳入到创新活动中来，给他们提供平等参与的机会，同时整合创新参与主体的各项资源与能力而产生创造全新知识的新途径，从而使低收入群体的创新能力得到提升和发展并且合理分享创新的成果。

二、与传统创新的区别与特征

传统创新以企业、科研机构为主导，通过研究新技术、掌握新知识的方式帮助企业获得竞争优势，争取在市场竞争中占优[1]，在创新过程中更加重视前沿知识的学习和应用，致力于获取更多的商业收益和价值财富。传统创新追求新功能、新体验，单位成本投入多，因此产品价值也相对较高，导致低收入人群无法分享创新产品和服务。不同于传统创新，包容性创新倡导在现有技术的基础上，以开发低收入群体潜力为基点，维护参与主体的平等性和创新成果的共享性。在创新主体、目标以及成果应用范围等方面则呈现多元化趋势，追求多主体、多对象和宽领域的创新产品和服务。总体来看，包容性创新有利于社会、经济的可持续发展。传统的创新理论认为，创新的目的在于通过打破旧的均衡实现经济的增长和发展，其聚焦于生产要素的重新组合和技术水平的进步。这样的创新系统一般伴随着较高的生产成本和交易成本，处于社会底层的人群由于无法支付高昂的服务费用，难以共享经济发展的成果，我们称之为"精英型创新"。尤其在公共服务领域，我国政府实行"自上而下"的管理决策模式，一方面妨碍了公共组织的地位，造成了行政机构提供公共服务的低效率；另一方面由于社会大众缺乏在公共服务决策中的参与权和话语权，导致公共服务的供给脱离真实需求。最终的结果是，政府购买公共服务可能通过竞争降低了服务成本，但也因此增加了交易费用。不同于传统的"精英型创新"，包容性创新具有三个方面的主要优势：

第一，包容性创新是一种面向低收入群体的创新。传统创新中低收入群体是被"边缘化"的群体，他们由于无法支付高昂的创新产品使用费用而无法享受公共服务。包容性创新通过重新构建商业模式和价值链系统，用可持续的弹性方式为低收入群体提供产品和服

---

[1] Percy-Smith J. Policy responses to social exclusive：Towards inclusion？[M]. Philadelphia，Buckingham：Open University Press，2000.

务，开发更具包容性的市场领域，弥补了市场空白。例如，墨西哥的一家建材供应商（CEMEX）通过建立覆盖目标社区的营销及融资网络，通过业务流程重组将公司业务拓展至 BOP 消费群体，使公司进入到了一个全新的业务领域。

第二，包容性创新是一种资源限制性创新模式。传统的创新模式建立在丰富的资源基础上，需要进行高昂的产品设计与开发，这必然带来较高的生产成本。包容性创新仅提供设计简单和功能有限的产品，所用的材料也更加便宜，主要满足资源有限型消费者的需求，并在产品的分销渠道及商业模式上进行必要的创新，以实现产品总成本的降低。我国新疆地区通过建立标准化、低成本、高可靠、易使用、易维护的整套低成本健康基层医疗服务系统，改善了少数民族群众的就医环境，项目取得良好进展。

第三，包容性创新是一种价值理念的创新。传统创新仅注重经济价值，忽视了人文价值和社会价值。随着科技进步与经济的不断发展，各种社会矛盾不断凸显，包容性创新的理念应运而生。它有效平衡了经济发展目标的一维性与社会发展目标的多维性之间的关系，引导人们在追求经济发展的同时更加注重人的全面发展。在这种理念的作用下，人与人之间以及人与自然之间的矛盾将得到缓解。印度通过"蜜蜂网络式"创新，将被边缘化的群体纳入到创新网络中，为草根阶层打造了一种新型的财富之链，部分缓解了社会贫富差距严重的问题。

1. 与传统创新的区别（见表 2 - 1）

传统创新以企业、科研机构为主导，通过研究新技术、掌握新知识的方式帮助企业获得竞争优势，争取在市场竞争中占优，在创新过程中更加重视前沿知识的学习和应用，致力于获取更多的商业收益和价值财富。传统创新追求新功能、新体验，单位成本投入多，因此产品价值也相对较高，导致低收入人群无法分享创新产品和服务。不同于传统创新，包容性创新倡导在现有技术的基础上，以开发低收入群体潜力为基础，维护参与主体的平等性和创新成果的共享性。在创新主体、目标以及成果应用范围等方面则呈现多元化趋势，追求多主体、多对象和宽领域的创新产品和服务。总体来看，包容性创新有利于社会、经济的可持续发展。传统创新与包容性创新的主要区别如表 2 - 1 所示。

表 2 - 1　传统创新与包容性创新的主要区别

衡量指标	传统创新	包容性创新
创新主体	企业	低收入人群
创新目标	获取商业收益和价值富余	低成本、低价格满足更多人的需求
创新收益	低	高
创新产品单位价值	高	低
创新成果应用范围	较窄	较宽

从理论上看,包容性创新具有低成本、低价格、高市场需求等特征,因此成为企业和低收入人群赢取市场占有率、提高经济生产参与程度的重要方式。从实践角度来说,包容性创新模式包括"自上而下"(top - down)和"自下而上"(down - top)两种,二者相互补充、互为表里。其中,"自上而下"的创新以企业为主导,针对现有自然和社会环境,通过产品、制度、流程和组织的协同创新,降低创新成本来突破现有阻碍。如2200美元的汽车、每小时只需10卢比的无线上网技术,又如年资费10美元的太阳能面板,各国企业都从现实角度出发,通过对特定技术的选择和改进,在包容性创新过程中发挥着积极角色。而"自下而上"的创新强调低收入人群对现有工艺和知识的重新整合,实施方式通常采取合作创新或团体创新,鼓励草根人群创新意识的觉醒并促使创新活动的展开。例如中国温室大棚技术的发明和推广,成功实现了中国千万农民经济利益的提高。温室大棚具有透光、保温(或加温)等功能,多用于低温季节喜温蔬菜、花卉、林木等植物栽培或育苗等,针对在不适宜植物生长的季节,帮助延长农作物生育期和增加产量,已成为我国最重要的农业栽培方式之一。

2. 包容性创新的特征

包容性创新的概念和机理决定了其特征,不同的学者对包容性创新的定义不同。在现有的研究基础上,从中总结了其主要特征。

(1)公平性。包容性创新注重为低收入群体提供参与创新的机会,让他们公平地参与创新活动,提高自身能力,享受创新成果。传统的创新方式往往崇尚产品精英主义的理念,创新的产品或服务针对的是高端消费群体,忽略金字塔底层人群的需求[①]。而包容性创新拒绝产品精英主义,针对的是低收入群体的需求,并提供相关的产品或服务。包容性创新更强调创新的公平与民主。

(2)异质性。由于低收入群体一般都有很强的地域、文化、传统、宗教等特征,这也就造成了他们对产品与服务需求的多样性、复杂性、分散性。因此,包容性创新在实施的过程中,必须要重视创新异质性。低收入人群的需求异质性对创新来说,既是挑战更是机遇,它提供了一个更加广阔的现实和潜在市场。

(3)低成本性。由于低收入群体自身资源相对缺乏,他们往往不会购买价格昂贵的产品或服务,也不会参与高成本的创新活动。因此,包容性创新提供给低收入群体的产品和服务在保证质量与功能的基础上,价格相对低廉,而且为支持低收入群体参与包容性创新活动而提供各种资源也是低成本的。

(4)开放性。包容性创新强调参与主体、交流反馈以及创新平台的开放性。创新的主体

---

① 于永臻,李鹏程. 当前我国的创新型国家建设亟须实现三个转型[J]. 经济研究参考,2012 (68):33 - 37.

包括低收入群体、企业、政府、NGO、科研院所以及众多的中介服务结构，各个主体之间的交流互动、反馈更为开放；创新的平台更为开放，不仅仅局限在企业研发部门、科研院所的实验室，而是多方协同参与创新。

（5）草根性。与其他类型创新不同，包容性创新的参与者不仅仅是企业、高校、科研院所等正规机构，它更希望将广大的低收入人群即草根群体参与进来。草根群体更加了解自己的真实需求，然后根据自己的需求进行有针对性的创新，这样创新活动的成功概率会更高。当所有的草根群体都参与进来，分享自己的创意和想法，每个人都会成为创新源①。

三、包容性创新的模式及逻辑依据

1. 包容性创新的模式

"自上而下"与"自下而上"包容性创新。理解包容性创新机理的关键是理解包容性创新的模式。邵希（2011）②、李扣庆（2012）③等对包容性创新的理论进行了拓展，根据创新的扩散方向，把创新模式分为"自上而下"包容性创新与"自下而上"包容性创新。如图 2 - 1 所示。

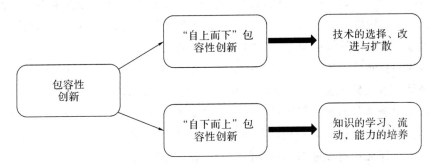

图 2 - 1　包容性创新模式的分类

从金字塔的顶端向底端的"自上而下"（top to down）包容性创新的模式是指，首先政府和企业要充分挖掘处于金字塔底层人群的现实需求与潜在需求，然后把已经在中高端市场成熟的产品、技术、商业模式，针对低收入群体这一新市场环境，调整产品和流程，重新确立成本结构，开发出低收入人群可负担、可接受的创新性产品和服务。自上而下包容性创新活动强调技术的选择、改进和扩散。

---

① 赵付春. 企业微创新特性和能力提升策略研究［J］. 科学学研究，2012(10)：1579 - 1583.

② 邵希，邢小强，仝允桓. 包容性区域创新体系研究［J］. 中国人口·资源与环境，2011(6)：24 - 30.

③ 于潆. 包容性创新下的选择题［N］. 中国会计报，2012 - 11 - 30(008).

"自下而上"(down to top)包容性创新的模式是指，作为创新主体的低收入群体自觉的组织起来参与创新活动，如团体创新或合作创新。低收入人群对创新失败的包容性很高，因此低收入群体市场被称为破坏性创新天然试验场。企业可以将在低收入人群市场中培育出的创新成果应用到中高端市场中。这种创新模式具有低端、简单、低成本的破坏性创新理念。"自下而上"包容性创新强调的是知识的学习与流动，能力的培养与利用。

两者的交集都是针对金字塔底层的低收入人群开展的创新活动，提供产品与服务都是低价、低成本、低主要性能。正是因为各种包容性创新是低价格、低主要性能的，从而是低利润的，所以许多创业创新者才会忽视包容性创新的巨大市场潜力。按照效应理论，对于高端消费群体，产品的性能存在效应递减趋势；而对于低收入群体来说，由于以前没有使用过这些产品与服务，效应是上升的。包容性创新把以往受到社会排斥的低收入群体纳入到创新活动中来，既给他们提供低成本、低主要性能的产品与服务，又提供平等参与的机会，既提升了创新能力，又分享了创新的成果。

2. 包容性创新的逻辑依据

2011 年，欧盟发布了《欧洲 2020 年可持续与包容性的智能发展战略》，报告中提出了构建"欧洲脱贫平台"，确保社会与区域凝聚力，分享发展与就业带来的利益；确保贫困人群有尊严的生活，积极融入社会。现实生活中，社会排斥是造成贫困人群权利贫困的主要原因，故通过多元创新降低社会排斥是实现包容性的关键。

客观体制包括正式、非正式的政策制度以及外部客观环境，如基础设施等和经济体主观能力是经济体参与到社会生产中的主要障碍[1]，大致形成体制性排斥和能力性排斥。体制性排斥是指经济体具有相关能力但受到相关体制性因素的限制而无法参与生产活动，而能力性排斥是指由于个体能力缺失而导致的由政策和制度带来的限制。从个体角度来说，当一个合法的个体无法有效地参与正常的社会、政治和经济活动时，那么社会排斥就出现了，而产生这种现象的原因可归咎为经济、地理、社会以及政治因素的组合[2][3]。如由于经济发展惯性原因，低收入人群总被认为是低端市场的消费主体，加之公共基础设施匮乏、信息搭建平台不完善等原因，低收入人群逐渐被排斥在社会先进生产活动之外。从企业角度来说，体制性限制主要体现在初创企业进入社会生产领域中时，将受到进入和参与壁垒的阻碍，例如初创企业内外部资源限制、管制制度限制以及现有企业在位优势等。能力性

① 潘松. 我们向印度学什么：印度超一流企业的崛起与启示.机械工业出版社. 2010 年 6 月.
② 吴晓波，姜雁斌. 包容性创新理论框架的构建[J]. 系统管理学报，2012(11)：736-747.
③ Peace R. Social Exclusion：A Concept in Need of Definition？[J]. Social Journal of New Zealand. 2001，16：17-36.

排斥主要体现在生产要素供给不足而导致的经济体丧失平等参与和分享成果的机会和权利。例如低收入人群缺乏相应的知识和生产技能，因而被排斥在知识、技术密集型产业之外。企业层面的主观能力限制包括资源占有程度和市场参与竞争能力的欠缺。如企业专有性生产设备的缺乏，又如初创企业在捕捉市场信息、明确细分市场等方面竞争力较弱。

降低体制和能力上对经济体参与机会获取、参与过程和产出结果过程的排斥，促进经济体参与社会生产的方法主要有两种：一是进行体制创新。鼓励国家层面系统内部的制度创新，从政策体制角度实现系统开放和参与壁垒的降低。在克服地理因素限制方面，加强偏远地区的基础设施建设和信息共享平台的搭建，加快区域内低收入人群参与和分享创新愿望的实现。例如印度国家创新委员会为落后地区提供了光线与宽带服务，增加了普通民众互联网经验交流和分享的机会。二是经济体知识水平和专业技能的提高。如印度非正式组织通过资金援助、专业培训等方式帮助低收入人群基础知识和专业技能水平的提高，此外还积极充当创新活动的组织和协调者、信息收集和交流者等角色。

包容性创新将低收入群体纳入到创新活动来，充分利用低收入群体中蕴藏的巨大消费、生产、创业潜力。推动包容性创新是一个系统过程，涉及多方参与者。政府需要建立一个以消除贫困为导向的包容性创新体系，确保有更多的低收入群体、中小企业、NGO以及科研院所参与到创新活动中，这样才能够真正有效地解决贫困问题。

第二节　相　关　理　论

一、理论渊源

包容性创新的理论源于社会排斥理论和 Amartya Sen 的福利经济学理论。社会排斥理论的研究始于 20 世纪 60 年代西方国家对贫困以及剥夺概念的探讨。英国政府"社会排斥办公室"(Social Exclusion Unit, 2001)将社会排斥定义为某些人们或地区受到诸如失业、技能缺乏、收入低下、住房困难、罪案高发的环境、丧失健康以及家庭破裂等交织在一起的综合性问题时所发生的现象[1]。石彤(2002)[2]认为，社会排斥是指某些人、家庭或群体缺乏参与一些社会普遍认同的社会活动，被边缘化或隔离的系统过程，这个过程具有多维的特点。Silver(1995)[3]将社会排斥分为三种范式：团结型(Solidarity)、特殊型(Specialization)与垄

---

① Social Exclusion Unit. Preventing Social Exclusion[R]. London, 2001.

② 石彤. 性别排挤研究的理论意义[J]. 妇女研究论丛, 2002(4)：17 - 24.

③ Silver. Social Exclusion and Social Solidarity：Three Paradigms[J]. International Labor Review, 1995, (133)：531 - 577.

断型(Monopoly)。团结型范式认为，社会排斥是指个人与整个社会之间纽带的削弱与断裂过程。特殊型范式认为，排斥是一种歧视的表现，是群体性差异的体现。垄断型范式认为，社会排斥为集团垄断所形成的后果之一，其具体表现是权利集团通过社会关闭来限制外来者的进入。社会排斥理论为包容性创新研究提供了理论基础，包容性创新在某种程度上可以看做是消除社会排斥的过程。但目前的社会排斥研究对如何消除排斥现象仍未提出较好的解决对策，这也从侧面反映了包容性创新研究的必要性[1]。

Sen[2]认为，只有资源被公平分配时社会福利才会得到大幅改善。Sen的福利经济学理论对发展中国家尤其具有指导意义，即：一方面，需要进行民主建设以清除政治、司法等体制障碍，增加个体的机会；另一方面，需要通过教育、医疗、社会保障等制度确保个体参与社会和经济活动的机会公平。而实现机会的平等正是包容性创新的关键所在。Sen将经济伦理和道德哲学贯穿研究始终，关注个人生存和发展能力，关注公平、正义等问题，关注人类福利的增长。因此，Sen的福利经济学为包容性创新研究提供了新的理论基础。

从包容性增长到包容性创新。"包容性增长"概念最早由亚洲开发银行在2007年提出来，其基本内涵是倡导机会平等的增长，其最终目的是让普通民众最大限度享受经济发展带来的收益[3]。2010年9月16日，胡锦涛主席在亚太经合组织上发表了题为《深化交流合作，实现包容性增长》的致辞，指出："实现包容性增长，根本目的是让经济全球化和经济发展成果惠及所有国家和地区、惠及所有人群，在可持续发展中实现经济社会协调发展。"包容性增长寻求的是社会、经济、生态协调发展与可持续发展，与单纯追求GDP增长相对立。包容性增长，又称共享型增长或机会均等的增长，是一种全新的增长理念。既要通过经济增长创造就业和其他发展机会，又要使发展机会均等化；既要通过保持经济的高速与持续的增长，又要通过减少与消除机会不均等，来促进社会的公平与包容性；在保持经济增长的同时，让社会和各阶层人群分享到增长的利益，让弱势群体得到保护。简而言之，包容性增长就是让所有人享受经济增长带来的好处，促进社会的公平与包容性[4]。

2011年4月，博鳌亚洲论坛召开，胡锦涛主席发表以《包容性发展：共同议程与全新挑战》为主题的主旨演讲，阐述中国对这一概念的看法以及中国在"包容性发展"上的实践。胡锦涛主席正式提出了包容性发展这一概念，强调："在经济发展的同时，要获得社会的发展

① Sen. A. Inequality Reexamined [M]. Oxford : Oxford University Press，1992.

② 范轶琳，吴晓波. 包容性增长研究述评[J]. 经济管理，2011(9)：180－184.

③ Ali I, Zhuang J. Inclusive Growth toward a Prosperous Asia：Policy Implications[R]. ERD Working Paper No. 97，Economic and Research Department，Asian Development Bank，Manila，2007. 1－10.

④ 高霞. 包容性创新研究进展[J]. 科技进步与对策，2013(7)：1－4.

和人的发展"。"包容性发展"很快取代"包容性增长"进入公众是视野,引起广大专家学者研究的兴趣。包容性发展理论的提出,说明中国乃至亚洲的发展和经济增长模式已经到了转型的关口,必须从单纯追求经济增长转向包容性增长、可持续发展和社会共享繁荣。由"包容性增长"向"包容性发展"的转变,是为了突出关注重点的变化。发展不仅包含了经济的增长,而且还包含了社会、教育、医疗、生态环境等各个方面的共同发展。由此可见,包容性发展与科学发展观是一脉相承的。

在"包容性增长"到"包容性发展"的实践发展中,"包容性创新"应运而生了。2012 年 5 月,中国财政部、世界银行联合在北京举办了"亚太地区包容性创新政策论坛"。来自世界银行、亚洲开发银行、全球研究联盟等国际机构的专家学者围绕包容性创新的概念和模式、基层创新的推进和传播、有利于推动包容性创新的政策环境、有关国家的包容性创新实践等内容进行了有益的探讨与交流。

二、区域创新系统理论

1. 区域创新系统的概念

"创新"的概念首次出现在 1912 年经济学家熊彼特的《经济发展理论》一书中:"创新就是建立一种新的生产函数,在经济活动中引入新的思想方法,以实现生产要素新的组合。"而区域创新系统(Regional Innovation System)的概念从 20 世纪 90 年代才开始出现,我国引入这一概念则是在 20 世纪 90 年代末。Nauwelaers and Reid 于 1995 年给出了区域创新系统的如下定义:"在某特定的地理区域,为快速地进行知识的创造、扩散和应用等创新过程而产生的经济、政治和制度上的联系。著名学者 Lundvall 将区域创新概括为"一定社会性的、地域性的互动过程,一个不考虑其制度和背景就无法理解的过程。"

目前,关于区域创新系统的概念在我国有几个不同的提法,即:区域创新系统,区域技术创新系统,地方科技创新系统,区域创新网络等。同样,区域创新系统的概念目前在我国有几个不同的定义,有代表性的主要是:由冯之浚主编的《国家创新系统的理论与政策》一书认为,区域创新系统是指由某一地区内的企业、大学和科研机构、中介服务机构和地方政府构成的创新系统。由胡志坚、苏靖执笔的《关于区域创新系统研究》一文认为,区域创新系统是某区域内由参加新技术发展和扩散的企业、大学和研究机构以及政府组成的,为创造、储备和转让知识、技能和新产品的相互作用的网络系统。潘德均认为,区域创新系统是指一地方内有关部门和机构相互作用而形成的推动创新的网络。比较上述的各种定义可知,其异同主要体现在两点上:一是都认为区域创新系统是由若干要素组成的,但各个作者所认定的组成要素有所差异;二是都认为区域创新系统是一个系统,但有的认为它是创新系统,有的认为它是网络系统,有的认为它是相互作用系统。实际上,区域创新系统的核心内涵是经济行为者的创新不仅依赖于企业和研究机构的创新行为，而且取决于这些组织间、知识的生产与分配的公共部门间的相互关系，取决于依赖和利用基础知识的程度，取决于区域的社会文化环境。综上分析，区域创新系统可以归纳为区域内各创新行为参与者在一定的创新环境下相互合作所形成的促进创新的系统。

2. 区域创新系统的特征

区域创新系统的特征主要包括区域性和系统性。区域创新系统的区域性特点主要体现在它与国家创新系统、企业创新系统的区别和联系之中。从系统科学的角度看，创新系统是一个复杂的大系统，系统各部分必须协调、均衡地发展，任何一个部分的薄弱都将影响系统整体功能的发挥。一方面，如果把国家创新系统作为一个大系统，区域创新系统则是子系统，国家创新系统主要由开放的各个区域创新系统连接而成；区域创新系统的建设是国家创新系统运行的前提和组成部分，没有区域创新系统的内外协调，就不会有国家创新系统的质量和效率。但另一方面，区域创新系统与国家创新系统所处的层次不同，其功能也就不同：国家创新系统中，政府根据国家发展目标，组织重大创新计划和项目，通过为创新活动提供良好的制度、政策、法律和基础设施，促进产学研合作，推广创新成果；区域创新系统担负着促进区域内产业结构合理化、促进区域内产业升级和区域经济高质量增长的任务。作为中观层次的创新系统，区域创新系统的主体要素主要为企业、政府、科研机构、高校及中介组织，而作为微观层次创新系统的企业创新系统的主体要素主要为企业家、科技人员和营销人员等。可见，区域创新系统能较为全面地包容创新主体。如科研、生产单位和创新资源与要素，形成较为完整的社会创新系统。它是一种相对独立的系统，而企业创新系统包括在区域创新系统之中，是区域创新系统的一部分，区域创新系统功能的实现，有赖于企业创新系统的顺利运行。

从系统科学的角度来看，区域创新系统是一个开放的大系统，具有开放系统的一般特性，如相关性、结构性、动态性、目的性、环境适应性、开发性、多样性等。

3. 区域创新系统的结构

区域创新系统具有一定的结构。张敦富等人认为，从系统结构上看，区域创新系统建设包括创新机构、创新资源、中介服务系统、管理系统四个相互关联、相互协调的主要组成部分。其中，创新机构指企业、科研院所、大专院校和政府有关部门，不包括中介机构；创新资源主要指创新人才和创新资金，是创新活动的基础要素；中介服务系统主要包括信息中心、培训中心、咨询公司、经纪人组织、技术评估机构、技术争议仲裁机构、创业服务中心、生产力促进中心、技术开发交流中心以及技术市场、科学园区、高新技术产业开发区等，在技术和知识转移过程中起着桥梁的作用，是联系科技与经济的中介；管理系统是指政府为了建立和管理区域创新系统的机构和机制，在促进技术创新工作中有着特殊的地位与作用。

区域创新系统是在国家发展战略的指导下,各个创新主体彼此密切联系,以政府为主导,企业为主体,以高校和科研机构为依托,中介服务机构为纽带,依靠各种创新资源,借助各种创新条件及环境,利用各种创新途径,以企业、政府和金融机构的创新投资为支撑,知识产权法律为保障,以市场为导向,使官、产、学、研合理结合,建立起来的有利于推动知识创新、技术创新、知识交流和应用的开放创新网络。区域创新系统作为一个开放性的复杂社会系统,其系统演化具有方向性。

三、创新生态系统理论

1. 创新生态系统理论的内涵

创新生态系统研究的理论源起为生态系统理论,在经济管理领域其主要研究热点为商业生态系统、价值创造、开放式创新、创新生态系统、概念框架、气候变迁、温室气体、理论架构、可持续发展、生态服务,以主题词所产生的文献基础及被引数量为依据,组织管理领域的研究主要涉及商业生态系统、价值创造、开放式创新、创新生态系统四个聚类。在科学计量的基础上,创新生态系统的研究形成了以 Moore, Iansiti 和 Levin, Adner 研究成果为核心的圈层,以共生演化为核心特征,以案例研究为主流方法,以制度经济学视角、战略管理理论、创新管理理论为三大主要流派。其中,新制度经济学中演化经济学和嵌入性理论,战略管理理论中的产业竞争理论、资源基础观、动态能力理论和关系视角理论,创新管理理论中的开放式创新和平台理论等为创新生态系统研究的核心理论基础。

创新生态系统,如同生物系统一样,从要素的随机选择不断演变到结构化的社群。从系统的角度,企业不再是单个产业的成员,而是横跨多个产业的生态系统的一部分,在一个生态系统之中,企业在创新中不断发展提升能力:他们依赖合作与竞争进行产品生产,满足客户需求并最终不断创新[1]。"生态系统"概念的提出体现了研究范式的转变:由关注系统中要素的构成向关注要素之间、系统与环境间的动态过程转变[2]。实践领域对于创新生态系统做了许多探索,并从国家政策、产业环境改善、文化氛围打造、人才支撑、经费投入等各个方面做了深入研究。2013夏季达沃斯论坛以"创新,势在必行"为主题,强调经济体系、发展环境、行业企业等在面对移动互联、云计算等新兴产业、技术和管理的不断创新

---

[1] Moore J F. Predators and Prey:A New Ecology of Competition[J]. Harvard Business Review,1993,71(3):75-86.

[2] 曾国屏,苟尤钊,刘磊. 从"创新系统"到"创新生态系统"[J]. 科学学研究,2013,31(1):4-12.

时，应成为一个开放、吐故纳新、动态的系统，一个有强健生命力的"生态系统"①。

然而，关于创新生态系统的研究存在许多不足。首先，自 Moore 提出生态系统概念以来，已经有 20 年时间，创新生态系统的理论研究仍处于隐喻与概念探讨阶段，研究多从案例出发，缺乏系统性的理论架构；其次，基于前一个缺口，现有创新生态系统的研究基于不同的出发点，形成了缺乏共同知识基础且较为分散的文献，限制了创新生态系统理论意义与理论价值的延伸。

2. 创新生态系统的特征

创新生态系统的核心特征——共生演化。自然生态系统是在一定空间和一定时间，由生物群落与其环境组成的具有一定大小和机构的整体，其中个体生物借助物质循环、能量流动、信息传递而相互联系、相互影响、相互依赖，形成具有自适应、自调节和自组织功能的复合体②。创新生态系统作为自然生态系统的类比概念，Moore 认为任何一个企业都应该与其所处的生态系统"共生进化"，而不仅仅是竞争或合作③。

创新生态系统是由企业、消费者和市场及所处自然、社会和经济环境构成的系统，其包含由供应商、分销商、外包企业、产品与服务制造商、技术提供者、其他组织等共同构成的松散网络④。这个松散的联结网络为创新生态系统成员创造了共生条件，提供了灵活的关系选择与系统设计条件⑤，共生演化也成为促进生态联盟有效的最后一条途径⑥。一个健康的创新生态系统将商业战略由简单的联合作业向协同、系统的合作转变，从产品竞争向平台竞争转变，从企业独立的发展向共生演化转变。随着创新生态系统中的成员组织与环境动态性的增强，过去传统只强调自身生存和发展权利而无视利益相关者群体的整体利益和生态系统共生发展与繁荣的经营理念已经落后，企业不再将自己看成是单个封闭组织，而有意识地与相关组织组成一个整体，将自身命运与整个生态系统紧密联系在一起，努力实现共生演化。以国外大公司为例，苹果、IBM、福特、沃尔玛等创新生态系统的核心企业

---

① 陈学慧. 构建创新的"生态系统"[N]. 经济日报，2013-09-14.

② 胡斌，李旭芳. 复杂多变环境下企业生态系统的动态演化及运作研究[M]. 上海：同济大学出版社，2013.

③ Moore J F. The Death of Competition：Leadership and Strategy in the Age of Business Ecosystems[M]. New York：Harper Business，1996.

④ Iansiti M，Levien R. Strategy as Ecology[J]. Harvard Business Review，2004，82(3)：68-81.

⑤ Li Y R. The Technological Road Map of Cisco's Business Ecosystem[J]. Technovation，2009，29(5)：379-386.

⑥ Eisenhardt K M，Martin J A. Dynamic Capabilities：What are They？[J]. Strategic Management Journal，2000，21：1105-1121.

纷纷建立自己的服务、工具、技术、价值网络平台，使得生态系统的其他组织成员参与并获得价值回报，同时强化生态系统总体的创新与生产率提升[①]。伴随成员的共生演化，创新生态系统逐步演变为由一个参与者到为多个核心产品提供互补性资产增值、并遵照统一标准的多组织社群，并最终创造单一企业无法创造的价值[②]。

四、协同创新理论

1. 协同创新的内涵

在科技经济全球化的环境下，实现以开放、合作、共享的创新模式被实践证明是有效提高创新效率的重要途径。充分调动企业、大学、科研机构等各类创新主体的积极性和创造性，跨学科、跨部门、跨行业组织实施深度合作和开放创新，对于加快不同领域、不同行业以及创新链各环节之间的技术融合与扩散，显得更为重要。

协同创新是各个创新要素的整合以及创新资源在系统内的无障碍流动。协同创新是以知识增值为核心，以企业、高校科研院所、政府、教育部门为创新主体的价值创造过程（见图 2-2）。基于协同创新的产学研合作方式是国家创新体系中重要的创新模式，是国家创新体系理论的新进展。合作的绩效高低很大程度上取决于知识增值的效率和运行模式。知识经济时代，传统资源如土地、劳动力和资本的回报率日益减少，信息和知识已经成为财富的主要创造者[③]。

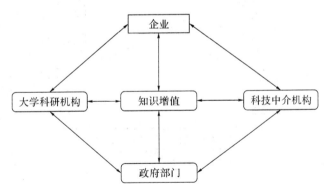

图 2-2 协同创新的价值创造过程

---

① Iansiti M，Richards G L. Information Technology Ecosystem：Structure，Health，and Performance[J]. The Antitrust Bull，2006，51：77.

② Adner R. Match your Innovation Strategy to your Innovation Ecosystem[J]. Harvard Business Review，2006，84(4)：98.

③ 迈克尔·吉本斯，等. 知识生产的新模式[M]. 北京：北京大学出版社，2011.

2. 协同创新的特点

协同创新的主要特点有两点：

① 整体性。创新生态系统是各种要素的有机集合而不是简单相加，其存在的方式、目标、功能都表现出统一的整体性。

② 动态性。创新生态系统是不断动态变化的。

协同创新的理论框架。协同创新主要表现为产学研合作的过程，但产学研合作并不是自发的过程，因为各个创新主体的利益诉求和出发点都不一样，如果缺乏国家宏观的引导和制度安排，结果很可能是零和博弈，个体的理性导致群体的非理性，个体的利益最优而导致群体的利益最少化。协同创新将是国家创新体系的一部分，因此必须从宏观视角来分析整个协同创新的内涵和本质。

协同创新是将各个创新主体要素进行系统优化、合作创新的过程，协同创新可以从整合以及互动两个维度来分析①（见图 2-3），在整合的维度上，主要包括知识、资源、行动、绩效，而在互动的维度主要是指各个创新主体之间的互惠知识分享，资源优化配置，行动的最优同步，系统的匹配度。而根据两个维度上的不同位置，协同创新是一个由沟通—协调—合作—协同的过程②③。

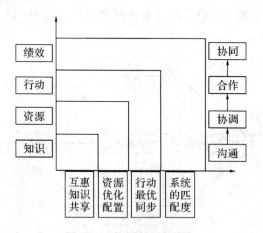

图 2-3 协同创新的整合

① Veronica Serrano, Thomas Fischer. Collaborative Innovation in Ubiquitous Systems[J]. International Manufacturing, 2007, (18): 599-615.

② Duin H, Jaskov J, Hesmer A, Thoben K-D. Towards a Framework for Collaborative Innovation[M]. Boston: Springer, 2008, 277: 193-204.

③ Dubberly H. Toward a Model of Innovation[J]. Interactions 15, 2008(1): 28-34.

　　沟通过程中涉及知识的整合，大学以及科研机构作为知识的主要生产者和提供者，对知识的传播、整合、流通起到重要作用。马奇认为知识分为学术知识和经验知识，学术知识强调普遍有用、永远有用，而经验知识则强调能够直接应用于具体情境，具有很强的时空聚焦性[①]。创新过程是两类知识的糅合和整合的过程。学术知识是理解和应用经验知识的基础，协同创新不仅注重知识的开发和创造，而且强调知识的灵活应用和价值转换。

　　协同涉及知识、资源、行为、绩效的全面整合。系统的匹配度是影响绩效的重要原因，政府制定的各项经济政策与实际经济运行实践之间、高校科研院所的研究成果与企业的技术需求之间的匹配度，系统内知识、资源、行为的匹配度都将影响到创新绩效的高低。整合能否实现取决于系统内不同要素的互动和合作的程度。互动的强度与创新主体改变行为的程度和频率有关，这些包括互惠信息的交换，绩效与同步行动的系统匹配。系统的整合度越高，就会需要有更多的高强度的互动合作。

3. 知识增值

　　在知识增值过程中，相关的活动包括有知识的探索和寻找，知识的检索和提取，知识的开发、利用以及两者之间的平衡，知识的获取、分享和扩散，协同创新过程中知识活动过程不断循环，通过互动过程，越来越多的知识从知识库中被挖掘出来，转化为资本，并且形成很强的规模效应和范围效应[②]，为社会创造巨大的经济效益和社会效益。合作涉及知识、资源以及行为三个层面的整合，其中主要包括知识的分享和整合、资源的优化配置、行为的同步优化。我国高校和科研院所每年产生大量的知识，各种知识以数据库、发明专利、文献等形式呈现出来，但我国知识的转换率却很低。这说明我国重视了知识的生产，但没有重视知识的集成、转移和扩散以及资本化，在产学研三方合作的过程中忽视了行为的最优同步化。高校科研院所在创造新知识的过程中，并没有考虑将这些知识进行商业化，使知识实现增值，而企业作为创新主体要素，对显性知识的吸收力度以及隐性知识的外化程度还不够高。政府需要提高针对协同创新的政策一致导向性，才能有利于高校、企业、政府三者之间的行动最优同步化。

　　在知识增值的实现过程中，需要注意几个方面，一是知识产权的归属权问题，产学研合作早期应该以合同文本形式约定知识产权的归属问题。二是利益的分配问题，利益的分配包括有经济利益和社会利益，经济利益一般通过有形的资产表现出来，但社会利益如商标、美誉度等无形资产难以量化，应该以另外表现形式单独计量。总之，协同创新对多法人

---

① 詹姆斯·马奇. 马奇论管理[M]. 上海：东方出版社，2010.

② 赫尔曼·哈肯. 协同学[M]. 上海：上海世纪出版社，2005.

主体的合作、产权以及知识产权的明晰十分重要。

通过知识增值凝聚产学研合作的各个主体，有利于实现协同创新的可持续发展，同时提高各个创新主体之间的创新积极性，对于构建具有中国特色的自主创新型国家具有重大意义。大学科研机构通过将知识转化为资本可以增加科研经费，进而增加科研经费投入。新的科研经费投入又有利于对新的知识和科学原理的探索和发现，实现知识创造—知识收入—知识投入的良性循环；对企业来讲，则可以以更低的成本获取创新资源，实现封闭式创新到开放式创新的过程，不仅可以从外部引进现成的技术人才，同时也可以将闲置的技术、资金投入创新系统的其他主体要素，H. Chesbrough[1] 在《实现开放式创新的新范式》中写到，未来企业的盈利能力取决于企业从外部获取创新资源并将其转化为商业价值的能力，也就是获取知识、利用知识，实现知识增值的能力；政府层面上，以知识增值为核心的协同创新有利于推动地方经济发展，增加财税收入，降低失业率，实现资源和经济的可持续发展；知识增值有利于科技中介机构的发展和服务水平的提高。科研中介机构包括各类大学科技园以及创业园、孵化器等组织。科技中介机构为产学研合作以及协同创新搭建了良好的平台，有利于降低创新主体之间的交易成本以及道德风险。总之，协同创新是企业、政府、知识生产机构（大学、研究机构）、中介机构和用户等为了实现重大科技创新而开展的大跨度整合的创新组织模式。因此在实践操作层面，需要构建协同创新的组织和平台推动协同创新的科学发展。

五、三螺旋理论

1. 三螺旋模型的含义

在这近几十年里，我们目睹了曾经是分离的三个领域的趋同和交叉现象，这三个领域分别是：学术界、产业和政府。举例来说，学术研究者利用他们自己开发的技术而成为创业者，创业者在大学实验室或技术转移机构工作，公共部门研究者花时间为公司工作，学术和产业研究者管理负责技术转移的区域机构等。

与之相应，在最近几十年，学术界已经提出来大量概念和理论模型，试图分析大学—产业—政府之间关系的转变过程。例如，伦德维尔（Lundvall）和内尔森（Nelson）提出的国家创新系统和区域创新系统理论，吉布生（Gibbson）注意到创新是一个模糊过程，即要求边界的模糊性，并称之为科学知识生产的"模式 2"。这些概念在学术界已广为人知。

埃茨科瓦茨和雷德斯道夫认为，为解释在大学—产业—政府关系中的可观察的再组

---

[1] Chesbrough H，Vanhaverbeke W，West J. Open Innovation：Researching a New Paradigm [M]. Oxford University Press，Oxford.

织，我们必须超越"国家创新系统"、"模式 2"或"在转变中的研究系统"概念。因为社会结构不能预期稳定不变，以知识为基础的创新体制仍然在不断地转变中。因此，只有三螺旋模式才是足够复杂，能够涵盖在国家和地方层次上可观察行为的不同种类①。

在国家层面来说，特别在自由资本主义社会中，政府、产业和大学这三个制度领域之间从前是相对独立的，而现在正日益交织在一起发挥作用，在创新过程的各个不同阶段出现螺旋状联系模式，形成了所谓的三螺旋。在第一次三螺旋国际会议上，曾对有关三螺旋的经验基础有巨大争论，但至少可以说，三螺旋模式的三个主要制度形式是可以识别出来。

尤其在区域层面，埃茨科瓦茨和雷德斯道夫认为，支持区域创新系统的制度网络化必须形成一个螺旋状的联系模式，这种缠绕在一起的三螺旋有三股：一是由地方或区域政府和他们的机构组成的行政链；二是生产链，包括沿着垂直和水平联系或多或少的组织化的公司；第三股是由研究和学术制度组成的技术-科学链。在区域发展中，对三螺旋机制的有效运作来说，在其要素之间高度的同步性是必需的。假如一个或两个螺旋发展较弱，或者不能很好地同步，那么，在生产机构、研究和教育体制以及公共权威间的相互作用就被严重损坏了。

三螺旋就其精髓来说，虽然区别了三个群体和不同目标，却是强调了产业、学术界和政府的合作关系，强调这些群体的共同利益是给他们所处在其中的社会创造价值。其中关键是，在公共与私立的、科学和技术、大学和产业之间的边界是流动的。大学和公司正承担是以前由其他部门领衔的任务，对政府来说，在不同层次的科学和技术政策中，去塑造这些相互关系日益成为工作主题。总之，大学—产业—政府关系可以认为是以沟通为核心的进化网络的三个螺旋。显然，与在"双螺旋"中的直接地相互作用相比，这个三螺旋是要复杂得多，也更有可能贴近现实状况。

总之，三螺旋模式试图揭示和精确描述在创新系统中正在出现的制度力量的新结构，也就是说，创新的这个三螺旋模式（相对于传统线性），抓住了在知识资本化过程不同阶段制度安排中的多元互惠关系。

2. 三螺旋的三种形式

根据埃茨科瓦茨和雷德斯道夫论述，创新系统的进化，以及当前在大学和产业关系方面的选择哪个路径的争论，是反应在大学—产业—政府关系的各种制度安排上。世界上各个国家制度是不一样的，其创新系统也不一样，虽然都有大学—产业—政府关系，但内在

---

① Leydesdorff, Loet & Etzkowitz, Henry . The Dynamics of Innovation: From National Systems and "M ode 2" to a Triple Helix of University - Industry - Government Relations[J] . Research Policy29 (2000). 109 - 123，111 - 112.

结构并不是一致的。因此，三螺旋将世界上两种流行的制度模式作为背景，提出了三螺旋结构具有三种不同形式。

第一类是"国家社会主义模式"（An Etatistic Model），也是不甚发达的模式，简称为三螺旋1（见图2-4）。在这种结构中，国家包括了学术界和产业，并控制两者之间的关系。这个模式的最强版本体现在前苏联和正在转型中的东欧国家，较弱的版本体现在很多拉丁美洲国家的政策中，某种程度上欧洲国家，如挪威等也有体现。

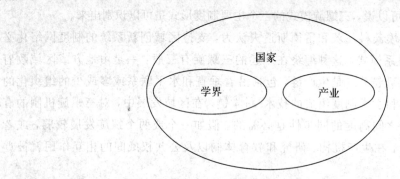

图2-4 三螺旋1：国家社会主义模式

第二类是"自由放任模式"（Iaissez-Fairemodel），简称三螺旋2（见图2-5），它是由分离的制度领域组成的，强的边界将国家、产业和学术界划分开，在领域之间有高度确定的边界关系。

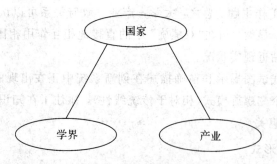

图2-5 三螺旋2：自由放任模式

第三类最发达的模式是重叠模式（An Over-lapping Model），简称三螺旋3，三螺旋模式通常所指就是这种类型。在部分重叠的制度领域意义上说（见图2-6），三螺旋3正产生一个知识的基础结构，每一种承担其他的角色，在交界面上出现混合组织，也就是说学术界、产业和国家三种制度领域除了完成他们的传统功能外，还出现了重叠，如大学创造一个产业，或完成作为一个区域或地方创新组织者——准政府角色。

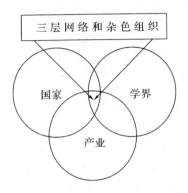

图 2-6　三螺旋 3：重叠模式

3. 总结

三螺旋 1 在很大程度上被视为一个失败的发展模式。它给"由下至上"的主动性留下太小的空间，创新是受到阻碍而不是受到鼓励的。三螺旋 2 必然带有自由放任的政策，很多社会制度转型国家现在也支持将其作为休克疗法，以减少在三螺旋中的国家的角色。

很多国家和区域现在以各种方式试图获得三螺旋 3，这个三螺旋的共同目标是实现一个创新环境，包括有：大学衍生公司、在公司之间的战略联盟、政府实验室和学术研究群体，以及三方面都很主动的以知识为基础的经济发展。这些安排虽然是常常受到政府政策鼓励的，如通过新的"游戏规则"，直接或间接的金融援助，或者如在美国所通过的 Bayh - Dole 法案，但并不为政府控制。

如果从进化观点看，在三螺旋结构中，技术创新提供变异，市场是流行的选择者，并由制度结构提供保持反思性的控制系统。三螺旋把大学—产业—政府关系表示为一个相对平等，然而也是相互依赖的制度领域，他们相互重叠并承接其他制度的角色。跨越这些确定边界的互动是以组织如产业联盟、技术转移和交易办公室为中介。三螺旋不仅指出学术界、产业和国家的关系变化，而且在这些领域中每一个都有内部转变。它们不再以预先决定的秩序组合在一起，但是它们会产生各种难题，要求参与者、分析者和政策制定者去解决。

与三元模型和国家创新系统比较，三螺旋模型声称，在底层模式上不同于国家创新系统方法，它将公司作为在创新中的领导角色，也不同于萨巴托(Sabato)的三元模型，在其中国家是有优先特权的。而三螺旋焦点在于沟通和期望的网络重叠，这些沟通和期望重塑了在大学、产业和政府机构之间的制度安排，创新者和创新系统也被期望有创新改变。国家创新系统(NSI)方法特别适合有限边界现象的分析，如在一个国家或单个公司中；尽管也考虑其他因素，渐进性创新被认为主要是发生在公司中。而且，三螺旋观点认为大学在以知识为基础的社会中会发展更加有用的角色。其不同比较如下：

国家创新系统（NSI）	伦德维尔（Lundvall Nelson）	公司（Firm）
三元（Triangle）	萨巴托（Sabato）	国家（State）
三螺旋（Triple Helix）	埃茨科瓦茨（Etzkowitz）	沟通和期望的网络重叠（Network）

在三螺旋与国家创新系统之间的差别并不是简单的、巨大的，然而差异确实存在，主要是与制度的自我感觉联系起来，包括大学、企业和国家制度的自我感觉，以及每个制度有关其他制度的感觉，还有这些制度所承诺的具体角色。有关其他行动者和角色所承诺的自我想象和感觉，最主要的差异集中在国家方面。在国家创新系统中，国家主要以宽松方式运行：它的责任在于保证有关公司以及整个国家的创新的健康环境，基本假设是有激励的巧妙网络的平稳运作，就能够推动系统的每个部分进入创新之路。而在三螺旋中，国家的角色发生了某些变化，其不再是创新基质，而是在微观和制度层面塑造创新行为的轨迹和方向。换言之，对创新来说，国家创新系统是创新条件的提供者，而三螺旋的国家是一个在大学和生产性部门关系中的干预主义的行动者。

因此，从三螺旋的理论看，公共政策含义在于，自由放任国家的国家趋势是国家更多的参与到创新过程中，国家社会主义制度中国家的角色要减少，但并非取向仅仅提供公共物品，而是都在趋向国家的干预主义角色上。如果将自由放任和国家社会主义作为一个连续体，其一端代表国家的角色十分有限，如仅仅提供公共物品，市场的作用强大，而另一端则是国家对整个领域的控制，市场作用限制到极小，那么，三螺旋中的国家则是处在中间某点上。因此，创新的传统研究中市场与政府的争论是可以暂时搁置在一边的，公共政策的关键在于政府和市场的某种程度的结合上。

所以，三螺旋理论在理解经济发展政策时，指出在经济发展战略方面，不管以前主要依靠工业部门的国家如美国，或主要依靠政府部门如拉丁美洲的国家，如果不能完全替代也要由从三个领域中吸取资源，以知识为基础的经济发展战略来补充。

总之，三螺旋主要是分析在以知识为基础的经济中创新的模式。这个模式描述了从创新系统中出现的制度力量的新结构，它有助于我们理解，创新系统是如何以沟通和互动为基础的。从公共政策的启示方面来说，大学—产业—政府的三螺旋关系超越了以前的制度关系模式，不管是自由放任还是社会主义的国家，在经济发展中必须重视知识的作用，要么减少整体主义国家的作用，要么实现公司的开放性。

虽然三螺旋理论揭示了创新制度中的复杂关系，但对三螺旋理论有许多经验性争论，其中之一是大学、政府和产业三个制度领域在解释正在出现的趋势中是否充分。有研究揭示非营利机构（NGOs）已经在技术转移中起重要角色作用，特别是在发展中国家。因此，有人提出了四螺旋乃至多重螺旋模型。这个问题表明，三螺旋理论在经验层次上有很多问题有待学术界的进一步探索。

第三节　基于社会排斥理论的包容性创新机理

一、面临的社会排斥的成因

1. 个体层面

当一个合法的个体无法有效参与正常的社会、政治和经济活动，那么社会排斥就出现了，而这种现象的形成可以是经济、地理、社会以及政治因素的组合①②③，如果从一个更加本源的角度来看，经济和社会因素是社会排斥的表现形式，而地理、政治等因素则是社会排斥的形成推动因素。事实上，在政府治理劳动力流动时，为了控制由人口流动带来的外部性和人口流入所带来的拥挤效应，地方政府倾向于设置一定的流动障碍，限制人口流入，保护本地居民的利益④⑤；同时，由于地方政府间为获得优质的税基而展开税收竞争⑥，许多城市会实施买房或投资落户以及文凭落户政策等实现类型甄别的作用，这种政策体制上的排斥即使在国际劳动力流动中也是一种常态，在不符合特定要求的情况下，迁移者可能通常不能获得合法的工作机会和永久的居住许可⑦⑧。

产生或导致排斥的因素可以归结为外部的客观因素和客体的主观因素。通常客观限制

① Raina R. Inclusion, Inequality and Poverty Reduction What They Mean for SIID[EB/OL]. http：//www. Cma. zju. sdu. cn/siid/Readnews. aspx? Newsid＝32. 2009.

② Percy - Smith J. Policy Responses to Social Exclusion：Towards Inclusion? [M]. Philadelphia, Buckingham.

③ Peace R. Social Exclusion：A concept in Need of Eefinition? [J]Social Policy Journal of New Zealand, 2001, 16：17 - 36.

④ Wildasin D E. Nashe Quilibria in Models of Fiscal Competition[J], Journal of Public Economics, 1988. 35(2)：229- 240.

⑤ Wilson J D. A Theory of Interregional Tax Competition[J]. Journal of Urban Economics, 1986, 19(3)：296 - 315.

⑥ Keen M, Marchand M. Fiscal Competition and the Pattern of Public a Pending[J]. Journal of Public Economics, 1997, 66(1)：33 - 53.

⑦ Solinger D J. Citizenship Issues in China's Internal Migration：Comparisons with Germany and Japan[J]. Political Science Quarterly, 1999, 114(3)：455 - 78.

⑧ Roberts K. Chinese Labor Migration：In sights from Mexican Undocumented Migration to the United States[C]//In West, Loraine and Yaohui Zhao (eds.) Rural Labor Flows in China, Institute of East Asian Studies, University of California, Berkeley. 2000.

主要由制度设定所形成,如在改革开放前的中国,以保障城市劳动力全面就业而出现的户籍制度[①],限制了中国农民到外地进行生产作业的可能性;而这一结果不仅表现在资源和参与机会获取上,通常还可能会影响到产出分配,如在中国的户籍制度下,农村和城市两地户籍的人口在享受保险等社会福利就存在较大差别,这种户籍制度的存在本身就意味着医疗保障、社会保险等社会福利的待遇性差别[②],而事实上,Liption 等[③][④]认为,由于城市阶层在政治上具有强大的影响力,发展中国家发展过程中对农村、农业的政策性歧视是经常发生的现象。又如中国 20 世纪 90 年代中后期国有行政性垄断行业职工工资增长过快,行业平均工资差距从 2 倍左右扩大到 6 倍以上,无疑这种制度体制的差异是导致分配差异的主要影响因素。在这里,本书将这种可以通过一定的体制安排,无论是政策制度还是基础设施上带来的排斥,都看做为体制性的排斥。

这只是形成这种排斥的一个方面,个体能力的局限性也是一个不容小视的因素。作为一个自由人,他拥有参与各种生产类活动的权利,在现实的生活环境当中,低学历的群体难以进入高知识和技术密集度领域已经是种屡见不鲜的现象。同时在激烈的竞争中,优胜劣汰的法则使得部分人群必然面临着被淘汰的命运,现如今很多公司里实行着末位淘汰制,这是一种典型的依据能力和表现进行资源分配的手段,当然这一竞争手段是合乎常理的,能力强者应当获得更多的资源和回报,社会的发展需要这种制度的促进与激励,这也是遵循了自然发展规律的安排。体制开放基础下,能力上的差距是导致中国收入差距 Gini 系数过高的重要原因之一。但问题在于很多时候外在的客观因素影响了个体能力的培养,导致这种由先天弱势继承带来的差异(见表 2-2)。这种现象在发展中国家应该会非常普遍,在中国,农村在早期的教育水平和教育资源投入上相对于城市来讲,会有比较大的差距[⑤][⑥],这种差距的存在似乎很大程度上决定了社会的分工结构,使得大部分农村人口主要

① 蔡昉,都阳,王美艳. 户籍制度与劳动力保护[J]. 经济研究,2001(12):41-50.

② 夏纪军. 人口流动性、公共收入与支出:户籍制度变迁动因分析[J]. 经济研究,2004(10):56-65.

③ Lipton M. Why Poor People Stay Poor:Urban Bias in World Development [M]. Cambridge,MA:Harvard University Press,1977.

④ Bates R. Markets and States in Tropical Africa[M]. Berkeley,California:University of California Press,1981.

⑤ De Brauw A,Rozelle S. Reconciling the Returns to Education in Off-Farm Wage Employment in Rural china[J]. Review of Development Economics. 2008,12(1):57-71.

⑥ Hannum E,Behrman J,Wang M Y,etal. Education in the Reform Era[C]//In Brandt,L.,& Rawski,T. G. China's Great Economic Transformation. New York:Cambridge University Press. 2008.

聚集于劳动密集型的产业中，而高端的知识和技术密集型产业主要由城市人口占据。历史性因素的继承以及后天个体所处的外部环境很大程度上决定了个体能力的培养。

表 2-2　中国东西部教育水平差异

文化程度	1995 年		2002 年	
	东部	西部	东部	西部
大学	11636	7304	21527	11989
大专	10536	5799	16555	10574
中专	8924	6055	13614	8920
高中	7873	4755	12476	7980
初中	7962	5412	10363	7061
小学	7660	5004	8646	5897

2. 企业层面

如果一个个体希望通过建立企业的方式进入到生产领域中，那么其受到的进入壁垒形式上会和以个体形式参与到经济发展中的企业有很大不同。如在机会限制上，个体单位人面临的是基础知识能力上的问题，而对于新创企业来说，内外部资源、管制制度以及现有在位企业的优势则是主要限制，在参与过程中个体面临个体单位人的竞争，而企业则面临同行业企业的竞争，可能会受到顾客、经验、技术等多方面企业在位优势的影响[①]。

客观上来讲，企业获得参与机会的限制主要来自于管制性政策以及地理上的限制，如中国未允许市场经济发展的年代，私营企业不具备自由生产的权利，而即使在今天，仍然有很多垄断性的行业如电信等仍然禁止私有企业进入，当然，除了这些制度性的限制外，客观的外在限制还包括地理上的因素[②][③]，如偏远地区通信设施缺乏，使得这些地区无法利用网络交易等这类机会。当然这种地理性的限制也是形成竞争参与限制的主要因素，如偏远地区企业在生产的产品运输成本、原材料获取成本等方面比交通便利地区高得多。对于

---

① Wernerfelt B. A Resource-Based View of the Firm[J]. Strategic Management Journal，1984（5）：171-180.

② Peace R. Social Exclusion：A Concept in Need of Definition？[J]Social Policy Journal of New Zealand，2001，16：17-36.

③ RainaR. Inclusion，Inequality and Poverty Reduction-What They Mean for SIID[EB/OL]. http：//www. cma. zju. edu. cn/siid/Readnews. aspx？newsid=32. 2009.

参与过程，通常非正式的规则也会形成对企业的排斥，如对于国有企业来说，他们能顺利地获得民营企业所不能获得的相关政策指导信息。必然的，体制性因素也是影响企业成果分享的重要原因，如 20 世纪 80 年代出现的挂户制度，就是改变民营经济收益的重要手段①。再者如专利制度的应用，也是企业享受垄断利润的重要手段②。

对企业来说，能力的缺乏在某种程度上主要表现在拥有资源的短缺，而能力的缺乏也是导致企业被生产系统排斥的重要原因。如企业机器能力的缺乏是进入到生产领域的首要壁垒，尤其是专用性设备的缺乏，当然，由于核心技术设备能力上的不足，使得部分小型企业在议价能力上可能存在缺陷，因此在利益分享上受到大型企业的压榨也是不可避免的。对于在位的企业来说，技术、经验以及渠道的缺乏也将影响其在竞争中被原有大型企业挤压生存空间，如大型企业通常占有产品销售的主要渠道，对于小企业来说，销售渠道的限制通常会形成很大的生存限制，以及经验曲线的存在，通常在位较长的企业拥有相对较好的生产能力，企业的产品成本比新进企业低，进而挤压小企业的生存空间。

显然，无论对于个体还是企业来说，客观体制限制和主观能力缺失是形成限制客体进入社会生产系统的主要原因，但由于体制限制使得个体难以获得相关经济生产的资源或机会，无法参与到经济生产中去，如改革开放初期，由于意识形态的限制，中国地区内部私营经济的发展被界定为非合法；而在制度开放的条件下，由于能力限制导致资源获取参与生产机会的散失，如由于个体生产技能的欠缺或物理残障问题，无法被相关企业雇佣，或者企业由于在生产专用设备上的缺乏导致企业无法进行生产，以及低学历群体由于个体能力上的缺乏而难以进入到高知识密集度的行业中；个体存在能力，但由于体制的限制无法加入到相关经济利益分享中，如中国个体企业不能享受到外资投资企业的税收优惠；在体制开放的条件下，因个体的能力差距所带来的在产出分配上的不公平性和排斥，如低学历弱势群体缺乏发言权而在经济增长中工资增长过慢，无法参与到经济建设和成果的共享中。

二、构建包容性创新的理论框架

国内学者吴晓波认为，基于包容性创新对包容性发展作用机制的理解，推动包容性创新主要在于如何让缺乏能力、受到资源和体制限制的个体能够有效、合法地参与社会生产，促进社会福利整体增长的同时，推进弱势群体参与生产的能力以及获得分配的机

---

① 史晋川，金祥荣，赵伟，等. 体制变化和经济发展：温州模式.

② Makadok R. Toward a Synthesis of the Resource - based and Dynamic - capability Views of Rent Creation[J]. Strategic Management Journal，2001，22(5)：387 - 401.

会，即通过创新构建起弱势群体上升的渠道。包容性创新理论的构建主要考虑在新兴技术不断出现、产业转型升级，以及多层市场架构和制度体系不断改进的情境下，创新出现以解决正式经济和非正式经济体由于受到体制和能力的限制难以获取相关机会，来参与生产和分享社会成果的问题。在限制方面的研究中，理论构建主要考虑在新的背景下，制度、能力、资源是如何给经济体的机会、生产参与以及分享造成限制的；而在解决限制的研究中，主要考虑相关的创新怎样有效促进经济体获取资源、市场、信息以及融入网络等。

从限制形成的角度来看，理论的构建可以从社会认知理论、交易成本理论、社会网络理论以及利益相关者等理论角度分析壁垒的形成机制。如在社会认知理论上，研究可以思考搜寻方式如何限制弱势群体的资源获取等，在此需要考虑个体对于信息认知方式的差异，如理解在大量信息聚集的背景下，弱势群体本身的认知惯性又如何影响个体在能力构建、资源获取上的限制问题。在交易成本领域，主要可以从公共政策设定的角度思考壁垒的形成机制，而这种壁垒的形成又如何影响个体的选择和行为发展，这方面的研究有利于政策心理学方面的理论构建。在社会网络理论方面的研究中，主要可以思考企业本身的网络如何限制企业本身在资源获取、信息获取上的惯性，而这种惯性如何导致企业在长期发展中对风险认知的缺乏等问题；另一方面，关于网络的研究可以思考网络本身的排斥性，这种排斥性对于网络内企业本身的限制以及网络升级限制的问题。

在利益相关者领域，主要考虑不同的利益相关者如何对个体的机会、参与分享进行限制，这里的利益相关者包括了制度性的利益相关者以及资源性的利益相关者，这种限制可以结合利益相关者本身所处网络的结构、位置进行探讨，理解这些问题有助于寻找合理的耦合机制或制度设计机制以降低相应的排斥问题。

从限制解决的角度看，理论的构建可以从制度理论、资源分配理论、交易成本理论以及代理理论的角度分析创新的设计机制。（1）在制度理论上，着重考虑对于弱势群体如何提升其合法性的问题，包括法律、规范以及认知，这种合法性的提升又如何影响企业本身在社会生产中的运作模式的问题。然后才是理解现有的排斥性的制度设计的逻辑起点问题，在新的理论背景下，不同的逻辑起点需要完全不同的制度规则去约束个体的行为，这种认识有助于合理地设计制度推动潜在群体效能的发挥。（2）资源分配理论主要考虑在资源稀缺的背景下，如何分配资源使得资源稀缺的企业能够最有效地利用资源，培育本身的能力以及创建能力培养的有效渠道，其中包括在资源和能力控制有限的情况下，如何通过网络结构、参与模式等方面的设计以控制本身资源获取的能力。（3）在交易成本理论的研究中，研究的关注焦点主要涉及如何通过创新降低交易成本的相关问题，这种理论促进机制的构建有利于推动区域政策制定者以及企业行为者本身的行为以形成更为有效的资源利用系统。（4）在代理理论的研究中，直接的理论研究包括如何构建新型的管控机制，以推进高层的决策者及弱势群体项目的研究，接下来就是如何构建有效的管控机制，使得底层的创新也能够和高层的决策结合起来，推动底层创新的市场应用和推广等。

三、通过创新提升包容性的基本手段

对应于体制和能力上对个体参与机会获取、参与过程以及产出分配过程中的排斥和不公平，有效推进个体参与到经济生产系统中的手段主要体现在以下 3 个方面：

第一，对应于象限 1，见图 2-7。个体存在能力，但体制不允许。此时在机会获取和参与的过程中，个体能力确定的情况下，通过创新降低外部的政策性壁垒或市场性壁垒，即图 2-8 中将个体能力要求的壁垒 AD 下降至 BC，如受到政策管制的汽车产业的开放，通过体制创新使得吉利创始人李书福得到进入汽车生产领域的许可证[1]，再者如通过金融创新公私合营的模式对偏远地区公共基础设施如电信网络设备的建设，使得偏远地区的人员在政府资本缺乏的情况下能获得必要的公共资源，并利用网络进行生产交易。

	机会和参与	产出分配
体制	1	2
能力	3	4

图 2-7 社会排斥的象限分布

第二，对应于象限 3，个体缺乏能力导致在既定的规章制度下被排斥。在机会获取和参与的过程中，既定的制度条件下，通过提升个体能力，使其参与到生产系统中去，即将个体能力 BC 提升至 AD，但在该过程中，由于被排斥群体处于弱势地位，在资源和能力基础上存在一定缺陷，因此发展过程中也需要投入公用资源以实现这些被排斥群体的能力提升，如中国政府建立农技推广专业培训班，有效推动了农民在专业种植领域的技术培养，使得农民能够参与到具有高附加值的产品生产中。

第三，制度创新，包含以下 4 种情形：

（1）对应于象限 1，个体有能力但制度不允许。如 1980 年代私营经济被认为不合法，而温州地区通过"挂户"制度实现经营许可的实现，以及民企华立集团为进入能源行业与中石油合资的燃料乙醇项目。

---

① 汪伟，史晋川. 进入壁垒与民营企业的成长：吉利集团案例研究[J]. 管理世界，2005(4)：132-140.

（2）对应于象限3，个体缺乏能力导致在既定的规章制度下被排斥。如针对中小企业的银行抵押贷款制度，网络联保、产业链融资等制度创新是有效的解决方式；再如通过生产流程的创新通过产品的专业化分工，使得产品生产技术和资金要求降低，有利推动了温州地区个体劳动力创业能力的提升①。

（3）对应于象限2，有能力但无法进入到社会分享系统中。如早期中国对外国投资企业的税收优惠政策，合资等新型组织模式的建立被认为是解决这一问题的有效手段。

（4）对应于象限4，指制度允许但个体缺乏能力进行有效分享。如难以通过种植经营性产品实现收入的增长，而农村合作社的建立，通过整合弱势群体，提升了农民的议价能力，大幅度提升了个体分享经济增长收益的能力②。

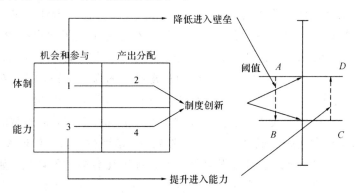

图2-8　通过创新提升包容性的理论方法

1. 个体层面

在一定的体制限制下，即使个体有能力也难以加入到相应的生产系统中。在这种情况下，很大程度上需要得益于生产系统的制度开放或系统自身缺陷的弥补，其次则是通过系统内部的制度创新。事实上，通常应对管制型制度的手段主要依赖制度的开放以及系统内部参与者的制度性创新，如市场经济前以个体名义开设企业合法性的缺乏，未来解决相应的问题，通常有赖于政策的开放，如现今，私营经济的发展已经被认为是中国社会主义经济的重要补充，其次通过制度创新的方式实现企业在当时发展合法性的确立，如温州地区

① Huang Z H，Zhang X B，Zhu Y W. The role of clustering in rural industrialization：A case study of the footwear industry in Wenzhou[J]. China Economic Review，2008，19(3)：409-420.

② 黄祖辉，张静，Chen K. 交易费用与农户契约选择：来自浙冀两省15个县30个村梨农调查的经验证据[J]. 管理世界，2009(8)：76-81.

出现的"挂户"制度①。在系统本身存在缺陷的情况下，解决相关问题的方法主要有赖于资源的持续投入以弥补系统本身存在的不足，如对于缺乏通信基础设施及交通基础设施的地区，基础设施的建设将有效地弥补由于地理区隔带来的排斥问题。

在既定的进入壁垒与制度条件下，通过创新提升个体知识获取的渠道，信息获取的模式等，使得个体有能力参与生产，成为生产者参与生产的又一手段，如针对农村合作社配套的培训模式或针对农民信箱这种网络平台开创的培训班，以及点对点的信息绑定发送机制，能够有效提升人力资本积累②。对于低端的技术知识，其基础进入壁垒相对较低，对吸收能力的要求也就相对较低，这类知识同高端的技术性知识相比，在知识的缄默性、专用性和复杂性上存在比较大的差别，必然的一个结果则是容易被大多数人所获取，这样带来的一个重要问题则是在社会整体福利不变的情况下，提升了某一群体的参与和分享能力的事实则是剥夺了另一群体的参与和分享能力，如果在这种情况下要保持恒定的进入壁垒，那么必要的基础是存在增长的总体社会福利分配。而对于高端的知识获取，对于很多个体来讲需要很长时间的学习，并且接受方的经验和提供方的保护意识，以及双方的文化差异和组织差异(包括业务范围、制度等因素)都会影响技术的获取③④。并且原始的技术基础，尤其是很大部分的经验型的技术知识需要通过实践才能真正获得，但通常的情况是弱势群体难以获取进入生产和实践的机会。因此，虽然教育、培训被当做一种进入生产、分享社会成果的有效手段，但这种进入的基础很大程度上有赖于社会福利的增长。如果从更加基础的需求和供给的角度来讲，在一个完全竞争的环境条件下，只有当供给增加时，才可能实现更大范围的参与，也只有在供给足够多的情况下，需求的供给成本壁垒才得以有效降低，这意味着，即使对于集群这种能够降低进入壁垒的生产形态，其存在的重要基础则是其生产中能带来社会福利的增长。

保持增长，推动社会福利增长是社会包容性得以提升的重要基础。从人类社会长期的发展历史来看，人力资本的积累将推动技术进步影响地区性的经济增长同时还将改善收入

① 史晋川，金祥荣，赵伟，等. 体制变化和经济发展：温州模式[M]. 杭州：浙江大学出版社，2001.

② Treasury. Towards an Inclusive Economy[R]. New Zealand Treasury Working Paper 01 / 15. Wellington，2001a.

③ McEvily S K，Chakravarthy B. The Persistence of Knowledge - based Advantage：An Empirical Test for Product Performance and Technological Knowledge[J]. Strategic Management Journal，2002，23(4)：97 - 119.

④ JensenR，SzulanskiG. Stickiness and the Adaptation of Organizational Practices in Cross - border Knowledge Transfers[J]. Journal of International Business Studies，2004，35(6)：508 - 523.

的分配分布①，尤其是人力资本带来的技术进步，其在很大程度上提升了社会福利生产能力，而持续性的教育使得这种福利分配公平得以实现，个体的价值通过知识和能力得以体现。而在一个存在需求的自由市场下，集群中独立个体的资本通过赊借的形式成为共同利益群体下的公共资源，使得整体市场中单位产品交易需求的交易成本降低，并且最大化社会群体的直接参与能力②。在这一过程中，无论是教育还是集群内部产业链中的资金借贷，专有性资源的共享是推动小利益群体参与的重要机制（信息渠道这种专用性资源在网络平台条件下也被当做一种共享性资源使用）。如果从一个更加直接的角度来讲，经济增长、社会福利增加是推动社会包容度提升的方式，尤其是经济生产的参与，是社会体现包容性的一个重要方面。经济增长通常能带来更多的经济生产参与的机会，这种机会的表现可以从各国经济增长及地区就业率的改变上得到有效的支持；另一方面，经济增长还能促进地区税收，税收作为二次分配的重要手段，无疑是有效改善区域基础设施，推动地区服务、安全体系改善的重要资金基础来源，同时，税收作为社会福利设施基础资金来源，不断增长的经济为稳定社会福利体系具有重要的依托价值。如果从一个更加个体的角度来看，在一个经济生产参与被认作个体生存权利的基本的年代，经济生产的参与无疑能提升个体的自尊、自我认同及个体社会参与活动的能力。

在不降低进入壁垒和改变个体进入能力的情况下，通过创新性的手段改变生产、发展过程中的制度将是推动包容性发展的最终手段，如改变分配制度，良好的税率有利于调动生产要素投入的积极性从而增加收入（拉弗曲线）。传统意义上讲，改变生产分配的模式主要依赖于正式和非正式的制度，如税收就是正式制度体系下有效的分配改变方式之一③④。对高收入群体征税而对低收入群体进行补贴，这是传统理论和现实条件下最基本的经济运行模式，通过对高收入群体的税收征收，提升社会群体内部可以分配的社会必需生产资料的量，或者说提升群体性资源品的供给，如公路、运动场等。同专业化和能力提升不同，在这一条件下，既定的个体或企业并不存在组织形态或个体能力的改变，制度环境的改变和营造是改变福利分配推进社会包容性的主要手段。在本文看来，这一手段是其他手段必要的补充，不仅因为它具有一定的法律效应，同时它的作用群体和其他两种方式存在一定的差别或互补性，降低交易成本、提升能力的主要群体针对的是具有一定生

---

① Treasury. Human Capital and the Inclusive Economy[R]. New Zealand Treasury Working Paper 01/16. Wellington，2001b.

② 阮建青，张晓波，卫龙宝. 资本壁垒与产业集群：基于浙江濮院羊毛衫产业的案例.

③ Diamond PA，Mirrlees JA. Optimal Taxation and Public Production[J]. American Economic Review，1971，61(1)：8-27.

④ Feldstein M S. Distribution Equity and the Optimal Structure of Public Prices[J]. American Economic Review，1972，62(1/2)：32-36.

产能力的个体，但在现实生活中，如何解决已经不具有生产能力个体的生存问题是必然要考虑的，通过制度改变生存福利虽然是一种相对消极的手段，但作为一个包容性社会的基石，它的存在显然是必要且有效的。通过合理的制度创新也能有效推动个体参与经济成果的分享，如农村专业合作社的建立，能够有效提升农民这一弱势群体的议价能力①，再如农村合作医疗保险的运行模式，有效解决了农村、贫困及偏远地区人口医疗保险缺乏的问题。

2. 企业层面

在既定的制度条件下，通过有效创新降低社会生产系统参与壁垒，提升个体社会福利分享能力，如国家对汽车业管制性制度的放开，其次则是进行制度创新，如在私营经济不允许的领域，通过建立同国有企业进行合资实现进入壁垒的突破，如民营企业华立集团与石油合资的燃料乙醇项目。在外部制度开放的条件下，个体能力缺乏导致个体无法加入到生产系统中，如生产电子芯片的企业由于资金、经验性及技术的缺乏，难以进入到相关生产领域，在这种情况下，通过创新性的合作模式，如通过设备租赁的方式获得必要的生产设备，通过星期六工程师的方法获得必要的人才、智力资本等培养自身的技术能力是一种解决方法，其次则是通过生产系统生产模式的创新，如集群的形成，在很大程度上克服了个体创业中企业面临的机器能力壁垒、资本壁垒及规模型壁垒。产业集群的形成，在中小企业克服资本壁垒上起了关键性的作用。在一个产业集群内，整个生产流程被分解为许多相对独立的部分，每个生产单元参与生产需要的投资大大降低，使拥有有限资金的企业家能够选择相应的分工类型进入生产，并将农村或偏远地区的资源有效地整合、利用②，这种专业化的分工，进一步降低了生产过程中专用性设备的要求，降低了生产单个产品的技术复杂度，使得家庭作坊式的生产方式也具有很高的竞争力③；而同时，在产业集群内，企业家通过社会网络获得非正规的金融支持以及从上下游企业获得信用融资，企业之间并不需要现场交易，可以通过先卖后付的方式实现生产的为继，降低了对日常运营资本的需求④。其次，集群内部伴生的各种配套的互补性资源⑤，同远离集群独立存在的企业相比，在资源

---

① Hayami Y，Kikuchi M，Marciano M. Structure of Rural Based Industrialization：Metal Craft Manufacturing on the Out Skirts of Greater Manila, the Philippines[J].

② 阮建青，张晓波，卫龙宝. 资本壁垒与产业集群：基于浙江濮院羊毛衫产业的案例.

③ Huang Z H，Zhang X B，Zhu Y W. The Role of Clustering in Rural Industrialization：A Case Study of the Footwear Indutry in Wenzhou[J]. China Economic Review，2008，19(3)：409-420.

④ 郭斌，刘曼路. 民间金融与中小企业发展：对温州的实证分析[J]. 经济研究，200.

⑤ Porter M E. Competitive Strategy[M]. New York：Free Press，1980.

获取成本上又存在一定优势①，如产业集群内部通常伴生相应的专业市场及多种类型的原材料供应商，这对于交通相对闭塞，信息通信相对落后的地区形成有效生产力存在的重要的基础性价值，如温州的情形，不难想象产业集群内部这种专业市场对于推动偏远落后地区发展的作用，尤其是专业市场在一定程度上实现了销售渠道、资源获取渠道这类高成本耗费资源的共享，当年的 10 万销售大军虽然在如今已经随着交通基础提升，信息通信能力的改变而转型，但专业化分工下高度参与，无疑是实现社会发展中成果分享的有效手段。当然，集群化分工本身也存在不利因素，如在一个产业集群内，分工越细，协调成本也越高②，但相对于集群本身所内涵的价值以及私人网络在利益网络中的延伸，这种成本并不会形成直接的进入限制，尤其是第三方中介组织行业协会的出现，在一定程度上决了企业间、政企间的协调问题③④。进一步，在信息通信极其发达的时代，提供信息服务的网络平台为企业的发展提供了专业化的营销渠道，作为生产销售所必需的环节，无限制的外部信息渠道为中小企业获取必要信息提供了额外手段⑤，同传统的卖场相比，企业进行生产所必需的资本也会大大降低。在这里，改变生产组织模式，市场化与内部化解释了大部分企业或个体参与生产实践的可能性。

① Power D，Hallcncrrutz D. Profiting From Creativity? the Music Industry in Stock Holm，Sweden and Kingston，Jamaica[J]. Environment and Planning，2002，34(10)：1833 – 1854.

② Becker G，Murphy K. The Division of Labor，Coordination Costs，and Knowledge[J]. Quarterly Journal of Economics，1992，107(4)：1137 – 1160 Industrial Automation in Sweden[C]// In：Carlsson.

③ Stankiewicz R. The Role of the Science and Technology in Frastructure in the Development and Diffusion of Industial Automation in Sweden[C]// In：Carlsson，B. Technological Systems and Economic Performance：The Case of Factory Automation. Dordrecht，Kluwer，1995：165 – 21.

④ Bougrain F，Haudeville B. Innovation，Collaboration and SME Sinternal Research Capacities [J]. Research Policy，2002，31(3)：735 – 734.

⑤ Wolpert JD. Breaking out of the Innovation box[J]. Harvard Business Review，2002，80(8).

第三章 构建区域包容性创新驱动发展新格局

第一节 区域包容性创新系统框架

Prahalad 认为,世界范围内处于经济金字塔底层的贫困人群群体内蕴含着巨大的商业价值,通过技术和商业模式的创新来满足其内在需求或充分利用其自有资源,不仅能够带来足够的经济回报,同时能够提高贫困人群生活质量与生产能力,缓解甚至解决贫困问题。Hart 和 Sharma 曾指出,从作为社会边缘利益相关者的贫困人群那里,企业可以获得对预见潜在创新机会和商业模式的关键知识和观点。这些研究都从理论上肯定了贫困人群在推动现代商业活动过程中的作用。包容性创新将帮扶重点转向传统概念中被忽视的贫困人群,倡导通过提高贫困人群平等参与社会分工和共享经济发展成果,推动经济的包容性增长,这与我国提出的可持续发展概念是趋于一致的。目前,虽然已经实施了若干包容性创新活动,但现有实践总体呈分散化特征,无法从规模和质量上实现包容性创新的优势。为充分实现包容性创新在经济发展方式转变方面的推动力,急需建立一个能够推动社会经济可持续发展的区域包容性创新体系,将更多的企业、贫困人群纳入其中,从而真正有效地解决社会发展问题。

综合先前各研究学者的相关研究,提出区域包容性创新体系框架,具体如图 3-1 所示。

区域包容性创新体系由地区内包容性创新各个参与主体以及相关链组成。通过信息和技术的发现、创新、传递和扩散、应用,加强区域内包容性创新过程的合理性和完整性,最终实现区域包容性创新增长。其包括以下几点内涵:

(1)创新主体的多样性,以企业及贫困人群为主,政府、非政府组织(NGO)及中介机构等各参与者平等参与创新活动;

(2)集制度、技术、市场和组织等为一体的协同创新机制,共同促进包容性创新;

(3)创新主体参与方式和目标的变革,以满足贫困人群需求为创新目标,在选择性知识和技术的基础上进行创新;

(4)创新促进包容性增长,实现区域内经济、社会、生态的可持续发展。

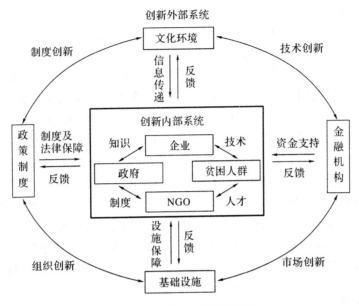

图 3-1　区域包容性创新体系

一、创新内部系统

宏观来看，区域包容性创新体系由创新内部系统、创新外部系统和创新环境子系统（其他相关链）共同组成。其中，包容性创新内部系统由包容性创新活动的主要参与者构成，包括企业、政府、贫困人群和 NGO 等。企业参与者进行的包容性创新主要是通过产品创新、制度创新、流程创新和组织创新，针对现有市场需求和社会自然环境状况，以低成本、低价格突破贫困人群无法分享创新成果的阻碍，实现产品或服务的可接受性。其次，以贫困人群为先导的包容性创新强调对现有技术和传统知识的重新整合，倡导贫困人群在充分了解市场信息的基础上，主动发掘自身创新潜力并自觉开展创新活动。通常采取合作创新或团体创新的方式进行。此外，政府是社会整体创新活动的指挥者和调控者，是政策法规的制定者和市场运行的监督者。在包容性创新顶层设计、创新机构建立、相关政策法规制定等方面，政府发挥着重要的宏观导向作用。最后，在包容性创新过程中，NGO 和中介机构以沟通者、信息收集和传播者的角色出现，通过信息沟通、资源整合、搭建平台与提供服务等方式弥补政府等正规部门的市场缺陷。

二、创新外部系统

创新外部系统通过对创新内部系统产生作用，进而影响区域内包容性创新效率，主要包括政策制度、文化环境、基础设施和金融机构等。首先，政策法律的规定为包容性创新活动的顺利开展提供了稳定的制度和法律保障。创新过程和创新成果的公正性和实效性要求市场透明化以及经济制度的合理化。建立在合理公正的市场机制基础上的政策法规不仅能够为企业、贫困人群等创新参与主体提供相应的权利保障工具，在降低违约风险、提高贫困人群议价能力，提高创新效率等方面也显示出一般市场约定无法比拟的可行性和约束性。其次，一个鼓励创新、允许失败的创新环境氛围的建立是开展包容性创新的必然选择。通过政府、NGO、企业和中介机构等多主体的联合，加强对包容性创新理念的宣传力度，积极引导普通民众的参与和创新意识，成为进一步扩大区域包容性创新活动的覆盖率和创新效率的催化剂。最后，完善的基础设施和金融服务机制是提高区域包容性创新活动规模的重要基础。基础设施的完善为贫困人群提供了信息交流和共享的平台，为贫困人群了解市场信息，把握市场动向，确定创新重点提供导向。金融机构则为包容性创新提供有效的资金支持，解决了贫困人群在创新初期原始资金不足以及创新过程中资金中断等问题。此外，保险的介入能够降低贫困人群的创新风险，进一步提高贫困人群的市场议价能力。

三、其他相关链

创新环境子系统（其他相关链）是指区域包容性创新体系中的主体之间，创新内部和外部环境之间存在着制度、政策、经济、文化等多方面的互动反馈关系，这些关系在包容性创新体系之间形成了资金链、信息链、法规与政策链、人才链等，成为区域包容性创新在选择、传递和扩散过程中不可或缺的组成部分。

第二节　区域包容性创新系统的构成要素

一、中低收入群体的需求

需求是创新的动力，而中低收入群体的需求是包容性创新的重要推动力。如何满足中低收入群体的需求是包容性创新成功的关键因素之一。包容性创新是面向中低收入群体（金字塔底层）的创新范式，其市场需求主要集中在偏远农村地区。金字塔底层人群是世界上最大但最为贫困的经济社会群体，他们每天的生活标准不足 2 美元。在中国和世界其他地区，大部分低收入人群被排斥在经济发展系统之外，是属于资源匮乏的人群。他们甚至无法获得生活必需品，如清洁的饮用水、污水处理、保障房、食品、基本卫生服务、电力、道路、基础教育和金融服务。中国城乡地区和不同省份之间在医疗、教育、金融、信息技术和医疗产出方面的差异极大。城乡居民在服务获得方面的不平等使得这种差异愈发明显，特别是考虑到绝大部分的金字塔底层人群生活在农村地区。

低收入群体的需求主要包括水、食物、能源、住房、交通、信息通信和健康。而包容性创新的主要目标就是让全体社会成员有同等机会享受社会福利、住房、教育、医疗等公共服务。因此，低收入群体市场蕴含着巨大的市场需求，他们的整体购买力是极为可观的。如何满足中低收入群体的需求成为包容性创新的挑战，一个地区对中低收入群体市场需求的满足程度也可以充分反映该地区包容性创新的能力。

二、包容性创新主体

包容性创新的主体主要包括低收入人群、政府、企业以及科研院所。

1. 低收入人群

在传统的创新活动中，由于缺乏知识和能力，低收入人群往往被误认为低效率和不愿意接受新技术，因而被排除在创新活动之外。但在包容性创新系统中，低收入人群并不是被排斥的对象，而是潜力巨大的消费者与创新者。低收入人群中不仅蕴含着巨大的市场潜力，而且拥有创新系统运行所需要的关键资源和能力。此外，低收入人群不同于一般的中高端用户，他们对产品创新失败的容忍度较高，可以作为破坏性创新活动的天然试验场。

2. 政府

在包容性创新系统模型中，政府既是包容性创新活动的规则制定者，又是包容性创新活动的推动者，必须承担多种角色。首先，作为包容性创新活动规则的制定者，政府需要建立有利于创新的政策环境，比如印度成立了官方领导的国家创新组织机构，设立包容性创新基金，积极引导其他创新主体参与到包容性创新当中来，并大力推广成功的包容性创新成果和模式等。其次，政府需要建立包容性创新项目的监督与评估机制，以保证相关政策和体系的顺利运行。最后，政府作为包容性创新活动的主体，自身必须参与到创新活动中。

3. 企业

企业是包容性创新系统中创新活动的主要驱动者与承担者。作为创新活动主体，企业进入低收入人群地区的动机并不是单纯的慈善和社会责任，经济利益的最大化才是其所追求的。当前企业的创新活动主要针对的是中高端客户群体，追求产品的先进性与高端性。这就恰恰忽略了低收入人群的需求，他们不关注低收入人群的真正需求，也无法从低收入人群中获取财富。近年来，杜邦、西门子、飞利浦以及通用电气等跨国公司都积极在低收入人群市场进行探索与布局，他们的创新行为并非仅是出于慈善或社会责任的驱动，而是在经济回报与未来发展方面都具有良好的前景。企业在包容性创新活动中，必须要深入了解低收入人群的现实需求与潜在需求，发展出可应用于低收入人群的全新资源与能力。

4. 科研院所

具有专业知识与研发能力的科研机构是包容性创新系统的一个重要主体。与一般的创新系统相比,包容性创新系统的科研机构并不只是研发最新的产品与技术,而是更加注重技术的选择、改进与推广应用。例如,对于一般低收入农民而言,现在的医疗诊断系统是非常昂贵的。而且在农村医疗支出在总支出中占了很大的比例,在许多农村地区基本的医疗水平得不到保障,缺乏先进的医疗器材。中科院深圳先进技术研究院为农村诊所开发的低成本的医疗诊断系统,可以有效解决农村医疗设备严重缺乏的问题,进而提高农村地区的医疗保障和公共卫生服务水平。

三、包容性创新支持条件

包容性创新的支持条件是指间接参与包容性创新过程,通过对创新投入配置与产出的干预影响整个创新过程的要素,包括金融支持、教育培训、中介机构和 NGO 等。完善的包容性创新支持体系应由金融支持体系、技术创新服务支持体系、教育培训体系等构成,直接或间接地推进包容性创新系统的演化发展。

1. 金融支持

金融机构可以为包容性创新活动融资,实现对低收入群体的金融支持。一是为包容性创新活动直接提供信贷服务,满足低收入群体以及企业的融资需求;二是成立有利于包容性创新的企业孵化器,不仅提供基础设施、市场研究、商业计划、产品商业化等非金融服务,还可以直接提供金融支持服务,为早期的技术研发提供资金支持。三是引入风险投资基金,风险投资对包容性创新至关重要,对产品商业化意义重大。

2. 教育培训

专业知识和创新能力低下是将低收入人群排斥在创新活动之外的主要原因。因此,要想成功地实施包容性创新,必须重视对低收入群体人力资本的培育和创新能力的提升,必须要让低收入群体参与到创新当中来并从中分享收益。要加大对低收入群体的培训力度,提高其生产生活技能。教育培训机构可以开展形式多样的培训活动;至于培训内容方面,可以在现有培训基础之上不断补充,着力提高低收入群体与创业创新能力相关的实际操作技能,如互联网应用、电子商务、知识产权保护等。

3. 中介机构

中介机构在包容性创新活动中,是以沟通者、协调者以及信息的收集、提供和传播者的角色出现的。中介机构比政府更了解低收入人群、企业和科研院所在创新活动中的需求与动态,又比低收入人群、企业和科研院所更熟悉有关创新方面的法律、法规和政策。中介机构可以将包容性创新活动所需要的信息收集起来,并提供传播给相关参与主体。中介机构通过沟通信息、整合资源以及提供平台与服务,将低收入人群、企业、政府、科研院所有效地连接起来。

4．NGO

NGO长期关注低收入人群的真正需求，积极开展低收入人群的扶贫活动，积累了大量的资源与能力。NGO可以为企业提供相关市场信息和资源，帮助企业与低收入人群之间建立良好的信任合作关系，这样就赋予了企业进入该市场的合法性。在此过程中，NGO可以获得新的知识与能力，提升员工的素质和增加社会的影响力。作为一种公益性组织，NGO可以有效地弥补市场失灵与政府失灵。

四、包容性创新环境

虽然包容性创新环境不直接参与创新过程，但却影响和支配着包容性创新系统内部各个要素间的相互协作和整个创新系统的运行，主要包括政策制度环境、市场环境、技术环境和文化环境。

1．政策制度环境

政策、制度、法律是国家和政府引导包容性创新步入既定轨道的调控手段，建立完善的政策制度和法律法规，是促进包容性创新发展的重要因素。包容性创新过程既需要政策引导，同时也需要相关制度、法律的约束。一方面，就包容性创新系统而言，政策制度环境为包容性创新机制的形成以及创新体系的构建提供有力的保障。另一方面，对于包容性创新主体而言，各创新主体的利益诉求是不同的，企业追求经济利益最大化，政府追求社会公共财富最大化，科研机构追求的是科研成果，低收入人群则希望分享创新收益以及提高自身能力，因此，在包容性创新后期利益分配的问题上也需要相关政策制度和法律法规的保驾护航。

2．市场环境

包容性创新活动需要一个开放、竞争、公平、统一、有序的市场环境。市场环境对包容性创新的影响主要有三个方面。一方面，包容性创新主体需要借助市场来获取真实和潜在的需求信息，激发创新灵感，诱发创新思想，从而产生包容性创新项目的雏形。另一方面，市场竞争压力对包容性创新主体具有强大的激励作用。在激烈的市场竞争中，包容性创新不外乎出现两种结局，要么茁壮成长，要么淘汰出局。因此，在市场竞争的外在压力下，包容性创新主体必然会努力寻求良好的运行机制，将市场竞争压力转化为创新动力。第三个方面，对于包容性创新来说，市场规范程度影响着创新活动的预期收益和风险的不确定性，高度市场规范化可以推动包容性创新活动的开展，反之，则会抑制包容性创新的热情。总而言之，只有健全有序的市场环境，才能有效开展包容性创新活动。

3．技术环境

在包容性创新活动中，技术环境被认为是包容性创新的重要推动力。技术环境是指包容性创新的技术发展轨迹和技术水平,是包容性创新活动产生与发展的基础。任何类型包容性创新活动的开展都离不开已有的技术轨道、技术基础或能力积累。以"自上而下"的包容性创新模式为例,创新主体针对低收入群体真实或潜在需求,然后选择已经在中高端市场运行成熟的技术,然后经过改进,开发出低收入人群可负担、可接受的创新性产品和服务。包容性创新主体必须在已有的技术环境中才能获取所需的资源与能力,良好的技术环境能够为包容性创新提供坚实的知识储备和技术积累,引导或推动包容性创新活动的实施。当然,如果技术环境恶劣,就必然对包容性创新活动产生抑制或阻碍作用。

4. 文化环境

包容性创新的社会文化环境是指创新主体所处的与当地文化有关的、时间积淀的社会创新氛围以及社会公众对创新的态度。文化环境可以调节包容性创新主体成员自身之间及其与社会、自然之间的关系。一般来说,包容性创新项目大都深深根植于当地的社会文化环境中,这也就要求创新的主体行为必须适应当地的社会文化环境。文化环境将对包容性创新主体行为产生深刻的影响。在一个活跃的、开放的、崇尚创新、鼓励探索以及容忍创新失败的社会文化环境中,包容性创新主体的潜能一定能得到发挥和提高。因此,要培养有利于包容性创新的新文化,鼓励冒险精神和创业精神,增强创造力;让人们认识到创新对于提高竞争力以及知识商业化对财富创造和全民福祉的重要性;要让创新成为全民的一种习惯,让每一个人都愿意为创新做出自己的贡献。

五、包容性创新产出

包容性创新产出致力于解决中低收入群体的需求。包容性创新可以作为一种创新手段,为中低收入人群提供支付得起的质优价廉的产品和服务,特别是在长期可持续发展的基础上和更大的影响范围内,为金字塔底层人群创造提高生活水平的机会。这些质优价廉的产品和服务不仅可以惠及低收入人群,同样也可以惠及社会的全部阶层,让全社会共享经济发展带来的好处。将包容性创新的产出分为社会产出、科技产出和生态产出。社会产出表示包容性创新对人民生活水平的改善程度;科技产出表示面向中低收入群体的创新水平;生态产出表示包容性创新对生态环境的包容程度。

第三节 包容性创新系统模型

本节基于国内外对三螺旋理论、协同创新理论与区域创新体系的研究,并结合包容性创新的特殊性,提出了基于多重螺旋的包容性创新的系统构成模型,如图3-2所示。本节把包容性创新系统的构成要素分为三类:创新主体、创新支持与创新环境。创新主体主要包括政府、低收入人群、企业与科研院所；创新支持包括金融机构、教育培训、中介机构、大学院所、基础设施与 NGO；创新环境则包括政策制度环境、市场环境、文化环境与技术环境。

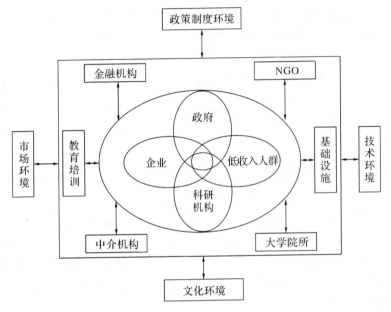

图 3-2　包容性创新系统模型

一、创新主体或创新螺旋体

1. 政府

在包容性创新系统模型中，政府既是包容性创新活动的规则制定者，又是包容性创新活动的主体，必须承担多种角色。首先，作为包容性创新活动规则的制定者，政府需要建立有利于创新的政策环境，成立国家创新组织机构，设立包容性创新基金，积极引导其他创新主体参与到包容性创新当中来，并大力推广成功的包容性创新成果和模式等。其次，政府需要建立包容性创新项目的监督与评估机制，以保证相关政策和体系的顺利运行。最后，政府作为包容性创新活动的主体，自身必须参与到创新活动中。

2. 低收入人群

在传统的创新活动中，由于缺乏知识和能力，低收入人群往往被误认为低效率和不愿意接受新技术，因而被排除在创新活动之外。但在包容性创新系统中，低收入人群并不是被排斥的对象，而是潜力巨大的消费者与创新者。低收入人群中不仅蕴含着巨大的市场潜力，而且拥有创新系统运行所需要的关键资源和能力。此外，低收入人群不同于一般的中高端用户，他们对产品创新失败的容忍度较高，可以作为破坏性创新活动的天然试验场。

3. 企业

企业是包容性创新系统内创新活动的主要驱动者与承担者。作为创新活动主体，企业进入低收入人群地区的动机并不是单纯的慈善和社会责任，经济利益的最大化才是其所追求的。当前企业的创新活动主要针对的是中高端客户群体，追求产品的先进性与高端性。这就恰恰忽略了低收入人群的需求，他们不关注低收入人群的真正需求，也无法从低收入人群中获取财富。企业在包容性创新活动中，必须要深入了解低收入人群的现实需求与潜在需求，发展出可应用于低收入人群的全新资源与能力。

4. 科研机构

具有专业知识与研发能力的科研机构是包容性创新系统的一个重要主体。与一般的创新系统相比，包容性创新系统的科研机构并不只是研发最新的产品与技术，而是更加注重技术的选择、改进与推广应用。例如，对于一般低收入农民而言，现在的医疗诊断系统是非常昂贵的。而且在农村医疗支出在总支出中占了很大的比例，在许多农村地区基本的医疗水平得不到保障，缺乏先进的医疗器材。中科院深圳先进技术研究院为农村诊所开发的低成本的医疗诊断系统，可以有效解决农村医疗设备严重缺乏的问题，进而提高农村地区的医疗保障和公共卫生服务水平。

二、创新支持

1. 金融机构

金融机构可以为包容性创新活动融资，实现对低收入群体的金融支持。一是为包容性创新活动直接提供信贷服务，满足低收入群体以及企业的融资需求；二是成立有利于包容性创新的企业孵化器，不仅提供基础设施、市场研究、商业计划、产品商业化等非金融服务，还可以直接提供金融支持服务，为早期的技术研发提供资金支持。三是引入风险投资基金，风险投资对包容性创新至关重要，对产品商业化意义重大。

2. 教育培训

专业知识和创新能力低下是将低收入人群排斥在创新活动之外的主要原因。因此，要想成功的实施包容性创新，必须重视对低收入群体人力资本的培育和创新能力的提升，必须要让低收入群体参与到创新当中来并从中分享收益。要加大对低收入群体培训力度，提高其生产生活技能。教育培训机构可以开展形式多样的培训活动；至于培训内容方面，可以在现有培训基础之上不断补充，着力提高低收入群体与创业创新能力相关的实际操作技能，例如，互联网应用、电子商务、知识产权保护等。

3. 中介机构

中介机构在包容性创新活动中，是以沟通者、协调者、信息的收集、提供和传播者的角色出现的。中介机构比政府更了解低收入人群、企业和科研院所在创新活动中的需求与动态，又比低收入人群、企业和科研院所更熟悉有关创新方面的法律、法规和政策。中介机构可以将包容性创新活动所需要的信息收集起来，并提供给相关参与主体。中介机构通过沟通信息、整合资源以及提供平台与服务，将低收入人群、企业、政府、科研院所有效的连接起来。

4. 大学院所

作为基础性研究与应用研究活动的主体，大学在包容性创新活动可以为相关参与方提供人力资本支持，也可以提供丰富的知识贡献和科研成果。推动包容性创新活动，必然要求创新型教育与之相对接。大学院所应该积极开展创业与创新教育，不仅要提供具有较高专业素质的人才，而且更需要提供更多具有创新意识、创新能力、敢于创业的高层次人才（创业型大学）。

5. NGO

NGO 长期关注低收入人群的真正需求，积极开展低收入人群的扶贫活动，积累了大量的资源与能力。NGO 可以为企业提供相关市场信息和资源，帮助企业与低收入人群之间建立良好的信任合作关系，这样就赋予了企业进入该市场的合法性。在此过程中，NGO 可以获得新的知识与能力，提升员工的素质和增加社会的影响力。作为一种公益性组织，NGO 可以有效地弥补市场失灵与政府失灵。

6. 基础设施

在我国大部分低收入群体分散居住在偏远农村地区，这些地区生态环境恶劣，交通不畅，供水、供电、卫生都存在很大的问题。信息通讯网络等基础设施更是落后，这对开展包容性创新是很大的制约。信息的获取及应用是创新的核心环节，因此，信息的可获得性是企业创新和吸收新知识的重要推动力。因此，完善的基础设施有利于支撑包容性创新活动的开展。

三、创新环境

1. 政策制度环境

政策、制度、法律是国家和政府引导包容性创新步入既定轨道的调控手段，建立完善的政策制度和法律法规，是促进包容性创新发展的重要因素。包容性创新过程既需要政策引导，同时也需要相关制度、法律的约束。一方面，就包容性创新系统而言，政策制度环境为包容性创新机制的形成以及创新体系的构建提供有力的保障。另一方面，对于包容性创新主体而言，各创新主体的利益诉求是不同的，企业追求经济利益最大化，政府追求社会公共财富最大化，科研机构追求的是科研成果，低收入人群则希望分享创新收益以及提高自身能力，因此，在包容性创新后期利益分配的问题上也需要相关政策制度和法律法规的保驾护航。

2. 市场环境

包容性创新活动需要一个开放、竞争、公平、统一、有序的市场环境。市场环境对包容性创新的影响主要有三个方面。一方面，包容性创新主体需要借助市场来获取真实和潜在的需求信息，激发创新灵感，诱发创新思想，从而产生包容性创新项目的雏形。另一方面，市场竞争压力对包容性创新主体具有强大的激励作用。在激烈的市场竞争中，包容性创新不外乎出现两种结局，要么茁壮成长，要么淘汰出局。因此，在市场竞争的外在压力下，包容性创新主体必然会努力寻求良好的运行机制，将市场竞争压力转化为创新动力。第三个方面，对于包容性创新来说，市场规范程度影响着创新活动的预期收益和风险的不确定性，高度市场规范化可以推动包容性创新活动的开展，反之，则会抑制包容性创新的热情。总而言之，只有健全有序的市场环境，才能有效开展包容性创新活动。

3. 技术环境

在包容性创新活动中，技术环境被认为是包容性创新的重要推动力。技术环境是指包容性创新的技术发展轨迹和技术水平，是包容性创新活动产生与发展的基础。任何类型包容性创新活动开展离不开已有的技术轨道、技术基础或能力积累。以"自上而下"的包容性创新模式为例，创新主体针对低收入群体真实或潜在需求，然后选择已经在中高端市场成熟技术，经过改进，开发出低收入人群可负担、可接受的创新性产品和服务。包容性创新主体必须在已有的技术环境中才能获取所需的资源与能力，良好的技术环境能够为包容性创新提供坚实的知识储备，以技术积累引导或推动包容性创新活动的实施；当然，如果技术环境恶劣，就必然对包容性创新活动产生抑制或阻碍作用。

4. 文化环境

包容性创新的社会文化环境是指，创新主体所处的与当地文化有关的、时间积淀的社会创新氛围以及社会公众对创新的态度。文化环境可以调节包容性创新主体成员自身之间及其与社会、自然之间的关系。一般来说，包容性创新项目大都深深根植于当地的社会文化环境中，这也就要求创新的主体行为必须适应当地的社会文化环境。文化环境对包容性创新主体行为产生深刻影响。在一个活跃的、开放的、崇尚创新、鼓励探索以及容忍创新失败的社会文化环境中，包容性创新主体的潜能一定能得到发挥和提高。因此，要培养有利于包容性创新的新文化，鼓励冒险精神和创业精神，增强创造力；让人们认识到创新对于提高竞争力，以及知识商业化对财富创造和全民福祉的重要性；要让创新成为全民一种习惯，让每一个人都愿意为创新做出自己的贡献。

第四节　包容性创新系统的运行机制

包容性创新是一个系统的复杂的过程，其中交织着多种动力，包容性创新行为的产生是外部动力、内部动力、创新扩散动力与自组织动力共同作用的结果。包容性创新的整个过程都是在这些力的合力作用下进行的，而且各种因素动力在创新的生命周期过程中所发挥的作用也是不同的。

一、利益驱动机制

随着社会的不断发展，新的需要或新的利益总会不断产生，"要不断满足这些新的需要或利益要求进行新的生产，并会形成新的社会关系或社会交往形式，从而推动人们之间的交往关系不断地向广度和深度发展，并推动着社会制度的改变"。制度是搭建在社会发展的目标与现实之间的桥梁。通过制度或制度创新，一个国家、一个社会才能理顺各种关系，解决基本矛盾，调动起各方面积极因素，形成强大的社会动力。制度创新是在既定的宪法秩序和规范性行为准则下，制度制定者为解决现存制度不足扩大制度供给从而获取潜在收益的行为。简言之，能够使制度创新主体获得潜在利益的现存制度变革就是制度创新[①]。制度创新毕竟是利益关系的重新调整，因此，制度创新要坚持利益导向。就内涵和运行方式而言，包容性创新正是一种全新的制度创新。

人的行为动力主要来源于个体"自我"满足和社会的利益，没有某种利益刺激就不会产生某种行为。在包容性创新系统模型中，每个创新主体都为追求自身利益目标而非被强迫参与到创新系统的构建，这也就保证了包容性创新系统具有强大内生的发展动力。只有当包容性创新能给创新参与者带来实实在在的利益时，创新主体才有足够的动力去推动包容性创新。

潜在利益的驱动构成了包容性创新的原动力，当然这里所讲的利益是个广义的概念，包括经济利益、社会利益与环境利益等。政府参与包容性创新希望消除贫困与不公平，最终实现经济、社会、生态的和谐发展；低收入人群希望能够分享经济发展带来的成果以及提高自身的创新能力；企业参与包容性创新的主要动机是为了获得经济收益或新的增长机

[①] 孙长青. 利益创新驱动与制度创新[J]. 学习论坛. 2004(11)：38-39.

会；而很多科研院所则希望推广科学技术，实现社会价值。利益驱动机制就是推动包容性创新系统深入发展的内在动力。当人们预期包容性创新制度可能带来好处时，就会被激发去克服现有制度供给不足的问题，努力参与包容性创新。在包容性创新充分实现后，所获得的、曾经是潜在的收益将会被进行再分配，从而达到新一轮的利益均衡。在整个创新的过程中，每个创新主体都会为实现自身的利益目标，以最大效率的方式进行学习、交流、互动、合作与创新，最终推动包容性创新系统的演化与发展。创新是观念的更新，更是利益的调整，只有把包容性创新的经济成效与个人切身利益挂起钩来，才能形成激发创新的动力机制，创设出更适应社会发展需要和更合理有效的新制度。

二、合作共赢机制

合作共赢是一种和谐思想，不同的创新主体以可持续发展理念为支撑，以合作的姿态参与包容性创新，共同分享创新收益，这样就使得创新的愿望更强，可有效避免诸多不利冲突，保障包容性创新顺利进行。根据对包容性创新内涵的界定，包容性创新与可持续发展在思想上具有高度的一致性，一定情况下二者的意义和实现途径是互通的。而就合作共赢与可持续发展的关系而言，一方面合作共赢是可持续发展的目标。可持续发展的思想核心是正确处理两大关系，人与人之间的关系以及人与自然界之间的关系。而中心问题是人的全面发展，换句话讲是人类的全面发展，即以人类的整体利益为目标。另一方面，合作共赢还是可持续发展的必要条件。博弈论在数学的严格证明下，只有合作共赢，才能保证可持续发展。具体地说，任何创新系统存在和发展都必须从外部环境中持续地输入某种资源。但任何创新系统的外部环境中能够维持该系统存在和发展的特定外部资源，其数量总是有限的。当外部资源供给比较充足时，系统的产物呈指形式增长，其发展十分迅速；随着特定外部资源的供给逐渐接近极限时，系统产物的增长则会逐步放慢①。由此可见，支持可持续发展的各项资源、要素都不可能独立存在，只有各个要素之间建立相互联系、相互维持，形成完整的合作机制，才能够从根本上实现各个参与主体的根本利益，从而保障可持续发展目标的实现。

与合作共赢机制在可持续发展过程中的作用相似，合作共赢机制在包容性创新系统的建立过程中同样发挥着重要作用。包容性创新系统的成功构建与运行同样需要不同创新主体的共同合作，各个创新主体通过合作可以学习吸收其他参与者的知识，更新和扩大各自的知识积累，提高各自的竞争能力，最终达到共赢的结果。由此可见，合作共赢是包容性创新的驱动力。

---

① 郑广祥. 可持续发展与合作共赢[J]. 江西社会科学。2002(7)：90-92.

究其原因在于，创新参与主体核心能力具有很强的异质性，而且各个创新主体都专注于各自领域，再加上长期缺乏沟通，这就造成了创新主体相互之间并不熟悉甚至缺乏信任。因此，这就需要构建良好的合作共赢机制，来促成各创新主体的合作与协作并解决可能的矛盾与冲突。这可以通过建立正式和非正式合作互动关系，来促使创新活动不断地进行。在这种创新行动被参与主体稳定地、持续地执行后，包容性创新系统的合作共赢机制由此就形成了，它能有效保证包容性创新系统的平稳运行。

三、协同创新机制

协同创新是指将各个创新要素进行整合，保证创新资源在系统内无障碍流动。包容性创新系统的协同创新机制，主要表现在创新过程中知识和技术的整合、扩散与溢出。具体地说，就是把参与主体的各种学习活动与学习成果有效连接在一起，它们在互动中积累知识、传递知识和分享知识，扩大了知识的产出效率，为包容性创新提供了有效的智力保障。包容性创新系统中的协同创新是一项较为复杂的创新组织方式，其关键在于形成以企业、低收入人群为核心要素，以政府、金融机构、中介组织、创新平台以及 NGO 等为辅助要素的多元主体协同互动的网络创新模式，通过创新主体之间的深入合作和资源整合，产生单一参与体无法实现的效用。就包容性创新的内涵而言，其与协同创新的本质颇为相似：集需求者、企业、政府、科研机构、中介组织等多主体为一体的，为了实现知识和技术创新的整合式创新组织模式，充分调动社会创新主体的积极性和创新潜力，跨学科、跨部门、跨行业组织实施深度合作和开放性创新，加快创新知识和技术的扩散与溢出。

在包容性创新系统内，政府、企业、低收入人群与科研院所作为不同的知识源，他们各自的知识具有很大的异质性。这些具有异质性的知识在不同的创新主体之间不断流动、碰撞、整合，使得整个系统内的知识不断累积。这样就使得新知识、新技术、新思想快速转移、扩散到需要的创新主体中，并与原有的知识结合起来，提高了创新的能力，并使之成为创新的思想源泉。一般认为在这一过程中，低收入人群、企业作为包容性创新知识和技术的主要生产者和提出者，对知识的传播、流通起到重要作用。马奇认为知识分为学术知识和经验知识，学术知识强调普遍有用、永远有用，而经验知识则强调能够直接应用于具体情境，具有很强的时空聚焦性[①]。而包容性创新是两类知识的整合和糅合过程，学术知识是经验知识的前提，协同创新不仅注重知识的开发和创造，更加强调知识的灵活运用和价值转换[②]。此外，协同创新机制需要借助各种载体的协助才能发挥作用，而借助这些载体发挥

① 詹姆斯·马奇. 马奇论管理[M]. 上海：东方出版社，2010.
② 陈劲，阳银娟. 协同创新的理论基础与内涵[J]. 科学学研究. 2012(2)：161-164.

作用的方式也就是知识和技术的扩散与溢出的方式。知识外溢的载体同时也是知识外溢机制发挥功效的有效途径，为包容性创新系统提供了持续的创新动力。

最后，对于评价包容性创新活动是否成功，不是依靠技术的深度和创新的先进程度，而是要根据低收入人群的接受程度和受益程度，也就是创新的扩散程度来判断。对于包容性创新活动来说，创新扩散比技术创新显得更为重要。

四、政府支持促进机制

包容性创新系统是国家包容性创新系统的重要组成部分，符合国家创新系统的目标。在当今包容性创新过程中，除了企业、低收入人群外，政府作为一个重要的参与体为保证创新过程的顺利从而开展提供了一系列政策、法律法规、财政等方面的支持。现实中，企业、低收入人群与科研院所作为包容性创新系统的参与主体，市场虽然能够在一定程度上通过利益驱动，促使他们进行合作，但是这种合作往往缺乏长期性和战略性，而且市场也有失灵的地方。这就需要政府综合考虑经济、社会、生态多重目标，从战略层面支持促进包容性创新活动的开展。

从促进创新的方式来看，政府对包容性创新支持促进方式可以是多种多样的，具体体现在以下几个方面：

(1) 因地制宜地选择能促进包容性创新的政策工具。例如，通过加强公共政策的干预，将建立和谐社会、减少收入差距、扩大基本公共服务作为政府工作的目标。积极构建有利于包容性创新的政策、制度框架，加快包容性创新产品和服务实现商业化和知识、技术扩散。又如，设立专门机构负责开展包容性创新的政府部门，为区域内包容性创新活动提供包容性创新规划、融资和技术支持。

(2) 在金融支持方面，建立监管体系和支持性的共采购政策，建立专项基金支持包容性创新发展，包括支持低收入人群解决访问的私营风险资本。此外，还可以通过转移支付、财政补贴、增值税和所得税减免等手段对包容性创新的参与者提供资金支持。

(3) 在支持低收入人群创新方面，为基层创新者和企业家提供专项服务，帮助扩宽其创新领域。另一方面，大力提升低收入群体的创新能力和教育水平以帮助其创新活动的顺利开展。

(4) 在基础设施建设方面，不断推进贫困地区道路、光缆等设施的建设。

(5) 不断促进国别间、地区间和全球科技研究机构之间的合作，充分利用全球人才、技术和资源。可以看出，政府在包容性创新系统建立的过程中发挥着不可比拟的作用。政府支持促进机制是包容性创新系统建立的重要力量。

从系统科学的观点来看，系统要想正常顺利运转，需要有稳定、强大而持久的动力机制。包容性创新系统内部存在着利益驱动机制、合作共赢机制、协同创新机制与政府支持促进机制四大动力机制，它们之间不是相互孤立、独自发挥作用的；与之相反，它们之间是相互依存、联合互动的。只有当几种动力机制联合互动时，对包容性创新系统的巨大推动作用才能清楚显现出来。

第五节　包容性创新的扩散模式选择

一般而言，我们将从生产或生活经验中总结提炼出来的系统知识体系称为"模式"。新产品扩散模式是指对不同诱发机制下的新产品在消费者之间传播规律和特征的总体概括。作为新兴市场经济条件下涌现出的一种创新范式，包容性创新是一种为生活在社会底层的群体开发新产品和新服务的工具。然而，包容性创新在全球范围内的开展仍然非常有限，根源在于很多企业并不认为面向 BOP 市场的产品研发和销售能够实现盈利，很多现实例子也确实佐证了这种想法①。但这并不代表 BOP 市场缺乏市场潜力，具体原因包括两个方面：首先，占全球 40％ 的人口生活在金字塔底层，而面向 BOP 市场的公司却少之又少，加之当前中高端消费市场竞争格局的固化和饱和，BOP 市场必然成为企业未来获取竞争优势的关键（Narsalay，Pongeluppe & Light，2015）。其次，从战略管理视角理解，企业对社会责任的承担虽然不会成为获取竞争优势的决定因素，但不承担社会责任必然成为企业的竞争劣势。那么，为什么企业还是对 BOP 市场望而却步？我们认为，对多数企业而言，BOP 市场都是一个全新的市场，已有的战略管理并不适用于该市场，即使设计出完美的产品也不能实现有效的市场推广，最终导致在 BOP 市场的失败。下面通过案例分析法，探讨包容性创新产品的诱发机制、推广策略、扩散特征等，总结其典型的扩散模式。

一、概念基础

1. BOP 群体的界定

1932 年 4 月 7 号，美国总统罗斯福首次在无线电广播中用到"Bottom of the Pyramid"，即 BOP 群体这一名词。70 年之后，Prahalad 和 Hart（2002）对 BOP 群体做出了定义，他们将世界上的人口按照经济收入水平划分为三个等级，而全球有 40 多亿人口每天生活不足 2 美元，属于经济金字塔底层的 BOP 群体（Prahalad，2004）。他们的购买力平价小于 1500

---

① The World Bank，Inclusive Innovation for Sustainable Inclusive Growth[R]，2013.

美元，通常居住在农村和城市贫民区，撒哈拉以南的非洲和南亚聚居着大部分 BOP 群体。图 3-3 为 Prahalad 教授构建的经济金字塔（Prahalad，2001）。Hammonod 等（2007）认为 BOP 群体是每天收入不足 8 美元且被排斥在正规市场之外的群体，他们通常出现在新兴经济体国家，人口总数为 37 亿。Geneva（2011）在全球经济论坛上也将 8 美元作为划分标准。印度政府通过抽样调查，将 BOP 定义为每月消费不足 3453 卢比的群体，折合为 75 美元/月。根据该定义，大约有 11.4 亿的印度人口为 BOP 群体，占总人口的 76%。而 OECD 则将侧重点放在群体的具体类别上，认为妇女、儿童、残疾人、少数民族和非正式部门的人等都应该是包容性创新关注的群体，但低收入群体仍然是重点关注对象。不同学者还对 BOP 群体的特点进行了论述，其主要特点包括：收入水平较低（Jaiswal，2007）；居住分散（Karnani，2007）；受教育水平较低（Prahalad，2004；Sen，2000）；存在文化异质性（Karnani，2007）；基础设施较差（Karnani，2007）。与中高端市场消费者相比，生活方式和环境相差较大，但该群体对新技术缺陷的容忍度较高（周江华，仝允桓等，2012）。根据以上对 BOP 群体特点的分析可知，研发并销售低成本、高质量的产品仅能刺激 BOP 群体的需求，而无法改变其收入水平，只有将 BOP 群体同时看做是生产者和消费者才能从根本上解决贫困问题（Karnani，2007）。

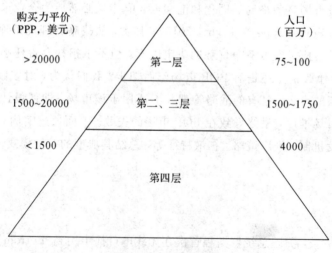

图 3-3　经济金字塔

2. 包容性创新产品

较低的收入水平使 BOP 群体成为价格敏感型消费者，他们对产品性能的要求较低，拥有简单、实用、低价等特征的产品往往在 BOP 市场受欢迎。针对这些特点，Anderson 和 Markides（2007）提出了包容性创新产品设计的 4A 框架，即可获得性（availability）、可感知性(awareness)、可负担性(affordability)与可接受性(acceptability)。不同于传统市场的产品销售，BOP 产品的销售必须遵循"小单位包装、高单位利润、大批量和合理的资本回报"的原则，这对企业的管理策略提出了挑战。为此，企业必须根据 BOP 市场的特点，应用"小而美好"的技术满足 BOP 群体的需求。一方面，产品拥有极高的性价比，以降低资源使用密度为前提；另一方面，产品必须配合当地的不利环境，比如要考虑电力设施、文化环境、消费群体技能水平等因素。

然而，一项产品或服务创新即使对低收入群体来说是完美的，但如果没有实现扩散并被采用，它依然不具有包容性(Foster ＆ Heeks，2010)。很多学者也对包容性创新产品的扩散进行了研究，如 Silverstre(2014)以巴西的花光岩开采群体为研究对象，提出了基于技术二元特性的包容性创新扩散理论模型，认为 BOP 市场的无序和混乱状态增加了其扩散难度，并从政策层面提出了可行性方案。Mutema、Chiromo(2014)采用津巴布韦农业发展案例，探讨了私营企业在促进创新扩散中的重要作用。Peres、Muller、Mahajan(2010)认为创新产品或服务的扩散是在社会影响下逐渐向市场渗透的过程，并建立了以市场和品牌为基础的模型，分析社会网络对产品扩散的影响。但是，现有对包容性创新产品扩散的分析仅局限于影响因素分析和案例分析，缺乏对具体扩散过程的模式总结。

二、创新产品或服务的扩散机制

创新扩散是指"创新在社会系统的成员之间通过一定的渠道随时间传播的过程"，创新、传播渠道、时间与社会系统是创新扩散过程的四个基本要素。而 Fleck(1993)将发明投入市场应用的过程称为"innofusion"，强调了扩散在创新中的重要作用，认为创新和扩散是两个不可分割的过程，这也就是我们所熟知的创新的二元特性。盛亚(1999)认为，新产品扩散的过程研究大体上可以分为三类，即传播论、替代论和博弈论。Rogers(1995)在《创新扩散》一书中提出的传播论是最具影响力的一种观点。而大众传媒(mass media)和口碑传播(word of mouth)是创新传播的两个重要渠道。大众传媒作为一种传播渠道，实际上是公司对新产品的营销推广，目的是通过产品销售实现盈利。其作用是，挖掘消费者需求，帮助消费者了解和学习产品功能，并刺激其购买欲望。口碑传播更多是从人的心理特征和社会属性方向出发，认为消费者在从众效应、攀比压力、潮流效应、有限理性等因素的影响下，会引发冲动消费行为。一般而言，将消费者划分为创新者、早期采用者、早期多数型、晚期多数型和落后者五类(Kotler，1997)，创新者在口碑传播过程中扮演作决策的领导者，对产品的扩散起关键作用。

包容性创新本质上是通过将 BOP 群体纳入到动态市场中以实现产品价值链的延伸，关注 BOP 群体的消费需求和创造潜力。因此，消费者在包容性创新产品扩散过程中创新参与度是决定包容性创新产品区别于其他产品的关键因素，也是决定包容性创新产品能否实现大规模扩散的主要因素之一。本节以该思想为基础，构建包容性创新产品在 BOP 群体之间扩散的概念模型，如图 3-4 所示。

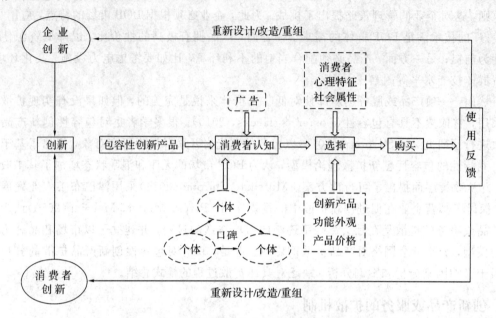

图 3-4   包容性创新产品在 BOP 群体间的扩散机理

三、包容性创新产品或服务的扩散模式

新产品扩散是指新产品在上市后随着时间的推移不断被越来越多的消费者采用的过程。对于企业而言，新产品的扩散过程又受到内部因素和外部不可控因素的影响，如企业自身的产品属性、促销策略、价格策略、广告水平等内部因素和消费者行为、竞争对手行为、宏观环境等外部不可控因素等。包容性创新产品在 BOP 群体之间的扩散是个体微观选择的累积，包容性创新产品的扩散模式是微观特征的整体涌现。那么，要总结其扩散模式，需解决以下两个问题：第一，扩散模式的存在性问题。如果扩散模式存在，哪些问题影响了扩散的整体趋势，根据影响因素的不同可以将扩散模式分成几类？第二，不同扩散模式下的诱发根源及扩散特征。如何根据错综复杂的扩散过程总结出其扩散的原因及具体特征。

根据以上两个标准，在考虑包容性创新产品的目标消费群体和产品本身属性的基础上，以 BOP 群体在包容性创新产品扩散过程中的创新参与度为标准，将其扩散模式分为用户主动参与型和用户被动参与型。同时，又根据参与具体程度的不同，将用户主动参与型分为"价格导向型"和"需求导向型"，将用户被动参与型分为"政府主导型"和"政府＋企业协作型"。具体如图 3-5 所示。

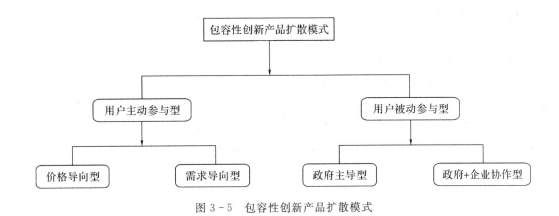

图 3-5　包容性创新产品扩散模式

1. 用户主动参与型

（1）价格导向型扩散模式：小米手机。

在小米手机尚未出现之前，中国智能手机市场主要被苹果、HTC、三星、诺基亚等手机制造商占领。他们所制造的手机主要服务于中高收入群体，定价偏高，令低收入群体望而却步。李宝库（2015）认为我国农村居民的消费模式大致可以分为机能需求模式、核心需求模式和外延需求模式，机能需求者和核心需求者主要看中产品的功能，对价格比较敏感，而这两种消费群体占据了农村市场的大多数，有足够收入支撑的农村消费者才会追求品牌、地位等外延需求。在小米手机出现之前，诺基亚和其他小品牌手机制造商因售价较低而长期占领中低端市场，但尚未形成完全垄断之势。小米看准时机，定位于服务中低收入群体，组建了由前 Google、微软、金山等公司的顶尖技术人员组成的研发团队，致力于新一代智能手机的软件开发与移动互联网业务，手机在硬件配置上绝不弱于国内领先的智能手机。2011 年 8 月 16 日，小米手机首次在北京发售，独特的营销方式使其在瞬间就被一抢而空，媒体称之为"雷布斯效应"，以此来比喻小米手机像乔布斯一样创造了销售奇迹，小米科技有限公司由此跻身于中国智能手机制造厂商的前列，它也是一家真正服务于 BOP 群体而且比较成功的公司。

小米的成功可以归结为两方面的因素：第一，小米手机拥有极高的性价比。秉承"为发烧而设计"的理念，将全球最顶尖的移动终端技术和元器件应用于每款新产品，再加上与同类产品相比较低的定价，极大地刺激了消费者的购买欲望，也满足了 BOP 群体对品牌的追求。第二，小米手机采用差异化的营销战略。在产品未成形之前就引起了广大"米粉"的热烈讨论，并在 MIUI 交流平台上分享对新产品的期待与使用感受，使客户真正参与产品设计。同时，结合微博营销、事件营销、口碑营销、饥饿营销等方式赚足了媒体的眼球，建立了小米品牌在社会大众心中的初步印象。

据悉，截止到 2015 年 6 月，我国网民规模达 6.68 亿人次，互联网普及率为 48.8%，城镇和农村地区的互联网普及率分别为 64.2% 和 30.1%。这为小米手机的只通过官网销售的营销模式奠定了基础。为顾及偏远地区的客户，小米手机还与当地移动和联通营业厅合作，允许客户前往购买合约机。在口碑传播效应下，虽然部分地区居民无法使用或不会使用互联网购物，但他们依然可以在亲戚朋友的协助下买到小米手机。这也印证了 Shyama、Shuan 等（2012）的观点，"为保证包容性创新产品的有效使用，企业不仅要在技术设计上创新，还需引进交付平台，即发动一切可以利用的资源和机构实现产品的销售"。

由以上分析，我们认为价格导向型扩散模式是由私营部门发起的，对现有产品进行重新设计或改造，以低于同类产品价格的定价方式和广泛的用户参与博取消费者青睐，进而占领市场的一种扩散模式。该扩散模式在设计上更加注重降低产品的成本，BOP 群体的创新参与度最高，在运营理念上与包容性创新旨在提高 BOP 群体社会参与度的理念最为接近。在扩散过程中，品牌效应和口碑传播是促使其迅速扩散的关键因素。小米手机通过舍弃高利润从而占领部分智能手机销售市场的行为，再一次向我们证明了 BOP 市场的发展潜力。在"互联网＋"的时代背景下，小米手机发展模式也真正做到了运用大数据全面收集用户的体验反应，改变了传统手机重资产供应链的组织模式。其独特的营销模式也唤醒了国内手机制造商对产品的重新定义，先后涌现出一批如华为、锤子、大神等人气暴涨的国内品牌手机。

（2）需求导向型扩散模式：肯尼亚 mpesa 服务。

2007 年 3 月，沃达丰在肯尼亚的第一大手机运营商萨法利通信公司（Safaricom）推出了手机银行系统 m-pesa，该系统通过将金融应用集成到客户手机的 SIM 卡中，实现金融服务的移动支付功能。m-pesa 系统使没有银行账户的人们通过手机短信实现支付、转账、兑现等功能，满足了当地居民的实际需求，并在世界范围内迅速扩展。截止到 2011 年 4 月，m-pesa 账户达到 1400 万，70% 的肯尼亚成年人使用过 m-pesa（Jack，William & Suri，2011）。该服务的迅速扩展得益于 Safaricom 公司对当地居民需求的充分了解。据悉，肯尼亚金融服务普及率较低，在偏远的贫困地区，多数居民没有银行账号，但大部人都拥有一部手机。而肯尼亚又处在城市化进程中，17% 的家庭依靠在城市工作的家人汇款得以生存。在外务工人员要想把钱寄回家，需要在效率低下的金融服务机构排长队等候，往往会耽误一天的工作，且手续费较高、速度较慢，安全性也得不到完全保障。Safaricom 公司瞄准该市场契机，开发了面向该群体的小微金融服务，开辟了一条提高贫困地区金融服务水平的新路径。

在 m-pease 服务的扩散过程中，网点建设、顾客教育和信任问题成为关键问题。面对肯尼亚金融服务网点较少的现实，Safaricom 公司在当地建立了大量网点，截止到 2011 年已有 28 000 多个代理网点，超过了肯尼亚银行支行总量。伴随着网点数量的增加，公司在所提供服务的统一性上遇到挑战。为此，Safaricom 公司建立了二级代理制度。代理商一般包括经公司授权的经销商、加油站和超市等零售商、部分银行和小微金融机构等。他们能够深入偏远的山区，顾客只需到达代理网点就可以及时实现现金兑现等功能。

由于 m-pease 所面向的群体一般知识水平都较低，对新鲜事物的接纳程度也较缓慢，为此，Safaricom 公司在 m-pease 系统功能和操作界面的设计上遵循简洁明了的原则，只要会发送和接收短信就可以实现汇款支付。同时，将对顾客的指导和教育列为每个网点的一项职责。顾客在提供个人基本信息后，由工作人员检查并录入系统，再为客户更换带有 m-pease 应用的 SIM 卡，顾客通过短信验证码激活系统并更改密码即可。注册完成后，工作人员向顾客介绍 m-pease 的各种功能及其他增值服务。在该流程下，客户完成对产品的初步学习，并在社交过程中不断将产品信息和使用方式传播，使 m-pease 的用户不断增加。

在金融产品的推广过程中，信任问题是每一个公司都必须面对的棘手问题。对于居住在偏远山区的居民而言，尤其如此。Safaricom 公司在信任获取上的成功可以归结为两方面的原因。首先，在对 500 名顾客进行试验后迅速推向全国，举办大型商展活动，向顾客提供各项优惠，每次汇款仅收取 170 先令的手续费，远低于银行的汇款手续费。其次，通过短信即时确认技术，让收款方在第一时间收到转账凭证，保证了由于无法及时到账引发的顾客恐慌，大大增加了顾客对公司的信任。同时，Safaricom 公司还通过统一的网点店面设计和渠道管理策略等增加顾客的认同感和信任度。

根据以上分析，我们认为需求导向型扩散模式是由私营部门发起的，以用户需求和用户特征为出发点研发出市场上以前并不存在的产品，通过各种营销方式将其推出，并经由早期 BOP 群体使用后进行自发传播的一种自下而上的扩散模式。其主要特点是创新产品的使用首先在 BOP 群体间扩散，进而从低收入群体向中高收入群体扩散、从发展中国家向发达国家扩散的自下而上的扩散路径。m-pease 服务在肯尼亚的成功引发了世界各国对金融创新的重新思考，它一举打破了所有创新只能在发达国家或中高收入群体中率先普及的规律。Safaricom 公司在肯尼亚的成功也引来了乌干达、巴西、印度等国家的争相模仿。目前，m-pease 系统的使用者已经从 BOP 群体逐步扩展到中高收入群体，甚至是企业，部分企业使用 m-pease 系统支付工人工资、获得销售收入等（陈元志，2015）。

2. 用户被动参与型扩散模式

（1）政府＋企业协作型扩散模式：海尔家电下乡。

2007 年 11 月，为扩大农村消费，提高农民生活水平，促进内需对经济发展的贡献，国家财政部、商务部决定在山东、河南和四川试点实施家电下乡政策，产品试点省份的农民可以向政府申请销售额价格 13％的补贴。TCL、康佳、创维、联想、海尔等企业先后作为家电下乡合作单位向农村地区供给家电产品。海尔集团作为家电下乡合作企业之一，截至2012年已经建立了 7600 多家县级专卖店，约 26 000 个乡镇专卖店，19 万个村级联络站，拥有农村家电消费市场的战略资源也是国内在服务 BOP 群体业务上成功的企业之一。

农村市场作为 BOP 市场的主要市场，由于基础设施建设不完善，农村市场一直以来被企业看做是营销成本高、物流成本高、服务成本高、利润低的"三高一低"市场（阳翼，2010），很少有企业愿意涉足。在家电下乡的政策背景下，政府的补贴政策一方面可以部分弥补企业高昂的市场开发成本，同时政府在某种程度上也在为家电下乡企业的产品做信用背书，这对企业取得农民的信任尤其重要。于是，海尔集团开始着手建立农村销售渠道，除去增加农村专卖店，还投入 60 亿以上的资本建设线下物流，截止 2012 年已有 17 000 多家服务商网点。这是苏宁、京东等国内大企业所不能具备的资源，阿里巴巴看准时机与海尔合作，携手打通中国网购的每一根毛细血管，增加了企业对农村市场的关注度。

即使海尔通过大量的网点建设在中国农村市场拥有一席之地，但依然面临着诸如渠道混乱、产品窜货乱价等问题，严重损害了客户的利益，降低了顾客的满意度和信任度（王莹莹，2011）。为此，海尔在第五个"七年计划"的开局之年，重点推进营销网、物流网、服务网"三位一体"的网络化建设，以适应互联网经济时代的需求。首先。海尔在管理模式上实行扁平化管理，将整个大集团拆分为 2000 多个"小海尔"，以灵活应对迅速变换的市场。其次，围绕"用户订单"的端到端服务流程，建设统一配套的政策体系和支持体系，使广大农民不出村就能购买海尔的产品，享受海尔的服务。

此外，海尔的成功还在于其能因地制宜地满足消费者的需求，永远保持对用户需求的"敏感性"，随时准备创造市场。例如，海尔在一次维修服务中意外发现四川农民对可以洗红薯的洗衣机的需求，张瑞敏当机立断，组织研发团队开发该产品，创造了一个全新的市场。针对农民在电脑操作水平上较弱的缺点，海尔与英特尔、微软等上游企业合作，增加手写输入、语音朗读、一键恢复等便于操作的功能，受到农民的一致好评。

基于以上分析，将"政府＋企业协作型扩散模式"定义为，由政府发起的，将私营企业的现有产品逐步推向 BOP 市场的扩散模式。该扩散模式的主要特点是实施主体仍是私营企业，但在前期借助政府力量搭建通向 BOP 市场的销售渠道，之后企业根据自身特点和 BOP 市场属性开发适销对路的产品，并在品牌力量的影响下在 BOP 市场实现逐步渗透，一般产品的扩散速度较慢，产品创新性和用户参与度较低。在中国特色的社会主义国家经济体制下，政策下达的速度和执行度远远优于西方资本主义国家，家电下乡政策在农村的普及程度也就代表了企业所面向的农村市场的初步范围，这大大减小了企业进入农村市场的阻力。但是，政府＋企业协作型扩散模式仅适用于产品扩散的初期阶段，若企业在后期不能开发出满足消费者需求的产品，也就无法获得顾客的满意度和忠诚度，产品的扩散终成无妄之谈。

（2）政府主导型扩散模式：深圳先进技术研究院低成本医疗。

深圳先进技术研究院（简称"深圳先进院"），于 2009 年承担了中国科学院"健康百千万亿-低成本健康工程"中的大量科研项目，总体定位于实现面向个人、家庭和社区的低成本健康系统，是一项由政府主导的旨在提高 BOP 群体基本医疗服务水平的惠民工程。目前已研发生产出一批受民众欢迎的医疗设备，如多功能诊断床、便携式健康检查仪等，其研发的多功能检查床只需要 3.5 万元，而大型医院进口的国外设备的价格则高达百万元。深圳先进院自主研发的适用于城乡基层卫生机构的低成本医疗设备，使人均体检费用从 200 元下降到 30～40 元，有效缓解了 BOP 群体看不起病的难题。

政府的大力支持是深圳先进院低成本医疗项目成功的关键要素。作为"973"国家重点项目，政府为低成本医疗技术的研发提供了大量的资金支持，仅 2010 年便为其提供了至少 2 亿元的资金，也是其主要资金来源。优秀的人才往往对某个项目的成败起决定性作用，深圳先进院以中科院的品牌优势为基点，利用深圳市政府的产业优势，面向全球招聘，成为高端人才的"蓄水池"。资金和人员的支持使深圳先进院具备了研发低成本医疗设备的能力，但如何将该类产品推向市场仍然是其面临的主要难题。如深圳先进院开发的多功能诊断床，虽然价格只有 3.5 万元，但目前的销售量远未达到盈亏平衡点，即没有实现大范围的扩散。

为此，深圳先进院采取了两种措施应对低成本医疗服务的扩散问题。首先，通过政府采购的渠道将低成本医疗设备推向偏远的山区。其次，创建"研究所＋技术平台＋工程中心＋育成中心"四位一体的创新组织形态，加强与私营企业的合作，实现低成本医疗设备的商业化。一方面，通过与企业、社会资本等的结合，实现科研成果的商业化。另一方面，通过孵化器育成 160 余家企业，如联影、中科强化等，并加强与该类企业的合作，共同将产品推向市场。如深圳先进院与中科强华公司合作，将低成本医疗设备成功推向我国 1000 多个村庄，而宜信公司则在小村庄内推广 P2P 微小信贷。虽然两者目前的推广数量极为有限，但仍然是一种成功的商业模式。因为在创新领域，私营部门的效率往往高于公共部门。从包容性创新的视角分析，我们可以将深圳先进院育成的部分企业看做是专门培养的 BOP 企业。现有的中高端市场尚有盈利空间，很多企业不愿意介入 BOP 市场，培养专业的 BOP 企业是增加私营部门进入包容性创新领域的一种方式。

综合以上分析，我们认为政府主导的包容型创新产品扩散模式是由政府发起的，联合研究院所、高校、私营企业等部门研发面向 BOP 群体的包容性创新产品，并将其推向市场的一种自上而下的扩散模式。该类扩散模式建立在对 BOP 群体紧迫需求充分了解的基础上，试图通过价格的降低激发 BOP 群体的潜在需求。其主要特点是，政府为实施主体，并整合所有的优势资源服务于包容型创新产品的研发与扩散，但效率较低，在四种扩散模式中 BOP 群体的创新参与度也最低。然而，政府主导的包容性创新产品扩散模式与包容性创新旨在提高社会包容性和公平性的理念最为契合。

3．小结

以用户创新参与度作为划分不同创新扩散模式的标准，将包容性创新产品的扩散模式分为四种类型。从包容性创新的发展视角来看，用户的创新参与度越高，包容性创新的发展程度也越高。按照这一标准，包容性创新发展的成熟度从高到低依次为：价格导向型＞需求导向型＞政府＋企业协作型＞政府主导型。结合对不同扩散模式的定义，我们认为未来包容性创新发展的主力依然是私营部门，政府只是在早期阶段扮演倡导者的角色，将某种思想或理念推向市场。企业在产品生产和推广过程中一般遵循"自上而下"的思维定式，但包容性创新自身价值追求的多样性使企业必须舍弃原有的管理战略。产品的设计与销售必须建立在对 BOP 市场环境和 BOP 群体特性充分了解的基础上，实现"自下而上"和"自上而下"模式的融合。表 3－1 为四种不同扩散模式的特点。

表 3－1　不同包容性创新产品扩散模式特点一览表

模式	价格导向型	需求导向型	政府＋企业协作型	政府主导型
发起者	企业	企业	政府	政府
效率	高	高	一般	低
用户创新参与度	最高	次高	低	无
产品创新型	次高	最高	低	高
与包容性创新理念的契合点	提高 BOP 群体社会参与度	满足 BOP 群体紧迫需求	提供 BOP 群体支付得起的产品	低成本和社会公平

四、不同扩散模式下的企业行为选择

尽管我们根据当前包容性创新的发展总结出四种扩散模式，但这不能保证企业进入BOP 市场的成功。对包容性创新产品或服务的开发并不容易，在该过程中往往隐藏着诸多风险，如缺乏来自顶层的支持、聚焦于错误的绩效指标、采用旧的商业模式、与错误的组织合作等(Narsalay，Pongeluppe & Light，2015)，这些均需要企业在管理决策上做出改变：

（1）将对 BOP 市场的开发当做企业的长期战略，而不是短期内不盈利就立刻撤出。很多企业管理层考虑到 BOP 产品在短期内会稀释核心产品的利润并影响企业的竞争力，但任何一个新市场的开发都无法在短期内取得完全成功。

（2）建立与 BOP 群体之间的信任机制，与当地的非政府组织（NGO）、社区组织、小微企业等组织合作，迅速获得 BOP 群体的信任。这样一方面可以加快产品或服务的扩散速度，保证企业资金链条的可持续性；另一方面通过规模效应增加企业利润，确保企业创新的积极性。

（3）摒弃传统企业的商业模式，树立"自下而上"的产品设计和推广理念。深入 BOP 市场调研，从产品理念、性能等方面满足 BOP 群体的需求。中高端市场固然存在利润，但激烈的竞争使企业的利润水平不断下降，探索新的市场可以使企业在中、低、高三类市场中优势互补，增强整体竞争力。

（4）创新营销理念，提高 BOP 群体的创新参与度，加强顾客教育。从以上四个案例来看，BOP 群体的创新参与度越高，产品或服务的扩散效率也越高，采用具有针对性的营销方式尤为重要。针对 BOP 群体受教育水平较低的现实，企业应免费提供产品的使用方法，提高消费者对产品的认知水平。

（5）改变企业对 BOP 市场产品或服务推广的绩效指标。利润并不能作为评判包容性创新项目成功与否的唯一指标，在当地售卖 BOP 产品是否优于企业销售其他产品、企业销售网点的数量到达偏远地区的数量、消费者购买 BOP 产品的频率等都可以成为测度 BOP 项目绩效的标准。

以上研究在已有创新扩散理论的基础上，建立了包容性创新产品扩散的理论模型，并结合小米手机发展模式、肯尼亚 m - pesa 服务、海尔家电下乡和深圳先进院低成本医疗项目四个案例，首次对包容性创新产品在 BOP 群体间的扩散模式进行了规律性总结，丰富了包容性创新理论。研究发现，用户创新参与度越高，包容性创新产品的扩散速度越快，而私营部门在创新扩散中的效率高于公共部门。但在目前的包容性创新项目中，用户的创新参与度普遍偏低，创新扩散速度相对缓慢，尚未实现大规模扩散。而私营企业在包容性创新扩散中又面临管理策略和信息不对称等方面的困扰，更多地对 BOP 市场持观望态度，进行包容性创新的动力不足。如何激发私营部门在包容性创新扩散中的积极性成为未来研究需要解决的问题之一。

第四章　各国开展包容性创新的实践探索及启示

在当前外部需求下降和内需不振，原材料、劳动力等生产要素成本持续上升，欧美发达国家提出再制造业化和新兴经济体间竞争日益加剧的背景下，以高新技术创新驱动发展是各国的必然选择。但实践表明，"精英式创新"无法实现社会整体福利水平的提高，大量低收入人群被排除参与创新和共享创新成果之外，导致权利失衡和机会不公。因此，急需转变创新的理念和模式，推动经济社会的可持续发展。包容性创新强调在充分研究低收入人群对创新产品和服务的可获得性和可负担性的基础上，发掘有限资源潜力，开发出能够让低收入人群参与和分享的创新产品和服务，帮助降低社会排斥和实现公平效率。这类创新可以使金字塔底端（Bottom of Pyramid）的人群受益[1]，称之为 MLM（Multi - level Marketing）模式[2]。

作为一种创新转型方式，包容性创新以实现社会的可持续发展为目标，在国际社会反响强烈。从全球范围来看，包括发达国家和发展中国家在内的多个地区早已将目光转向包容性创新，并进行了有益的实践和探索。通过包容性创新，对提高低收入人群生活质量、实现社会公平和降低机会排斥等方面产生了积极影响，有效提升社会整体福利水平，为经济社会的可持续发展提供了强有力的推动力。接下来，笔者将选择若干实施包容性创新且效果显著，具有实践参考价值的典型国家，列举其包容性创新实践，以期帮助读者更好地了解和学习包容性创新。

第一节　发展中国家的实践

根据世界银行对经济体的分类，截止 2011 年 7 月 1 日，2010 年平均收入在 1005 美元以下的经济体为低收入经济体；年平均收入为 1006 至 3975 美元为中低收入经济体；年平均收入为 3976 至 12275 美元为中高收入经济体；年平均收入为 12276 美元以上为高收入经

---

① Dahlman，C. J. The World under Pressure：How China and India Are Influencing the Global Economy And Environment[M]. Stanford：Stanford University Press，2012. 5 - 9.

② Prahalad，C. K. ，Mashelkar，R. A. Innovation's Holy Grail - MLM[J]. Harvard Business Review，2010(7)：23 - 28.

济体。一般认为发展中国家包括前三类。目前，全球范围内的发展中国家有130多个，主要分布在亚洲、非洲、拉丁美洲以及其他地区，约占世界陆地面积和总人口的70%以上。

现如今，随着世界经济一体化和区域化的发展，以高新技术创新为主的世界市场竞争成为各国参与全球经济的重要标志之一。与发达国家相比，由于历史原因，发展中国家往往人口基数庞大，经济发展水平且增长率较低，伴随着社会贫富差距大、高失业率和低度就业等问题，在国际关系中往往处于劣势地位。在以新技术、高成本投入为特征的高新技术创新方面，发展中国家更是无法与资金、技术等资本要素雄厚的发达国家竞争。因此，改变发展思路，转变创新方式，充分挖掘现有创新潜力，成为新时期实现发展中国家创新推动经济发展的重要途径之一。

一、印度包容性创新实践

目前，印度有人口12.15亿，而生活在标准贫困线以下的低收入人群就占到总人口的1/4，低收入人群是印度政治经济生活中不可忽视的一部分。独立后，印度历届政府始终坚持科技立国这一方针，试图通过技术进步推动经济发展。然而，随着经济的突飞猛进，印度社会贫富差距不断扩大，低收入人群被排斥在分享先进技术成果和社会福利之外，传统单纯追求新知识、新工艺的精英式创新无法满足社会可持续发展的要求。因此，需要转向能够降低社会排斥、维护弱势群体平等参与经济发展并共享发展成果权利的包容性创新。近些年，印度不断加强包容性创新的实行力度，构建了集政府、企业、低收入人群等多主体的包容性创新体系，推动了国家整体包容性发展进程。

1. 构建包容性创新体系

2010年，在印度总理辛格的提议和推动下，印度国家创新委员会成立，由总理的前科学顾问、著名电信科学家萨姆·皮特罗达担任主席，其成员来自学术界、研究机构和产业界。创新委员会负责制定国家宏观创新战略，加强对创新的管理协调，推动创新成果实现商业化和规模化生产。成立后，创新委员会开展了大量关注包容性创新的工作，具体包括：

（1）鼓励建立地方创新委员会，以配合全国创新计划的实施。在每个邦和行业部门都建立创新委员会，在区域层面，充分挖掘本地智慧、促进草根创新；在行业层面，推动能源、农业、教育、医疗等多领域的包容性创新，同时强调跨行业合作。目前，地方性创新委员会已覆盖印度的22个邦、24个行业部门，形成了国家和地方多层级的创新部署。

（2）提高基层公共基础设施服务能力。为激励草根创新，国家创新委员会计划向250 000个村落提供光线与宽带服务，提高落后偏远地区互联网覆盖率。该计划旨在提高公共基础设施对本地区的服务能力，加强草根人群自身能力建设的同时便利本地创新方案的收集和知识分享。

(3) 加强对包容性创新的宣传和普及。创新委每年 11 月底会出版题为《向人们报告》的工作报告，详细介绍过去一年的创新计划进展情况，同时通过多种方式向企业和普通民众宣传包容性创新。如 2012 年开展的"印度大挑战"计划，就倡导低收入人群利用现有知识参与创新。

在政策和计划制定方面，自 2012 年以来，印度政府联合大学、企业出台了一系列举措推动包容性创新。包括设立总额为 500 亿卢比（约 57 亿人民币）的包容性创新基金支持健康、教育、农业、纺织等社会民生领域的创新；制定创新计划支持草根创新者的创意和发明；设立地方和社会基金，积极探索预算外补助金和创新税收激励的新方式为创新活动提供风险担保和资金支持等[①]。2013 年，印度总理曼莫汉·辛格在第 100 届印度科学大会上宣布了最新的科学、技术和创新政策（The science, Technology and Innovation Policy 2013），绘制出一幅依靠创新驱动发展的蓝图。其中，尤其强调了"包容性创新"理念，即科研不仅要抢占科学高峰，同时还要助力于经济增长和社会民生，努力解决印度面对的严峻挑战，包括能源和粮食安全、环境和卫生设施、就业等，实现快速、可持续和包容性增长。在支持创新创业方面，该政策提出要持续探索新的创新金融补偿方式，推行创新产品首用政策，从供给和需求两方面来降低创新创业的风险。

2. 企业积极开展低成本创新

私营企业是印度经济发展的重要组成部分，对印度 GDP 的贡献高达 85%。据统计，印度规模最大的 500 家企业中超过 75% 属于私营企业。就市场敏感度而言，私营企业能够在短时间内感知和传递市场信息并快速发掘市场需求和潜力。因此，成为包容性创新最重要的参与主体。表 4-1 中列举了若干印度私营企业包容性创新实践。

表 4-1　印度私营企业包容性创新案例

行业或领域	企业名称	创新成果	售价
汽车	印度塔塔集团	Nano 汽车	2200 美元
制药	南新实验室有限公司	Rbx11160 等药物	低于市场价格
电信	BharatSanchar Nigam	便携式银行分支机构	200 美元/月
医疗	印度通用电气医疗部	心电图仪器	1000 美元
能源	印度第一能源公司	柴炉	23 美元
日常生活	戈德雷杰公司	"小酷"冰箱	70 美元
日常生活	Hindustan Unilever	Pureit 便携式净水器	43 美元

资料来源：作者根据相关资料整理。

---

① 封颖. 印度特色的"包容性创新"[N]. 科技日报. 2014-2-7.

　　久负盛名的塔塔集团是印度私营企业成功的典范。塔塔集团以重视创新而闻名于世，早在 2009 年，塔塔集团就突破性地取得了 761 项创新成果，彰显出强大的创新能力[①]。2008 年，塔塔公司推出的 Nano 汽车，这款售价为 10 万卢比(约合 1.9 万元人民币)的汽车在设计和生产时就坚持低成本原则，各个零部件都得到了最大限度的缩小，又不失安全性和舒适性，且充分满足低收入群体的驾驶需求，未经上市就受到广泛关注，被称为"人民的汽车"。日前，塔塔集团宣布将推出改款 Nano 微型车以进军欧美市场，为世界更多地区的低收入人群提供低价汽车，这无疑将进一步在全球范围延续 Nano 神话。印度最大的制药企业南新，素来具有极强的药物研究能力，创新研发被南新作为企业发展战略中最重要的组成部分，该公司每年至少拿出 9% 的资金用于研发领域。近些年，南新总裁玛尔温德·辛格逐渐意识到印度农村的无数商机，在深刻挖掘农村市场潜力的基础上，大规模生产专利到期的药品并以低廉的价格出售给大众消费者。目前，公司将研发重点转向治疗疟疾的药物 Rbx11160，并承诺以最低价格卖给穷人。

3. 广泛的基层创新支持组织

　　在印度，大规模的低收入人群无法享受先进技术带来的便利但却是具有极大潜力的创新者，掌握着最纯粹的传统技能。广泛分布于乡村和田间的草根创新者通过对现有传统技术的改进和推广，满足自我需求并提高收入水平，构成包容性创新的重要主体。在草根创新过程中，政府、非政府性质的基层创新组织提供了技术和资金的指导和支持，是草根创新的重要支撑。表 4-2 给出了一些重要的基层创新组织。

表 4-2　印度基层创新组织

政　　府	非政府组织
基层创新增值网络(GIAN)	蜜蜂网络(HBN)
科学与工业研究理事会的传统知识数字图书馆(TKDL)	可持续发展技术与制度委员会(SRISTI)
全国创新基金(NIF)	农村创新网络(RIN)
国家创新委员会(NINC)	位于艾哈迈巴德的印度管理学院创新孵化和创业中心
DRIR 技术型企业家发展计划(TePP)	农村科学中心(CSV)
科技部科学和社会计划	卡尔帕克希环境组织(Kalpavriksh)

资料来源：Mathur 和 Sinha(2006)。

[①] 潘松. 我们向印度学什么：印度超一流企业的崛起与启示[M]. 北京：机械工业出版社. 2010年 6 月.

在数量繁多的基层创新组织中，最广为人知的是蜜蜂网络（HBN）和可持续发展技术与制度研究会（SRITI），该组织致力于发现并奖励源于基层的创意和传统知识。目前，蜜蜂网络已建立起一套从寻找立案、产品发展增值、企业发展、知识产权管理到最后商业化的完整机制，并在科技部设立的全国创新基金中拥有印度 400 多个地区 50000 项创新活动和传统知识实践活动。于 1993 年创立的慈善机构——可持续发展技术和制度研究会（SRISTI）通过对蜜蜂网络提供资金支持和制度保障，至今已完成了 17 次组织活动，与蜜蜂网络共同成为发掘基层创新的重要机构。1997 年建立的"草根创新增值网络"（GIAN），为草根创新者提供产品孵化和知识产权帮助，并促使企业尽快采取合资经营方式。在引入资金方面，该组织能够有效吸引风险投资或商业银行，推动创新产品商业化和规模化。1999 年，GIAN 为一位农民提供了 5100 美元的资金支持，帮助其发明的棉花剥壳机成为商业产品，并在 2003 年获得了美国专利，进一步增加了其收入。

在包容性创新过程中，中介组织、社区机构等以沟通者、信息收集和传播者的角色出现，通过信息沟通、资源整合、搭建平台与提供服务等方式弥补了政府等正规部门的市场缺陷。喀拉拉邦民众科学运动（KSSP）兴起于 1962 年，该运动注重本地民用科技，采取有别于固有渠道或市场化的科技推广形式，将剧院、民间艺术，甚至火车上的科普读物都发展成为开展"走近科学，运用科学"的平台与载体，从而最大限度地宣传了民众参与本地创新的理念。此外，该组织还教授普通民众利用已有原料，通过简单技术生产肥皂，并为其讲解全球化大背景下跨国公司对本国肥皂市场的控制以及对当地普通劳动者的不利影响。1978 年，针对文盲数量过多的现状，KSSP 开展了大规模的扫盲运动，最终帮助 5000 万人成功脱盲，男、女识字率高达 95％以上。

二、巴西包容性创新实践

2008 年，国际金融危机肆虐全球，众多发达国家的经济遭遇严重打击，一些欧洲国家如冰岛、爱尔兰、希腊、葡萄牙和西班牙等甚至陷入沉重的主权债务危机当中。但也是在这一年，发展中国家的经济整体水平却保持在 2.5％的增长速度，其中金砖国家（巴西、俄罗斯、印度和中国）更是整体保持着 5％左右的增长率。2010 年，以金砖国家为代表的新兴经济体首次成为全球经济增长主引擎，对全球经济增量的贡献率超过 60％，其中金砖国家的贡献就占到三分之一。

作为拉美地区最大的经济体，巴西的科技水平与创新能力位居拉美各国之首。但与此同时，巴西仍然面临着许多阻碍社会经济发展的问题。其中，最为突出的是社会贫富差距过大的问题。美国学者萨缪尔·亨廷顿曾指出："在近期来看，经济增长的直接影响常常是扩大收入的不平等。经济迅速增长的集中受益者往往是少数人，而大多数人却蒙受损失。

结果，社会上日益穷困的人便会增加。"①根据 2014 年巴西地理局 2014 年发布的数据，2013 年巴西基尼系数达到 0.498，成为当今世界两极分化程度最高的国家之一。此外，巴西经济对外资、贸易依存度较高，与严峻国际经济形势如影随形的外需乏力、资本流入减缓，加剧了巴西经济的不确定性。为解决国家面临的种种问题，巴西政府采取了系列包容性创新政策，推进经济社会的持续平稳发展。

1. 政府高度重视包容性创新

2011 年，巴西总统罗塞夫在博鳌亚洲论坛年会上发表演讲并提出，发展国家还有许多人生活在贫困之中，因此必须在采取措施抑制通胀的同时，创造条件实现经济增长和包容性发展。罗塞夫认为，在世界经济经历金融危机之后的恢复过程中，发达国家与发展中国家的恢复速度不尽相同，这给新兴经济体的治理提出了挑战。在这种情况下，不应忽视包容，"如果没有包容性的发展，没有不平等的减少，世界经济的增长将是不可持续的，也是不稳定的"。

早在 2004 年，由巴西前总统卢拉倡导并建立的专门面向 4000 万贫困人口的巴西人民银行正式开始营业。卢拉表示，这家新的银行是巴西原有银行的有益补充，旨在"改进低收入人群利用资金的方式"。巴西人民银行不仅包含简便快捷的存取款业务，同时为顾客提供贷款和银行支付业务，且其发放的小额贷款利率只有 2%，远远低于普通银行的贷款利率的 5%。截至 2004 年底，巴西人民银行将在全国拥有 6500 家业务网点。巴西人民银行的建立和扩张为低收入人群提供了简单易行的申请贷款程序，对申请人的要求较低，因此能够很大程度上激发当地低收入人群创新的热情，推动包容性创新进程。

2011 年 8 月，巴西政府将"科学技术部"正式更名为"科学技术与创新部"（MCTI），进一步凸显出"创新"在巴西国家战略中的重要意义。2014 年，巴西联邦政府为了推进产学研、建立全国技术创新网络，在巴西科技部成立了"巴西科学未来委员会"作为国家科技咨询机构，为国家创新提供有关政策建议。同时，为了建立全国技术创新网络，在大学、科研机构和企业之间架起桥梁，巴西科技部还成立了"巴西工业创新研究院"，投入了 3000 万雷亚尔（约合 1714 万美元）助其启动。

2. 大力扶持小微企业和基层创新者发展

据统计，目前巴西全国约有 600 万家小微企业，构成企业总数的 97%，提供的就业岗位占全国城市就业的 52%。为鼓励全民创业、推动小微企业发展，巴西政府采取了一系列措施，简化行政审批手续，还为小微企业特别制定了赋税政策。1996 年，巴西政府推出"小微企业赋税支付整合系统"。加入整合系统的企业，每月一次性合并缴纳多种税费，不仅大

---

① 亨利·乔治. 进步与贫困[M]. 北京：商务印书馆，1995.

大简化了申报和缴纳环节，还减轻了税收。整合系统让小微企业纳税正规高效，实现良性循环。

1972年，巴西政府就每年从财政税收中拨出资金支持成立了小微企业支持委员会，在技术管理、员工培训以及贷款支持等方面为小微企业提供帮助。据悉，巴西小微企业支持委员会是一个非盈利、资助的社会服务机构，旨在帮助小微企业创新发展，同时鼓励创新者的创业活动。通过与公共部门和私营部门合作，委员会对小微企业员工提供培训、组织展会和提供商贸洽谈计划、规范企业运作等服务。在该委员会努力下，2006年12月巴西通过了小微企业法，让小微企业在获得许可和经营时减少了繁杂手续，同时给予税收优惠。除为企业提供创立公司、金融管理等方面的咨询外，委员会还有其他多项计划。例如通过严格筛选确定指导教师，在全国范围内开设培训课程指导基层创新者、企业家，帮助他们更好地使用贷款，从而支持小微企业的包容性创新活动。

2011年8月，巴西政府颁布了为小型企业和创业者提供的小额信贷计划。根据巴西财务部部长曼特加的介绍，为保证此项计划的顺利实施，政府将拿出2‰的银行强制性存款资金，设立小型企业和创业者信贷资金，其目的在于促进小型企业的发展和鼓励个人创业。此外，在当前欧洲经济低迷，美元贬值损害巴西出口产品竞争力的情况下，巴西推出的小额信贷计划具有很强的现实意义，将为全国34万个小型企业和创业者提供投资和周转资金上的支持，从而促进国民经济的平稳发展。计划规定，年产值或者营业额12万雷亚尔以下的小型企业和个体户都可以申请小额信贷。且小额信贷不需要申请者提供相应的财产抵押或不动产担保，手续简单，方便易行。小额信贷可用于生产性投资或企业资金周转。每家小型企业或每个创业者申请的小额信贷限额是1.6万雷亚尔（约合1万美元），偿还期为半年或1年。据悉，巴西每年为小微企业或创业者提供的小额信贷资金规模有30多亿雷亚尔，很大程度解决了小微企业或基层创业者创新资金不足的问题，为社会包容性创新进程提供了强有力的推动力。

3. 低收入人群参与创新

根据巴西小微企业支持委员会2014年公布的调查显示，2004—2014年10年间巴西创业人口比例大幅度提高，涨幅近11.5%，位居世界首位。从历史上来看，巴西创业潮从20世纪90年代开始，在近些年，越来越多的小微企业和个体创业者开始不断涌现。小微企业和基层创业者立足于自身掌握的知识，选择相应的创新产品或服务，开展相应的包容性创新。

在众多低收入人群创新实践中，颇为著名的是巴西"自然美"美发集团。这家仅有22年历史的美发集团如今已成为巴西卷发顾客的首选。值得一提的是，"自然美"美发集团的4位创始人均出生并成长于贫民窟，集团的建立和发展被当地人视为一个颇为传奇的励志故事。集团创始人之一蕾拉14岁时就开始在里约伊帕内玛区的麦当劳店打工，16岁晋升为店长。蕾拉现在是集团市场运营部门的主管，她也曾先后赴斯坦福大学、哈佛大学等名校学习管理运营知识，并于 2014 年作为 4 位巴西青年领袖代表之一，参加了在北京举行的"中国夏季达沃斯"的重要组成部分"全球青年领袖论坛"。据蕾拉的介绍，巴西约 70% 的人口是卷发，因此集团服务的对象主要是 18～45 岁的中低收入卷发顾客。集团的另一位女性创始人济卡是集团理发护发产品的主要研发人。济卡 9 岁便开始工作，从事过女佣、理发店学徒等工作，济卡的创业初衷是希望能够解决女性头发卷曲，难以打理的问题。经过 10 年的持续研究，未曾接受过正规教育的济卡凭借坚持不懈的钻研精神最终成功研发出了特殊的理发护发产品。目前，该集团共拥有 29 家连锁店、3000 余名员工，店面遍布巴西 5 个州，每月为超过 13 万顾客提供服务。该集团还同不少工厂合作，拥有自己的美发护发产品，形成了产销一体化的美发集团。

三、孟加拉国包容性创新实践

作为世界最不发达的 50 个国家之一的孟加拉国位于亚洲南部，东、西、北三面与印度毗邻，东南与缅甸接壤，南邻孟加拉湾。早在 16 世纪，孟加拉国就沦为英属印度的一个省。1947 年印巴分治时，归属巴基斯坦，称为东巴基斯坦。1971 年，脱离巴基斯坦成为独立国家。历史上曾经历多次分裂和合并的孟加拉国，长期处于动荡时期，导致国民经济发展基础较差，独立后的孟加拉国依然保持着较低的经济发展水平。据统计，截止 2013 年，孟加拉国约有 1.5 亿人口，人口密达高达每平方公里 1100 多人，是世界上各人口大国中人口密度最高的国家。众多人口中，超过 85% 生活在农村地区。孟加拉国国民经济主要以农业为主，GDP 的 25% 来自于农业、林业和渔业，同时也是"三农问题"比较突出的国家之一。为有效摆脱贫困，解决社会就业问题，实现国民经济的发展，孟加拉国开始聚焦包容性创新，试图通过许多包容性创新实践解决众多尖锐复杂的社会问题。以下将列示孟加拉国包容性创新实践的典型案例。

1. 孟加拉国乡村银行的建立和发展[①]

早在 20 世纪 70 年代，孟加拉国就开始探索建立一间微型贷款机构，以解决广大农民无法及时获得金融资助的问题。孟加拉乡村银行(Grameeen Bank，GB)最早起源于孟加拉国，是于 2006 年获得诺贝尔和平奖的穆罕默德·尤努斯教授基于普惠制的金融理念创设的。

1) 乡村银行信贷介绍

孟加拉国最早建立小额信贷的机构是乡村银行，并于 1976 年开始进行小额信贷的试

---

① 赵洪宝. 孟加拉国乡村银行小额信贷运作机制与经验研究[J]. 世界农业，2014．5．

验,经过 7 年的探索,其服务对象越来越广泛。为了使其更好地服务于农村贫困人口,1983 年,经政府批准,乡村银行成为正式的银行,孟加拉国乡村银行,又称格莱珉银行,主要是为农村居民提供小额信贷的银行,目的在于使农村居民摆脱高利息的束缚,实现自我发展与农业效益的提升。它在小额信贷方面的经验不断得到推广,帮助许多农村居民实现了经济发展。目前,乡村银行营业所已经发展到 1 240 多个,服务全国 64 个地区 86 000 个村中的 62 个地区的 81 547 个村,有 330 万贷款客户,7.3 万个客户中心,55 万个贷款小组。提起孟加拉国农村金融,就不能不提到它的创始人穆罕默德·尤努斯,他也因此获得了 2006 年诺贝尔和平奖,以表彰他在消除贫困方面所作的贡献。

2)乡村银行小额信贷发展理念

孟加拉国乡村银行发展小额信贷的理念主要在于以下 3 个方面:

(1)平等享受金融服务的权利。孟加拉国小额信贷创始人尤努斯认为,每个人都应该平等享受各种权利,其中也包括享受金融服务的权利。通过发展乡村银行,可以有效消除贫困,使农村居民走上富裕的道路。

(2)每个人都是创造者。根据马斯洛需求理论,每个人都有生存的需要、安全的需要、社交的需要、自尊的需要以及自我实现的需要。生存的需要是每个人最基本的需要,人不仅要获得生存,而且还要追求更高层次的需要,单纯将人看成是劳动者或消费者都是片面的,他们还能够创造价值,成为自己或他人的雇主,特别是在发展中国家中,更需要具有这样的理念。不能够仅仅将人看成消费者,要看他们创造价值的方面,以及他们的创造力与灵活性。从整体来看,发展中国家的农村居民既具有消费能力,也具有创造价值的能力。

(3)要将穷人有效地集合起来,发挥群体力量。对于贫困地区而言,要将这些穷人有效地组织起来,发挥他们的整体作用,通过相互监督的功能来保障每一笔贷款都能发挥最大作用,防止资金损失现象的发生,这样可以有效减少银行的监督压力,形成一定的合力。同时,通过榜样的作用,可以带动群体富裕,以此来达到小额信贷发展的真正目的。

3)小额信贷发展服务目标

孟加拉国乡村银行小额信贷在创立之初,真正目的就是通过资金支持使更多的人摆脱贫困,消除贫困人口。所以小额信贷在发展中的服务目标就是贫穷、有一定生产经营能力且有资金需要以及得不到金融帮助的阶层。乡村银行与商业银行有着很大的不同,商业银行往往都是为了追求利益的最大化,实现经济效益,不愿意将信贷资金放给贫困人群。而乡村银行小额信贷则是把资金真正送到贫困人群手中。在信贷资金发放上,孟加拉国乡村银行小额信贷的额度一般也较小,一般都在几美元至几十美元。通过这些小额度的资金发放,帮助农民摆脱贫困,而且所发放的贷款回收率也较高,这也有力地促进了乡村银行的发展,实现了双向发展,为消除孟加拉国贫困人口数量,推动农村经济发展起到了重要作用。此外，有一点值得关注的是乡村银行小额信贷还积极为妇女群体服务。妇女群体在孟加拉国是比较弱势的，她们一般都在家里，稳定性较强且没有工作的较多，为了使这些妇女能够有事可做，以达到增加家庭收入的目的，乡村银行在小额信贷上不断加大对妇女信贷资金的扶持力度，通过不断增加妇女收入，最终惠及整个社会。

4）乡村银行小额信贷的运作机制

由于孟加拉国贫困人口较多，人民文化水平较低，经济发展能力较差，为了使他们有效摆脱贫困，乡村银行在小额信贷服务上坚持提供小额信贷资金。在资金的使用上，借款人不需要提供任何抵押物，农民可以随时获得资金支持，但是他们必须每周都要偿还部分贷款，以此来保障资金循环的连续性。同时还安排专业人员逐家逐户进行上门服务，使他们省去中间环节，增加还贷信心，提高资金回收率。

由于孟加拉国农民经济发展程度较低，所以他们一般都缺少必要的抵押物。乡村银行在小额信贷上积极为农民服务，不断减少信贷流程与审批程序。农村居民在有资金需求时，只需要向乡村银行提出资金申请，就会有专门的工作人员进行服务，不需要填写复杂的书面材料。乡村银行的工作人员会对农民计划的项目进行有效的可行性评估，检查材料是否符合规定，授信的金额是否合适等。如果农民经营的项目具有一定的发展前景且材料合适，他们会在一周之内收到贷款，这种流程的简化受到了当地农民的欢迎(图4-1)。

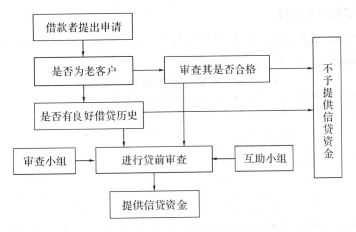

图4-1　孟加拉国小额信贷借款流程

由于乡村银行发放的小额信贷对象都是针对贫困阶层的，所以乡村银行对其所发放的小额贷款有着固定的贷款周期，一般信贷周期为一年，且要求不能够提前还款，但必须在每个固定周期偿还一定额度的借款，借款与还款模式都有着严格规定，可以有效预防资金流失，同时保障借款人利益。此外，乡村银行小额信贷充分结合孟加拉国的实际情况，充分考虑贫困人口的心理，制订了每日还款计划和每周还款计划，可以将所借资金分解成小的额度,完全满足贫困人口的偿还能力。为了有效解决资金使用者大多缺乏相应知识与经验,乡村银行在贷款流程上不断简化,探索并建立了一套具有乡村银行独特风格的借款偿还制度。制度主要内容包括:贷款期限一般都为一年;将所借资金分解成按周还款;在得到借款一周之后开始偿还;偿还金额是每周偿还贷款额度的2%,共还款50周;每1000塔卡(1塔卡约合0.855元人民币,2014)的借款,每周需要支付2塔卡的利息。这种简便灵活的借款偿还程序不仅可以有效满足借款人的实际情况与支付能力,而且还可以有效避免资金风险问题的发生。

为了有效规避风险,实现资金的正常使用,乡村银行实行贷款小组审查制度,由5个借款人组成贷款小组,这5人的经济状况大致相当。谁可以获取资金,可以获得多少资金,借款资金的使用、偿还等问题,都由贷款小组决定。如果小组内有成员因为偿还不及时或使用不规范而影响信用,则整个小组成员日后的借贷都会受到影响,所以贷款小组的成员都能做到相互监督,大量节省了银行工作人员的精力,促进了乡村银行小额信贷的发展。同时,乡村银行还接受成员的存款,且有一定的利息,这不仅可以增加乡村银行获取信贷资金的来源,而且还可以使成员更加信赖银行。正是在这种发展模式下,孟加拉国的乡村银行小额信贷模式帮助大量贫困人口摆脱了贫困,而且这种模式也得以有效推广,使更多的贫困人口受益。

2. 其他包容性创新实践

除备受世界各国关注的孟加拉国农村银行外,孟加拉国还存在其他一系列包容性创新的相关实践。具体如表4-3列示。

表4-3　孟加拉国包容性创新案例

行业或领域	执行企业/部门	创新成果	售价
能源	孟加拉乡村电力公司	太阳能面板	10美元/年
电信	格莱珉电话有限公司	"电话女士"项目	提高女性收入
金融	孟加拉国政府	加入优于现金联盟	—

资料来源:作者根据相关资料整理。

目前,孟加拉国用电量仍远低于于世界平均水平。数据显示,仅有16%的孟加拉国人能够使用上电,人均每年用电量仅为96千瓦。但预计未来几年孟加拉国的电力需求还将保持6%的年增速。由于电力供应的严重不足,孟加拉国常常出现电厂拉闸限电的情况。特别是在夏季用电高峰时期,电网每天频繁断电,严重影响了工农业生产、办公以及日常居民生活。尤其是在农村地区,这里太阳能缺乏,电力供应严重不足。每年孟加拉乡村能源投资大约 4.5 亿美元，60％的投资用于太能源电池板，这些都要从国外进口；25％投资于电厂建设，孟加拉国致力于有充足的可再生能源。在不同可再生能源里面，太阳能使用效率最大，孟加拉平均阳光照射 4～6.5 千瓦每小时每公里，太阳能光伏正在为偏僻的乡村提供家庭及小型工厂用电。乡村可再生能源发展规划计划安装 64000 户家庭太阳能系统。迄今为止，乡村 37 000 个家庭的太阳能系统，生产能力为 2.5 兆瓦已经安置，但仍然有巨大的缺口。孟加拉国乡村电力公司是乡村银行的姐妹公司。2009 年，这家公司推出了一项发电项目，为电力供应不足的农村地区提供太阳能面板。据了解，虽然一个太阳能面板的价格较高（合约 210 美元），但一旦安装了太阳能面板，乡村电力公司就会为顾客提供 20 年的产品保质期，从长期来看十分经济划算。

孟加拉国最大移动运营商格莱珉电话有限公司推出的一种新型的手机运营模式——"电话女士"项目，在孟加拉国取得了巨大的成功。在孟加拉国，由于电话与网络等基础设施供给严重短缺，农村妇女甚至数年无法与在外国打工的丈夫沟通，而渔民们需要乘坐两天的皮卡到首都达卡向饲料供应商下订单，这严重阻碍了当地社会经济的稳定和发展，"电话女士"项目的推出旨在解决这些现实问题。通过与外国电信公司合作，公司将对一些农村妇女进行集中培训，再派她们回到自己的村庄去推广手机服务，在提高农村妇女收入的同时，消除城乡之间的"数字鸿沟"。2012 年为"电话女士"项目工作的孟加拉国人已超过 28 万，她们的平均收入是孟加拉国人均收入的 3 倍。

2015 年，孟加拉国政府宣布与优于现金联盟（Better Than Cash Alliance）建立新的合作关系，这将加速实现孟加拉国内现金到数字支付的过渡。孟加拉国政府计划使居民的各种形式社会保障支出以及居民向政府支付的所有形式服务费均实现数字化。此外，它将支持国内和国际汇款以及电子商务金融交易实现数字化。孟加拉总理办公室新闻秘书阿布·卡拉姆·阿扎德表示："加入优于现金联盟，致力于实现从现金到数字支付的全面过渡表明，我们认可信息与通信技术在孟加拉创造包容性增长方面发挥的革新性作用。"孟加拉总理办公室推动 2021 年实现"数字孟加拉"愿景的政府议程，该计划得到了联合国开发计划署（UNDP）和美国国际开发署（USAID）的技术支持。

四、非洲国家包容性创新实践

作为全球经济最弱的一环，非洲整体的科技和教育水平也十分落后。根据联合国 2006 年发布的人类发展报告，人类发展指数排名最低的 23 个国家全为非洲国家。在中国、印度和拉丁美洲经济快速增长使越来越多的人得以脱贫的同时，非洲在对外贸易、投资和人均收入等方面的发展相比其他地区缓慢。贫穷，成为阻碍非洲经济发展和社会进步的主要阻碍。数以万计的贫困人口期待能够通过享受低成本、低价格、高质量的创新产品和服务来带动当地人民生活水平的提升。

肯尼亚 m-pesa 手机银行系统就是这类创新的成果之一。创建 m-pesa 手机银行系统的初衷希望能够满足那些离家外出打工的居民在国内地域之间的个人汇款需求。由于非洲国家金融机构的缺乏，很多汇款需通过亲友或司机等人工递送完成。这种方式既不安全也不及时，同时整体成本也较高。为解决这类问题，肯尼亚第一手机运营商 safsricom 于 2007年 3 月推出了手机银行系统 m-pesa，该系统将金融应用集成到客户手机 SIM 卡中，从而实现了汇款转账、账户查询等进入服务。自系统推出后迅速发展，根据肯尼亚中央银行的数据显示，仅 2015 年上半年肯尼亚手机银行交易额达 18.57 亿美元，同比增长 18%。随后，safsricom 陆续推出了系列其他服务，具体如图 4-2 所示。近些年，这些服务在国内不断推广，越来越多的贫困人口开始使用这种容易获得、操作简单的产品和服务。

业务名称	描　　述
存取款	实现现金到 M-PESA 虚拟电子货币的相互转换，并通过和银行合作，支持 ATM 的无卡手机取现
汇款	通过手机汇款到 M-PESA 的注册或者非注册客户
支付	网上交学费、服务费等
批量支付	面向公司客户提供的批量代收代付的服务
M-TICKETING	一种电子凭证预约服务
购物	在超市、卖场、零售店等实现支付完成商品购物
M-KESHO	通过手机利用银行账户进行汇款、支付等业务
手机充值	直接对 Safaricom 手机进行充值
个人账户管理	账户查询，密码修改，语言设定，软件更新等 M-PESA 个人管理功能

资料来源：引自①.

图 4.2　肯尼亚 m-pesa 手机银行系统

尼日利亚是非洲人口最多的国家，广泛的包容性创新者和用户都可以在这里找到。尼日利亚包容性创新活动的开展得益于尼日利亚政府和相关国际组织的支持和帮助。2012年，正值参加第 22 届世界经济论坛非洲峰会的尼日利亚通信技术部长奥莫博拉·约翰逊表示，尼日利亚将设立创新孵化中心，以鼓励更多创新人才将其创意和想法转变为商业成

---

① 尹洋，廖渊，刘伟煜. 肯尼亚 M-PESA 手机银行介绍及启示[J]. 环球瞭望，2012 年 7 月.

果，以全面提升国家科技综合实力。奥莫博拉说，创新孵化中心将成为尼日利亚重要的科研和人才基地，并将为创新人才给予必要的资金和技术支持，例如风险投资支持等。

位于尼日利亚首都阿布贾的技术与创新支持中心（TISC）是由发展中国家政府与世界知识产权组织（WIPO）这一联合国知识产权方面的专门机构合作成立的公共资源部门之一。其目标是帮助更多的用户得到国际知识产权制度的保护。据了解，TISC 由国家和地区专利局、大学和科研机构、当地和地区技术园区、商会或其他类似机构主办。TISC 托管除了能够访问 WIPO 有关注册专利、商标、工业品外观设计和其他受保护客体的诸多国际数据库的联网计算机外，还可以享受免费选择数据库等服务。此外，中心工作人员还会为基层创新者提高培训，帮助知识的进一步传播。Sunday Apeji 就是这一组织千万受益者之一，他每周都会从位于乔斯的家中来到 TISC。目前，Sunday 正利用被认为具有药用价值的当地植物研发食品和药物。他说，自己已经开发了 4 种产品，并希望申请专利，并正在研发其他多种产品。正如尼日利亚联邦贸易投资部主任/专利注册主任 Nima Salman - Mann 所说，TISC 帮助打开了尼日利亚人民的视野，让他们了解了知识产权与专利权，并让他们有信心认真开发专利。

非洲的一些大学、科研机构也实施了一系列包容性创新的研究。斯泰伦博什大学社会科学系主任兼该校水资源研究所所长尤金·克罗伊特开发了一种分散化的应用技术，这项技术能够将普通的茶叶袋转化为独立包装的净水设备。在使用这项设备时，只需把这种密封的小茶包放入水杯的窄口处，就能够有效吸收有毒污染物质，并利用超薄纳米级纤维对污染物进行过滤，而包内的活性炭颗粒则能够消灭细菌。这种过滤器无需任何基础设施就能够帮助没有水资源净化设备的社区进行水净化，且每袋产品的成本仅为 3 分南非货币（少于半美分）。这种产品兼具价格低廉和环境保护的优势，可以在任何地方使用。目前，被许多发达国家的户外探险人群使用，并且在 NGO 的支持下分发给越来越多的贫困和受灾人群。

第二节　发达国家包容性创新的探索

相对于发展中国家经济发展水平较低，国家创新能力普遍较为落后的现状，发达国家在技术、资源、人才等方面呈现出发展中国家不可比拟的优越性，在全球经济活动中往往扮演着主导性角色。然而，高新技术的快速发展带来的不仅仅是国家整体国际竞争力和人民生活水平的提高，同时也伴随着国内矛盾日益凸显甚至激化等现象。此外，高新技术产出往往导致对自然环境的破坏，威胁着人类经济社会的协调发展。越来越多的发达国家也开始将目光转向包容性创新，试图通过采取这种新型创新模式实现国家未来的可持续发展。

一、北美洲国家包容性创新实践

发达国家普遍奉行市场经济，倡导顺应市场发展规律。私营企业在北美洲国家的国民经济发展过程中占据着十分重要的作用。就目前来看，包容性创新的主要实践者也为私营企业，以下给出北美企业和个人包容性创新的典型案例，如表4-4所示。

表4-4 北美洲国家包容性创新案例

所属行业	国家	创新者名称	创新成果
医疗器械	美国	通用电气公司	便携式心电图仪（Mac）
医疗器械	美国	斯坦福大学	"拥抱"婴儿保育箱
日常生活	美国	麻省理工学院	IDEAS全球挑战赛、"创新国际医疗项目"等
医疗健康	美国	George whitesides	低成本检测试纸
医疗健康	美国	Joel Sdler	智能义肢（Jaipur Knee）
医疗健康	加拿大	David Goldfarb	建议植绒拭子大便采样器

资料来源：作者根据相关资料整理。

可以看出，北美洲发达国家的包容性创新实践主要由企业和个人进行，且其创新成果所属行业大都属于医疗和能源等领域。有专家指出，在西方国家医疗开支高到天文数字的情况下，西方国家也同样需要高质量又低成本的医疗设备。正如Dartmouth大学教授Govindarajan所说，如果发明制造的医疗设备昂贵，则只有有钱人才用得起；但如果发明制造的医疗设备价格低廉，则所有的人都能用得起。

1. 美国的包容性创新

由美国通用电气公司成功研制的多项低价格的包容性创新产品，很大程度上帮助降低了患者的医疗开支。除了表中列出的便携式心电图仪外，通用电气公司还研制出微型超声控制台Vscan、便携超声仪LogiqBook等成本和售价均远低于市场平均价格的产品。早在2009年5月，通用电气公司就宣布了"健康创想"计划，指出公司将在6年内投资30亿美元开发至少100种能够降低医疗成本、提高医疗机会与医疗质量的创新产品，从而让更多的病人能够用得起这些设备，并将在2010年按规划将已有产品陆续推出。便携式心电图仪就是其推出的产品之一。据了解，便携式心电图仪每台仅售价5百美元，远低于价值高达1万美元一台的大型心电图仪。病人只需按一下绿色键钮，就可以检测其心率是否正常。换一次电池可以做5百个心电图，成本是0.1美元一次。目前，这种便携式心电图仪已经安装在美国的一些急救车上；除了成本低廉之外，体积小便于携带也是主要原因。

据了解，全球每年有 2000 万早产儿和低体重婴儿。在发展中国家，由于保温箱的缺乏，这些儿童的死亡率非常高。而缺乏保温箱的主要原因有两个。第一是新型保温箱售价昂贵，一个保温箱的价格大约为 2 万美元；第二是操作保温箱需要通过专门的培训，因此即使获得了保温箱也可能无法使用。2007 年，在美国斯坦福大学哈索·普拉特设计院举行的"拥有极限承受能力的创业设计"培训班上，首次提出了为婴儿设计低成本保育箱的概念，并组建了研制"拥抱"婴儿保育箱团队。随后，"拥抱"团队便在尼泊尔加德满都开始了研究，关于研究地点的选择也颇为考究，为了提高产品的实用性，专门选择在农村环境运作：设备在无电力情况下也可运作，便于运输和消毒，并能够符合当地文化风俗，除此之外最重要的是，设备必须低廉，为贫困人群所负担得起。为了达到这些目标，"拥抱"团队抛开现有保温箱的概念，使用材料科学院里开发出一款外观近似睡袋的保育装置用于包裹早产儿，该装置还包含一个相关材料袋，保证婴儿处于体温，并可保温 4 小时。4 小时后，材料袋可以通过浸入沸水数分钟重新获得热量。这款保育箱售价仅为 25 美元，比一般新型保育箱便宜了近千倍。

美国麻省理工学院（MIT）是世界范围内较早建立专门的包容性创新实验室的大学之一。发展实验室（D-Lab）就是 MIT 建立的一项专门针对全球低收入家庭，通过创新和应用低成本技术的项目。截至目前，该实验研发出许多可喜的成果，包括利用农村普遍存在的松针生火的火炉、便携式脚踏洗衣机等。与此同时，MIT 还支持赞助了创新竞赛——IDEAS 全球挑战赛。IDEAS 是创新、开发、企业、行动和服务 5 个英文单词的首字母缩写，该挑战赛是一项年度发明和企业家竞赛，能够凭借创新性的服务项目对弱势群体产生积极影响的参赛队伍将获得 1 万美元的奖励。MIT 的学生团队与社区合作伙伴共同工作，设计和实施旨在提高全球低收入人群生活质量的创新项目。自 2001 年成立以来，IDEAS 的奖励对象超过 90 个团队，发放奖金约 50 万美元，为偏远地区的零售商提供技术应用；低成本的医疗设备和假肢；基于短信息的实地调研等。"创新国际医疗项目"是 MIT 建立的另一个包容相关创新项目，该项目关注于低成本的医疗解决方案，并已研发出低成本太阳能高压锅、DIY 医疗设备发明包等成果。

2. 加拿大的包容性创新

据联合国的相关数据显示，全世界范围内每年有 76 万 5 岁以下的儿童死于腹泻。加拿大医生 David Goldfarb 曾在博茨瓦纳医院院授课。作为医生，他在临床诊断中遇到过太多患肠道感染疾病的儿童。针对这种常见而又高死亡率的疾病，传统的大便样本采集和化验往往需要几天的时间，成为诊断治疗的瓶颈。为解决这一问题，Goldfarb 医生帮助发明了一种简易植绒拭子大便采样器，医生可以在门诊现场从病童的肛门采样，然后放在干燥的塑料容器中被运往实验室化验。随后，加拿大政府资助的一项研究正在检验 Goldfarb 医生帮助发明的简易植绒拭子大便采样器是否能够降低患有腹泻疾病的儿童死亡率。而博茨瓦纳政府也正在利用简易植绒拭子大便采样器对全国儿童的肠道病菌进行测试，以检验肠道疾病疫苗的有效性。目前，加拿大阿尔伯塔省和安大略省的儿童医院也开始使用这种在博茨瓦纳发明使用的植绒拭子大便采样器；加拿大因纽特人聚集的努纳吾特特区也在 5 个因纽特人社区使用植绒拭子大便采样器，以检验肠道疾病疫苗的有效性。加拿大政府资助的医学研究基金 Grand Challenges Canada 的负责人辛格 Peter A. Singer 指出，不论是发达国家还是发展中国家，价格低廉又质量可靠的医疗设备是所有国家都需要的。

二、欧洲国家包容性创新实践

除了美国和加拿大外，欧洲的一些国家也在包容性创新的道路上越走越远，吸引了越来越多的欧洲国家开始关注并实施包容性创新。具体如表 4-5 所示。

表 4-5　欧洲国家包容性创新案例

所属行业	国家	创新者名称	创新成果
能源	德国	替代能源开发公司	新式燃料电池
信息	德国	当地某创业者	"汉堡创业者"网站
能源	英国	Pavegen Systems 公司	发电地砖
日常生活	丹麦	Vestergaard Frandsen 公司	生命吸管
医疗器械	德国	西门子公司	S. M. A. R. T 系列产品
创新支持	荷兰	TNO、瓦赫宁根大学以及 ICCL	孵化器服务等

资料来源：作者根据相关资料整理。

1. 德国的包容性创新实践

在德国的汉堡市，当地的创业领域十分发达，基层创新的例子也有很多，例如知名商务社交网 XING，德国出租车轿车软件 My Taxi 等。汉堡市深知，传统经济和已经做强的企业也需要创新，将创新型的基层与知名大企业联系起来会带动经济的整体发展。正如汉堡州政府媒体部负责人卡斯滕·布罗斯达博士所说，"我们不会去主动制定一些大而抽象的计划，我们的工作是，倾听行业的需求，为他们牵线搭桥。"当地的"汉堡创业者"网站就是这样一个牵线搭桥的平台。该网站经理辛娜·格里茨乌恩自己也是一个创业者。据辛娜说，建立这样一个网站的初衷源于自己在创业过程中与几个朋友的交流中发现，汉堡需要一个能够让创业者可以被看见、被发现和认识，在线上介绍自己，并且能够在线下与有经验的创业者和投资者交流的平台。同时，他们还对创业者定期进行问卷调查，了解创业者的需求和相关情况。针对德国大多数投资人倾向于风险较低的创新领域进行投资的现状，政府专门设立了基金，汉堡投资促进银行项目经理格拉齐安·佩尔米恩对记者表示，针对不同阶段的创业者，汉堡投资促进银行有不同的资助项目。例如针对创业初期者，银行可提供最高达 15 万欧元的资助，且无需偿还，受资助者只需最终提交一份项目报告。待公司发展壮大后，创业者可以申请多达 50 万欧元的贷款，只需将公司 15% 的份额出让给银行。当然，汉堡投资促进银行也会派专门的工作人员参与公司的决策，监督公司的运作过程。

　　一些德国企业还会运用现有技术针对低收入人群的需求重新设计。AEDC 项目就是这一个例子。2000 年，Papsdorf 在南非成立了替代能源开发公司（AEDC）。为了向更多农村地区的低收入人群提供可负担的、可靠性较高的且具有较高实用价值的燃料电池，德国机械工程师 Papsdorf 开展了一系列研究，并最终获得成功并申请了专利。在产品中 Papsdorf 为燃料电池设计了一款廉价的塑料外包装，包括一个含有锌电极和电解质液体的塑料袋。据了解，这项专利设计可在 2 分钟内装配完成，并产生最多 240 小时的不间断电源。当电极不再起作用时，不用使用任何工具使用者就可以在 15 分钟内完成现场更换。这些燃料提供的电量可以用于住宅照明、运行冰箱等电器设备，最终帮助实现了整个村庄的电气化。此外，AEDC 还在每个村庄选择 2 名技术人员，以便在燃料电池快要耗尽时及时更换电极，确保项目的可持续。此外，AEDC 提供的燃料电池不含可动组件，全天 24 小时都可以供电且碳排放量为零。当电池能源耗尽时，锌电极氧化留下的氧化锌残留物可重复利用，或作为土地肥料。

2. 英国的包容性创新实践

　　根据英国《独立报》网站于 2013 年 10 月的一则报道称，英国 Pavegen Systems 公司宣布推出一种新型环保踩踏地砖，这种地砖能够有效降低人们日常生活中对电能的需求，通常情况下，一旦有行人踩踏到地砖上就能产生能量并进行存储。地砖的发明人坎贝尔·库克是英国拉夫堡大学的学生，同时也是一名工业设计工程师，如今他因这项发明已成为英国最有名的青年发明家之一。新型地砖随后即在一所学校内进行测试，据统计，若按照一年时间技术，由瓷砖组成的 12 米长的地板产生的电量可以完全充满 853 部手机；可供一部手机持续使用两年半时间；可供一个灯泡持续照明两个月以上时间；可供一辆电动汽车行驶 7 英里。这项技术可以运用到街边路灯的照明、音响、人行道的警报器以及广告等多个领域，拥有十分广阔的前景。2014 年，Pavegen Systems 公司与壳牌公司合作，实行了一项新计划：让踢球的人自己给球场发电，并在巴西予以实施。据了解，Pavegen 和壳牌公司计划在里约热内卢建造一座新球场，踢球者产生的动能会被转化成电能让球场保持光亮。初期，Pavegen 并没有透露这项计划的技术细节，但从已有的图片上来看他们应该是要在球场下铺设压电感应砖块，让踢球者的每一步都能产生电量。为了保险，球场周边还铺设了大量的太阳能板辅助。该公司称，球场的电池一次充满电能提供长达 10 个小时的照明，对于人们晚上踢球的需求来说绰绰有余。如果这种新型球场的可用性得到确定，或许以后更多的地区还会出现更多这样的设施。

3. 丹麦的包容性创新实践

根据联合国发布的《世界水资源开发报告》，全球范围内约有 13 亿人无法获得安全饮用水，每天有 6000 人死于污水引发的疾病。在非洲和东南亚的很多贫困地区，当地难以获得干净的水源，人畜共用水源的现象经常发生，更为糟糕的是，许多人只能引用泥坑中的水，而这些水中含有的细菌所引发的伤寒和痢疾每年至少夺去 200 万人的生命。针对这些问题，2005 年，丹麦的 Vestergaard Frandsen 公司发明了一种能够戴在脖子上的"生命吸管"，这款产品长约 25 厘米，直径约 3 厘米，是一种可以随身携带的小型净水器，可以将污水直接转化为饮用水，且操作简单，只需把塑料吸管深入水中，并将污水通过三层过滤器就可直接饮用。据了解，1 个吸管可以过滤 700 升水，可供一家 3 口近一个月的正常饮水。值得一提的是，一个"生命吸管"售价仅为 3 美元，与市场上昂贵的净水器形成鲜明对比。目前，"生命吸管"被广泛运用在各类自然灾害环境之中，例如，2005 年克什米尔地震，有 7 万灾民使用了这种简易净水器；2008 年汶川大地震，超过 6000 支"生命吸管"被运往灾区，用以保障受灾群众的应急用水。

4. 荷兰的包容性创新实践

荷兰应用科技研究机构（TNO）与非盈利性的国际开发机构瓦赫宁根大学和研究中心以及由顶级商学院和跨国公司组建的实验室"创新共同实验室（ICCL）"建立了合作伙伴关系，致力于在发达国家创造有利于包容性创新研究的环境。该机构还可以向企业、基层创新者提供孵化器服务，举办报告或会议帮助知识传播和对有可能通过技术解决的弱势群体问题进行研究。目前，这家盈利性机构提供了食品、能源、水和污水处理等多领域的解决方案。

除了推出以上包容性创新产品外，一些欧洲国家政府也推出了一系列政策，以推进本国包容性创新进程。2011 年，由俄罗斯经济发展部、俄罗斯教育部以及一批与创新事业有直接联系的专家共同制定，经俄罗斯政府批准并颁布了《2020 年前俄罗斯创新发展战略》，文件指出俄罗斯创新发展的基本任务之一是要为公民今后的创新活动创造条件：培养公民不断学习、不断完善的能力，激发人们对新知识的渴求，培养批判性思维的能力，让人们做好理性的冒险的准备，培养创造力、管理能力及独立工作的能力，充分尊重草根的首创精神，永葆创新活力。

三、以色列包容性创新实践

以色列位于西亚巴勒斯坦地区，地处地中海东南方，北靠黎巴嫩、东临叙利亚和约旦，西南边紧邻埃及。以色列国土总面积只有 2.5 万平方公里，其中 2/3 的国土都是不适宜人类居住的沙漠，气候严苛，每年约有 10 个月不见雨水，这是一个自然环境和地理环境十分恶劣的地方。此外，由于历史和宗教原因，自 1948 年建国以来，和比邻国家的关系始终处于紧张状态。

但就是在这个身处严酷环境中的国家，由 800 万犹太人创造了闻名于世的"以色列"奇迹：2014 年，以色列 GDP 高达 2913.57 亿美元，世界排名第 36 位，人均 GDP 为 37035 美元，世界排名第 25 位，是中东地区工业化、经济发展水平最高的国家。以色列在高科技领域所取得的创新成就最为世人所称道，科技对这个自然资源极度缺乏的国家的贡献率高达 90％以上。其优势产业包括农业、军事、通讯、计算机以及生物技术等。据了解，包容性的创新企业由中小微企业领衔，全国企业中 98％为中小微企业，且大多数是高新技术企业，其小企业增长率为全球第二。除了注重高新技术领域的发展外，包容性创新在以色列创新的构成中占据了较为重要的地位。正如诺贝尔经济学奖得主埃德蒙·费尔普斯在《大繁荣》一书中说道："国家层面的繁荣源自民众对创新过程的普遍参与，它涉及新工艺和新产品的构思、开发与普及，是深入草根阶层的自主创新。"这里给出以色列包容性创新的一些典型案例供读者参考，如表 4-6 所示。

表 4-6　以色列包容性创新典型案例

行业或领域	创新者	创新成果
农业	辛迪·布拉斯父子	滴管技术
军事	一位军医	"以色列绷带"
工业	LFSMD	新一代焊剂产品
医疗	阿米特·古弗	"机器裤"
医疗	XSight Systems 公司	婴儿呼吸监测器

资料来源：作者根据相关资料整理。

1. 农作物滴管技术

闻名世界的滴管技术是迄今为止农业灌溉最节水的灌溉技术之一。以色列国土狭小，耕地数量极为有限。1947 年巴以分治之后，根据决议，以色列幅员只有 14900 平方公里，虽然现在以色列实际控制的土地已经比分治面积大了很多，但是也只有约为 27000 平方公里。此外，由于气候和地形的影响，全国约 60％的土地是沙漠。根据以色列农业部水土保护局 1952—1954 年的土地调查和修订资料，以色列能够开垦为耕地的土地共约 55.4 万平方公里，其中可以种植大田作物的耕地约为 39.4 万平方公里，可作为园地和多年生作物的土地大约 13.4 万平方公里，可以垦作耕地的沙丘约 2 万平方公里，另有鱼池 6 000 平方公里。此外，以色列还有总面积约为 10 万平方公里的林地（其中自然林约 3.5 万平方公里）①。另外，以色列耕作土壤的自然值也不够理想：大部分土地分布在中北地区，多为风积、冲积性沙质土，土层平均厚度只有 25～35 cm。然而，以色列农业气候资源中的热量和光照资源具有明显优势：全国月平均温在 10℃ 以上，适合农作物生长。在光能资源方面，以色列拥有丰富的光能资源：年日照时数高达 3200～3300 小时，约占白昼时间的 75％，是世界上日照时数最长的地区之一。充足的光照和能量，不仅能够缩短农作物的生长季节，还可以使它们具有很高的糖分和较好的口感。但与此同时，以色列的淡水资源却严重不足，成为发展农业的瓶颈：降水总量不足，地区分布不均衡，加之蒸发强烈，导致半干旱、干旱地区面积较大，不能与热量、光照资源有机结合成为农业气候资源优势。普通的农业灌溉需要大量水源，若直接采用大规模漫灌方式，不仅降低了水资源利用效率，同时也极大程度提高了农业灌溉成本，从而提高了农民生产成本。布拉斯父子发明的滴管技术（父亲构思设想，儿子发明滴头），有着其他灌溉方式无可比拟的优势：包括在陡坡地势及较远距离保持相同的滴水速度；将肥料加入水中，经过滴头直接湿到植物根茎上，达到节水、节肥的目的；最大限度抑制杂草生长，同时保护作物种植行间土壤干燥，便于农事操作等。目前，这种节水灌溉技术已开发到了第六代，根据作物类别和土壤类型设置的滴灌控制系统，使田间用水效率显著提高，达到每立方米增产 2.32 公斤，在降低农民种植成本的同时增加了农产品收益。就灌溉水源的利用效率来说，通过滴灌实现的用水效率提高到 95％。在滴灌技术基础上派生出的埋葬式灌溉，把管线埋在地下 50 厘米深处，更能保证地表干旱；让每棵植物独自拥有喷洒器的喷洒式灌溉，水的利用率达 85％；为田间作物设计的、适于大区域灌溉的散布式灌溉，水的利用率也高达 70％～80％。

2. 包容性创新在医疗方面的应用

包容性创新在医疗方面也有发挥着重要的作用。2010 年，以色列的一名截瘫患者阿米特·戈弗发明了一种"机器裤"，这一装置旨在帮助下身麻痹患者能够重新行走。阿米特·戈弗发明这项产品的初衷源自于自身。1997 年，阿米特·戈弗因遭遇车祸意外造成颈部以下瘫痪。此后，在经历漫长的治疗和恢复过程中，他深深体会到行动不便带来的痛苦，便开始着手研制可以取代轮椅的设备。几经努力，阿米特·戈弗终于发明出一种能够帮助下身麻痹患者直立行走的装置。整个装置重 15.9 千克。主体是腿部绑带，内装运动传感器和机械关节，能响应上身动作乃至轻微移动；腰部和肩部绑带帮助固定腿部装置；一个背包，内装控制电脑和充电电池，电池可持续工作 3 小时 30 分；另外还有一套手杖，帮助保持身体

---

① ［以］胡耶达·卡尔蒙. 以色列地理［M］. 北京：北京出版社，1979. 78-84.

平衡。患者只需将它穿在日常服饰外，借助传感器和马达，便可以达到站立、行走乃至爬楼梯的目的。发明成功后，戈弗又创办了"阿尔戈医疗技术"企业，准备将这种"机器裤"转变为商品，经过在以色列和美国数年的临床试验，"机器裤"于2011年在世界各地的一些康复中心投入使用。据阿尔戈医疗技术首席执行官奥伦·塔迈里说，"机器裤"不仅能够帮助麻痹患者直立行走，同时还能帮助患者预防一些常见病症，如褥疮、泌尿系统、消化系统、循环系统和心血管系统疾病。

此外，著名的"以色列绷带"——初步保护应急绷带(First Care Emergency Bandage)也是一项具有包容性创新意义的产品。在一个敌对的政治地缘环境下，以色列政府要求所有的年轻人都要服兵役，构成众所周知的以色列国防军。在艰苦繁重的军事训练过程中往往会出现士兵受伤等意外伤害情况，因此以色列军队里产生了各种面对危机的创新应对技术。"以色列"绷带就是其中的一项。这种有内嵌式加压装置的绷带不同于普通绷带，它可以迅速给受伤处施压，第一时间止血，最大限度地增加了抢救成活的概率。如今它不仅被用于世界范围的军事战场，比如在伊拉克战场上救护了数不清的美国士兵，也被民用医疗界所广泛使用。

3. 政府支持下的包容性创新

1984年，以色列政府成立了具体负责风险企业创新技术研发支持工作的首席科学家办公室(The Office of the Chief Scientist，简称OCS)。据以色列工贸部副首席科学家米娜说，OCS每年的预算仅约为4亿~5亿美金，但截至2011年，机构已为1200多家企业提供了研究资金的贷款。机构的运作对象分为国内和国际两个部分。在国内，他们主要资助"种子公司"，帮助创新创业者进孵化器，帮助科研机构和产业界建立联系。米娜强调，OCS资助的企业都是一般风险投资不愿进入的公司，因为这些创业者往往离市场较远，是十分初级的企业，所以被称为"种子前公司"。根据OCS的相关规定，"如果创新创业成功开始盈利，则受资助者需要向OCS上缴3-5%的利润，用于继续资助其他企业；如果失败，也无需偿还一分钱。严格意义上来说，是资助，而不是贷款。每年，OCS都会收到2000多份申请，其中的60%会被通过。从申请到作出资助与否的决定，一般在3个月左右。OCS会派出大约80人的专业人员进行评审。在严格评审后，大部分创业都会如愿以偿。"

近些年来，OCS开始加强与民间风险资本投资企业的合作，取得了可喜的成果。制造医疗器械的安吉奥斯莱德公司就是一个典型的例子。2005年，一名医生拜访了奥菲尔高科技集团，提出了他的"血管清洁机"设想，菲尔负责风险企业支持业务的里夫·阿布得布接待了这名医生，并认为他的创意充满可行性，便立即向OCS提出申请贷款，同时利用自身的人脉关系招聘人才，搭建经营部门，且邀请到了宜家医疗机械生产企业人管理干部的德隆·贝塞尔出任公司CEO，并于第2年成立了公司。前后只花了2年半时间，产品就获得了欧洲市场的认可,并开始大规模销售。

2006 年,欧盟在 2006 年作出规定,用于焊接电子底板等的焊剂中,原则上禁止含有铅的成分,因此世界各电子产品制造商都开始改用了以银替代铅的焊剂产品。LFSMD 是一家始建于 2006 年的以色列公司,2011 年,该公司开始研制新一代焊剂产品并取得了成功。LFSMD 新产品中包含的技术获得突破的关键在于时任公司技术顾问巴鲁蒂·库装利奥维奇发现的 16 种特殊化学物质组成的添加材料①。其独特之处在于,主要采用锌来代替铅,改变了传统产品设计中使用银的做法,据了解,LFSMD 研制的新一代焊剂产品相对含银的主流产品而言,成本可以降低 2 成左右。此外,由于铅的熔点较低,也相应节约了能源。值得一提的是,公司有关新一代焊剂产品的研究得到了政府的支持,目前已经获得了 60 万美元的资助。

第三节 对中国的启示

《2000 中国可持续发展战略报告指出》:"可持续发展问题,是 21 世纪世界面对的最大的中心问题之一。它直接关系到人类文明的延续,并成为直接参与国家最高决策的不可或缺的基本要素②"。早在上世纪末,我国将可持续发展战略作为国家发展的重大战略,但随着经济的突飞猛进,社会贫富差距、资源消耗量以及环境持续恶化等问题日益凸显,如何实现经济、社会和生态的可持续,成为影响我国未来社会发展的重大课题。可持续发展理念强调以人为本,追求人与人、人与后代人以及人与自然的和谐发展,坚持公平性、持续性和共同性三大原则。其中,公平性原则强调机会、利益均等化,倡导同代内、区际间和代际间的均衡发展,以消除贫困,保护不同人群平等发展的权利为目标。持续性原则强调短期利益与长期利益的有机结合,其中尤其重视自然资源与环境的保护。共同性原则从整体视角出发,关注区域内可持续发展政策的合理性,倡导局部利益与整体利益的有机结合。这与包容性理念有所重叠。从经济学角度来看,包容性是让所有人能够享受到发展的好处,反对机会排斥和利益平衡。而包容性增长的提出是为了改善落后国家、地区经济社会环境,逐步消除贫困差距和两极分化,实现区域内经济、社会和生态的可持续发展。在包容性增长概念的基础上,包容性创新应运而生。

早在 2014 年 9 月在夏季达沃斯论坛上,李克强总理就发出"大众创业、万众创新"的号召。随后,在政府工作报告中有以下表述:推动大众创业、万众创新。"既可以扩大就业、增

---

① 杜海清. 以色列:创新强国的典范[J]. 科技智囊. 2011 年 2 月.
② 中国科学院可持续发展研究组. 2000 中国可持续发展战略报告[R]. 北京:科学出版社,2000.

加居民收入，又有利于促进社会纵向流动和公平正义。"2015 年 8 月 15 日，国务院办公厅发布了关于同意建立推进大众创业、万众创新部际联席会议制度的函：国务院同意建立由发展改革委牵头的推进大众创业、万众创新部际联席会议制度。包容性创新是指为了实现包容性增长而进行的创新，其本质是为了改善金字塔底层群体的福利而创造和提供更多的机会。根据经合组织（OECD）所言，包容性创新是利用科学、技术和创新诀窍以解决低收入群体的需求。所以包容性创新的主要含义就是让人群，特别是弱势群体参与到创新活动中来，同时，使创新成果扩散到所有的人群，从而增加民众的创新机会和能力，使所有人都从创新活动中受益。这与目前我国政府"大众创业、万众创新"以及可持续发展战略的内容不谋而合。

在党的十八大上，明确提出要让"全体中国人民共享发展成果"，中国政府将建立和谐社会、减少收入差距、扩大基本公共服务作为最重要的发展目标。包容性创新是推动我国经济发展、构建和谐社会的重要力量，但目前这一概念对于我国来说仍是全新的。相比之下，国际上许多国家都进行了有益探索和实践，并积累了一系列经验和教训，为我国包容性创新提供了启示。

一、顶层设计与宏观规划

2013 年，世界银行联合国家信息中心共同发布了《在中国促进包容性创新，创造可持续发展的包容性增长》报告，以促进包容性创新在中国的传播，推动中国政府制定相关领域支持政策。报告认为，在过去几十年中，中国经济的快速和可持续性增长极大地减少了贫困人口，但是收入不平等现象也在急剧增长，同时在基本产品和服务的提供上也存在着不平等。中国城乡、地区和不同省份之间在医疗、教育、金融、信息技术和医疗产出方面的差异很大，城乡居民在服务获得方面的不平等也使得这种差异愈发明显。现实中，我国已实施了若干包容性创新举措，但总体呈现出分散化特征，无法从规模和质量上实现包容性创新的优势，因此需要国家层面的宏观设计和规划。

1. 将包容性创新纳入国家层面的统筹规划

根据国家统计局 2015 年 1 月发布的 2014 年经济数据，截止 2014 年末，我国大陆总人口达到 13.7 亿人，比上年末增加了 710 万人，人口持续增长和资本有限性的矛盾日益深化，目前，我国人均资源占有量明显低于大多数国家。如表 4－7 所示。从图中可知，我国国土面积广阔，位居世界第三，但除了已探明煤炭储量外，其他人均资源占有量均低于0.5。其中，国土、耕地、森林以及淡水资源人均占有量世界排名均处于 110 名之后。可以认为，虽然我国幅员辽阔，自然资源总量和种类较为丰富，但总体来看，人均资源占有量低。

表 4 - 7　我国人均资源占有量

	中国人均资源与世界人均资源比率	中国人均资源在世界上的位次	人均资源高于中国的国家占世界人口比例
国土面积	0.37	150/233	43.63%
耕地面积	0.40	141/233	67.57%
淡水资源	0.27	118/233	43.39%
森林面积	0.26	146/233	40.69%
探明石油储量	0.09	55/233	31.06%
探明煤炭储量	0.63	16/233	29.31%
探明天然气储量	0.09	63/233	35.01%

与此同时，城乡劳动者的收入分配差距较大，2014 年中国城乡居民收入比为 2.92 : 1，收入差距过大进一步加剧了经济社会发展的瓶颈制约。"市场失灵"、信息不对称等客观因素的存在使经济发展的成果被少数人享用，而低收入群体被排除在共享社会生产成果之外。急需引入包容性创新理念，将低收入人群引入到包容性创新的进程中来。将创新理念转向挖掘低收入群体的创新潜力，为低收入人群营造创新环境和致富机会的包容性创新，会成为我国建设创新型国家的重要转型之一。从宏观上看，我国包容性创新的实践还处于初始阶段，尚未形成较为完整的框架，呈现分散化特征，因此，将国家包容性创新战略纳入总体规划迫在眉睫。政策制定者应重视对包容性创新理念的引入，同时强化对国家包容性创新的战略规划、系统设计和宏观统筹，借鉴其他国家的经验，以创新驱动发展，结合政策法规、公共服务等多种手段，加快政府职能向战略引导和营造创新生态环境的转型。

2. 包容性创新规划机构的设立

尽快建立中央、地方以及其他参与方为一体的全国性制度协调体系，解决包容性创新过程中政府缺位的问题。从各国包容性创新经验可以看出，各国政府近年来不断推进对包容性创新的规划统筹，通过设立国家创新委员会等方式，管理和监督社会各领域的创新，加强对重点企业和低收入人群包容性创新的扶持，加快社会包容性创新进程。建议我国借鉴其做法，设立国家包容性创新委员会，从宏观层面对包容性创新活动统筹规划；各省市级单位，设立相应地方层级的创新机构，加强对本地创新活动的管理和监督。此外，尽快确立包容性创新投入产出指标，建立并完善能够对创新投入产出进行评估的绩效评价体系，帮助确定创新重点和改进方案。

3. 区域包容性创新系统的建立

作为区域内包容性创新的规划和协调机构,基层创新机构与国家创新委员会共同协作,引导区域内企业和低收入群体的包容性创新。构建以企业主导的区域包容性创新体系,加强各创新参与者的联系,如经济学家、行业领袖、非政府组织等。此外,还应根据各区域实际,开展对低收入人群创新需求的调查。对区域内低收入人群的数量规模、分布地区以及生存状态进行调查,为推动包容性创新提供数据支撑;对低收入群体现阶段参与创新实践遇到的问题及困难进行调查,为选择相应的政策支持工具提供依据。需要注意的是,一部分低收入人群并不一定能够准确表述自己的需求,故需要在深入调查的基础上,挖掘这些人群的实现需求和潜在需求。

二、包容性创新政策的制定

1. 财政政策的制定

财政政策在解决由于风险意识的存在导致参与者创新热情消减,以及创新成果收益期过长,迫使创新主体终止创新行为等方面均发挥了重要作用。财政政策包括政府的财政补贴、转移支付、税收减免等多种形式,其中政府采购政策在推进包容性创新过程中发挥着重要作用。以印度为例,根据一份印度电信部 2011 年出具的报告,2010 年印度联邦内阁强制所有政府部门采购国内企业生产的电信、IT 硬件和电子产品,预计到 2020 年,印度移动公司采购的电信网络设备和其他基础设施中至少有 80% 来自国内制造商。政府采购推动创新能够在多个领域实现,包括电子医疗服务系统、药品、能源和数字技术等。据了解,美国政府每年支出约 500 亿美元用于研发项目的政府采购,欧盟国家的政府采购占整个 GDP 的 17%[①]。这些数据表明了政府采购能够为创新提供坚实的市场潜力。此外,政府部门利用技术采购和合同采购等方式,可以充分发挥政府示范效应,激励市场竞争,促进包容性创新产品和服务的商业化和规模化,同时有利于降低供应商的市场风险。

2. 金融政策的制定

金融政策在引导社会闲散资金、强化创新金融支持等方面起了重要作用。政府可以通过金融激励促进包容性创新的发展,可以设立专项基金直接为包容性创新融资,也可以通过普惠金融政策实现对低收入人群的金融支持。当前,印度包容性创新基金的筹资目标是 10 亿美元,已使许多低收入人群获得收益。此外,普惠金融的推广还为大量面向低收入群体的中小金融机构的发展提供了保障。政府还可以建立科技园区、企业孵化器等桥梁机构,

---

① 王宏,骆阳华. 美国政府技术采购促进战略性新兴产业发展分析[J]. 商业研究. 2010(11): 99 - 103.

为包容性创新提供基础设施、商业规划、专业意见等非金融服务，为企业或低收入人群早期的包容性创新提供相应的金融支撑和保障。现实中，金融政策的实施还能够促进银行、保险的资金介入，解决创新过程中融资难和风险高的问题。

三、营造包容性创新氛围

1. 基础设施的完善

完善的基础设施能够提高低收入群体信息交流和共享的效率，是增强低收入人群参与和分享创新的重要基础。研究认为，长期以来，在"二元结构"发展模式下，我国形成了城乡有别的差异性基础设施供给制度。其主要表现为：城市基础设施建设资金主要来源于财政预算，而政府较少投资农村所需的基础设施，大部分是由农村基层如乡镇、农户等承担①。就我国现有基础设施存量来看，农村基本设施普遍存在由于投入不足而导致的年久失修、功能老化、更新改造缓慢等问题。其中，与农民生产生活息息相关的电力、通信等也存在电压不稳；覆盖率低、信号弱；路面环境差，管理不善、维护不足原因导致的资金投入有限和利用率低等现象。根据第二次全国农业普查资料显示②：2006 年年末，虽然已有 95.5% 的村通公路，98.7% 的村通电，97.6% 的村通电话，97.6% 的村能接收电视节目，但仍有一定比例的村庄没有通电、通信、通路，且仅有 9.6% 的乡镇地域内有火车站，46.1% 的乡镇地域内有二级以上公路通过，远满足不了生产生活的需要。此外，仅 11.7% 的乡镇有公园、10.7% 的农村有体育健身场所，大部分乡镇和农村没有影剧院、图书馆和新华书店。基础设施不完善是阻碍贫困地区包容性创新活动顺利开展和创新成果扩散的重要因素之一。在完善基础信息设施的过程中，必须坚持在借鉴他国的基础上，因地制宜地进行改造和完善。例如，在经济欠发达地区，必须实现无限宽带服务的提供，加快区域内的光缆铺设，提高移动电话和网络的覆盖率。在经济较发达地区，则需重视多种信息收集手段的结合，实现多方位、一体化的基层信息共享平台。此外，鼓励企业积极参与农村地区的宽带信息服务建设，发掘区域内市场潜力，搭建促进低收入人群合作、交流的信息平台。

2. 低收入群体教育水平和技术能力的提高

知识和技术能力低下是造成机会排斥的主要原因。受"二元结构"的影响，我国城乡居

---

① 蒋时节，祝亚辉，等. 我国城乡基础设施存在的问题及原因[J]. 重庆科技学院学报（社会科学版）. 2009(10)：97 - 98.

② 国务院第二次全国农业普查领导小组办公室、中华人民共和国国家统计局. 第二次全国农业普查主要数据公报（第一号、第三号），2008 年 2 月 21 日、25 日. 标准时点为 2006 年 12 月 31 日，时期资料为 2006 年度.

民受教育情况也存在较大差距。这里给出我国2001—2009 年城乡教育经费统计，如表4-8所示。从表中可以看出，全国和农村的平均教育经费均逐年增加：2001 年全国普通小学和农村小学生均教育经费分别为971.47 元和797.60 元，但到了2009 年这两项分别增加到了4171.45 元和3842.26 元，分别是2001 年的4.2 倍和4.8 倍。普通初中同样也呈现出增加趋势，2009 年全国和农村的初中生均教育经费为2001 年的4.05 倍和5 倍。同时，也可以看到，农村中小学生人均教育经费支出水平远低于全国平均水平，且绝对差距逐年扩大趋势：2001 年二者差距分别为357.53 元和173.87 元，2005 年差距扩大为457.40 元和250.19 元，2009 年差距扩大为541.15 元和329.19 元。从变异系数来看，全国和农村中小学生均教育经费差距逐年缩小，但幅度不大。

表4-8　2001—2009 年我国城乡教育经费统计

年份	普通小学				普通初中			
	全国	农村	倍率	变异系数	全国	农村	倍率	变异系数
2001	971 47	797 60	1 2180	0 0983	1371 18	1013 65	1 3527	0 1499
2002	1154 94	953 65	1 2111	0 0955	1533 48	1129 21	1 3580	0 1518
2003	1295 39	1058 25	1 2241	0 1008	1667 95	1210 75	1 3776	0 1588
2004	1561 42	1326 31	1 1773	0 0814	1925 43	1486 65	1 2951	0 1286
2005	1822 76	1572 57	1 1591	0 0737	2277 32	1819 92	1 2513	0 1116
2006	2121 18	1846 71	1 1486	0 0692	2668 63	2190 33	1 2184	0 0984
2007	2751 43	2463 72	1 1168	0 0552	3485 09	2926 09	1 1908	0 0871
2008	3410 09	3116 83	1 0941	0 0449	4531 83	4005 78	1 1313	0 0616
2009	4171 45	3842 26	1 0857	0 0411	5564 6	5023 5	1 1077	0 0511

资料来源：引自①。

　　包容性创新往往要求创新者拥有一定的基础知识和较强的学习能力，因此必须重视对低收入人群人力资本的培养和创新能力提升，让低收入人群充分参与到创新中来，共享创新收益[2]。首先，加强落后偏远地区初等教育的普及，提高低收入人群的基本知识。其次，开展专业化的技能培训，如由政府、企业、中介组织或社区机构等组织的专门面向普通民

① 刘思麟. 我国城乡教育差距与收入差距的统计与分析[J]. 商. 2014(13)：155.

② EVA HEISKANEN，SAMPSAHYYSALO. Constructing Innovative Users and Inclusive Innovation Communities[J]. Technology Analysis &. Strategic Management，2010(4)：495-511.

众的专业讲座和咨询会,帮助提高低收入群体的生产技能和技术的使用技能,实现其创新能力的提高。最后,应明确提高技术创新能力的关键人群和重点领域。例如,对于一些偏远地区的非物质文化遗产,将这些传统的工艺技法通过培训的方式进行传播,并在此基础上进行改进创新,使其产生新的商业和社会价值。又如,挖掘残疾人的聪明才智和创造力,使其在创新研发设计方面的科技项目、发明专利、工艺技能得以实现,为鼓励和支持其创新创业提供相应的技术培训。

3. 文化氛围建设

目前,我国企业和普通群众对于创新的认知基本停留在传统创新阶段,对包容性创新的认识还较为薄弱,因此,十分需要营造一个鼓励创新、宽容失败的环境氛围。良好的文化氛围,需要在充分发挥市场机制的基础上,构建一个以政府和非政府组织为媒介,加强创新主体与中介组织的联系,集创新、设计和生产为一体的包容性创新机制。为此,政府可以通过举办包容性创新挑战赛,吸引普通民众参与,在社会范围内鼓励承担风险、试错和承认失败,文化宣传部门可以加强对技术企业家成功事迹的宣扬,激励更多人参与创新,中介组织和社区机构还可以在区域内开设相关课程和讲座,向普通民众讲解经济现状并传递市场供求信息。

四、应吸取的教训

虽然一些国家的相关实践对我国包容性创新实践具有重要的启示作用。但与此同时,也存在一些问题。吸取各国包容性创新实践的教训能够有效提高我国包容性创新的效率,降低创新过程中的成本投入,并加快形成本土化的包容性创新。

现实中,政府往往是包容性创新有力的发起者和推动者,在创新战略的制定、创新对象的选择方面起引导作用。然而,政府的性质和职能决定了它在直接的生产和商业活动中不具有民间企业所具有的市场适应性和竞争力[1]。因此,政府应当对自己在包容性创新中的角色准确定位,以创新制度环境的创造者和引导者的身份出现,充分发挥企业包容性创新的主导作用。目前,世界各国的包容性创新产品和服务数量较多,其成果的种类也涉及多个产业部门。可以预见,未来各行业的包容性创新产品和服务将会不断涌现。但就参与度而言,当前世界范围积极开展包容性创新的企业比例还较低,大部分的企业始终将实现快速发展的途径落脚于高新技术的研发和推广,都尚未意识到包容性创新能够带来的远期绩效,有些企业甚至从未了解和接触过这种新型创新。种种问题的出现阻碍了企业包容性

---

① 于永臻,李鹏程. 当前我国的创新型国家建亟须实现三个转型[J]. 经济研究参考,2012(68):33-37.

创新的主体作用的发挥，最终导致创新潜力的严重缺失。此外，大多数的基层创新主要发生在农村或城市落后地区。由于历史、地理、宗教等原因，这些地区的民众通常缺少话语权，因此创新成果只能在小范围内停留和分享，无法形成惠及世界范围内的"蝴蝶效应"。

另外，从绩效评价角度来说，各个国家所建立的国家创新指导机构往往都尚未建立对包容性创新投入产出效率进行合理评估的绩效评价体系，导致包容性创新投入及产出难以量化，为政府包容性创新政策的调整带来难度。此外，由于评价指标不明确，科技部门无法对包容性创新投入和产出过程中的市场反馈信息进行合理分析，从而缺少相应的配套政策和后备计划。

第五章 地方政府包容性创新的突破口

第一节 交易成本、政策选择与包容性创新

包容性创新过程其实是稀缺资源的重新配置过程，与其他经济活动相比，技术创新有非常强的外部性，这需要良好的经济制度进行保障。正如 North 所强调的，技术革新固然为经济增长注入了活力，但人们如果没有制度创新和制度变迁的冲动，并通过一系列制度（包括产权制度、法律制度等）构建把技术创新的成果巩固下来，那么人类社会长期经济增长和社会发展是不可设想的，这一观点体现了制度因素决定经济发展的思想①。

新制度经济学为我们提供了一种分析包容性创新的框架。促进包容性创新的经济制度从根本上讲有两个基本内容：创新的产权制度和配置制度。科斯定理表明产权明晰是资源有效配置的前提条件。然而，巴泽尔认为产权的确立可能存在着交易成本，当这种成本非常高的时候，可能会导致产权无法完全确定的情况，这会导致资源配置过程中更高的交易成本②。这些交易成本是由于有限理性、机会主义和资产专用性对交易某一方所可能造成的损失。我们认为，由于交易对象（低收入人群）的特殊性，与传统的创新过程相比，包容性创新过程具有更大的不确定性和机会主义的倾向，可能具有很高的交易成本。

一、包容性创新中的交易成本分析③

包容性创新的交易对象为低收入人群。当前，理论界关于低收入人群的研究往往同贫困问题结合起来，通过一定的贫困标准来测度低收入人群。学者们主要从人口的性别、年龄、文化程度等自然特征或从人口的就业情况以及人口的种族、移民等方面研究低收入群体的构成、分布规律和特征。鉴于创新行为的特殊性，低收入人群的一些特征可能会阻碍市场机制发挥作用：一是收低入。消费者或许因为太穷，从而没有能力购买产品和服务，这

---

① North, D. C. Structureand Performance: TheTask of Economic History[J]. Journal of Economic Literature, 1978, 16(3): 963 – 978.

② 巴泽尔. 产权的经济分析[M]. 费方域，段毅才译，上海：上海人民出版社，1997. 38 – 75.

③ 吉瑞. 交易成本. 政策选择与包容性创新[J]. 财经问题研究，2013(04)：11 – 14.

限定了产品价格上限和市场层级。二是知识水平较低。消费者可能对某些新的创新产品接受能力较差。三是空间较为分散。以农村市场最为典型,可能会影响市场规模。四是信息不对称。低收入人群缺乏获取信息的必要知识和手段。五是行为不确定。低收入人群的消费偏好不稳定,因为他们的收入和预期不稳定。Williamson 认为,决定交易成本的主要因素是所谓的交易维度,它包括资产专用性、不确定性和交易频率三个方面,不同的交易维度决定了交易组织的交易成本的大小①。低收入人群的上述特征增加了三种维度的复杂性,也增加了交易成本分析的复杂性。

1. 确立知识产权的交易成本

创新行为,特别是一些基础研究可以看做是非竞争性和非排他性的公共产品,这些产品具有非常强的外部性,很难通过市场方式提供产品创新行为的结果,往往体现为知识产权且通常难以清晰界定,存在着很高的产权确立成本,知识产权还有很大的被盗版和复制的风险,需要政府加强知识产权保护。

2. 资产专用性导致的交易成本

Williamson 认为资产专用性是指"在不牺牲生产价值的条件下,资产可用于不同用途和由不同使用者利用。它与沉没成本概念有关。"资产专用性水平决定了治理结构,资产专用性水平越高,交易成本越大,则市场失灵越严重,应该倾向于利用企业内部组织资源配置。创新的前期投入往往体现为一定的沉没成本,创新研究很可能因为市场前景暗淡而极具风险。在包容性创新中,低收入人群的消费行为具有很强的机会主义倾向,并很难签订连续性的契约,无法保证专用资产的回收,可能会存在着较高的交易成本。

3. 不确定性导致的交易成本

包容性创新过程中存在着很强的信息不对称,一方面企业很难了解低收入群体的收入背景、消费偏好等信息;另一方面低收入人群也缺乏了解信息的能力和手段。信息不对称会增加交易的不确定性。低收入人群的收入和预期都不稳定,决定了他们的消费行为具有很强的不确定性。以上不确定性可能会导致交易契约很难规范所有可能发生的情况,交易过程的偶发事件频繁发生,进而增加交易成本。

4. 交易频率导致的交易成本

交易的频率是指交易发生的次数。根据 Williamson 的观点,交易频率是影响交易成本和组织治理结构的一个因素,因为在交易本身具有资产专用性时,牵涉到投资成本能否回

---

① Williamson, O. E. Transaction - Cost Economics: The Governance of Contractual Relations [J]. Journal of Lawand Economics, 1979, 22(2): 233 - 261.

收的问题。在包容性创新中，我们可以将交易频率广义地理解成市场交易程度，市场交易程度决定了沉没成本能否收回，决定了交易成本的大小。因此，政府的基础设施建设非常重要。

二、包容性创新中的政府理性决策行为与政策选择

政府干预市场的理论依据在于市场失灵，政府在纠正市场失灵基础上，实现生产效率和资源配置的双重满意结果，这些结果会提高社会的净福利。根据上述的分析，包容性创新过程中存在着交易成本和市场失灵的情况，需要政府进行政策干预。但是，在政府促进包容性创新的过程中，要尽量避免政府失灵的现象。在这一基础上，应该平衡市场失灵和政府失灵的影响，建立起完善的监督和评价体制，以保证相关政策和体系的顺利运行。

政府可以通过财政政策促进包容性创新的发展。政府的财政政策应该聚焦于降低导致市场失灵的交易成本方面，可以从需求和供给两个方面展开。

1. 需求层面的政策

包容性创新需求政策的核心在于形成一个稳定预期的消费市场，主要针对不确定性和交易频率导致的交易成本。

（1）政府采购政策。

需求层面的政策主要是政府采购，政府采购可以为创新提供坚实的市场潜能。第一，政府通常愿意为创新产品支付更高的价格；第二，政府采购通常可以达到规模效应。政府采购需求可以对产品提供者提供非常清晰的激励，并降低他们的市场风险。政府通常通过三种采购方式来促进包容性创新：① 政府采购创新产品和服务；② 商业化前的采购（技术采购），这种类型的政府采购往往着眼于长期需求；③ 合同采购，政府首先充当市场中的采购者，作为一种示范效应，并将产品在更广泛的范围内推广。

（2）价格补贴政策。

政府可以向创新产品的生产经营者或消费者无偿支付补贴金，以维持产品的一定价格水平。这就在一定程度上解决了消费者因为贫困，没有能力购买产品的问题。同时，生产者也可以确定一个较高的产品价格水平。

（3）促进市场交易的政策。

促进市场交易的政策可能包括以下几个方面：一是建立信息基础设施，形成网络的交易市场；二是对低收入群体进行技术培训，提高他们自身的素质；三是建立信息平台，为企业提供消费者需求的信息，同时也让消费者更好地了解产品。

2. 供给层面的政策

包容性创新供给政策的核心在于激励企业为了低收入人群进行创新，主要针对确立知

识产权的交易成本和资产专用性产生的交易成本。

（1）支持基础研究和创新的政策。

政府可以通过财政补贴、转移支付等手段支持基础研究和其他创新者，必要的时候政府可以组织基础研究。这里需要强调的是，税收优惠和财政激励并不一定适用于很多草根创新者和创业者，因为他们很多时候没有利润，并不能享受税收优惠。

（2）降低创新风险的政策。

巨额的沉没成本使创新者面临着很大的风险，也在一定程度上阻碍了创新活动的开展。政府可以设立创新基金对包容性创新活动进行直接投资，并帮助创新主体承担一定的风险。政府还可以通过建立科技园区、企业孵化器等桥梁机构来促进包容性创新。此外，政府可以对包容性创新提供商业支持，激励企业推广技术和扩展市场，降低创新商业化过程中的风险。

第二节　基本公共服务领域

近年来，购买公共服务作为政府转变职能、构建服务型政府的一项重要手段，日益受到社会各界的普遍关注。党的十八届三中全会明确指出，要正确处理政府和社会的关系，实施政社分开，凡属事务性管理服务，原则上都要引入竞争机制，通过合同、委托等方式向社会购买。政府向社会购买公共服务有利于充分发挥市场在资源配置中的决定性作用，杜绝政府对公共服务"大包大揽"的低效率、不合理现象。

据统计，政府采购规模达到GDP总量的15％至20％在国际上是一个比较合理的水平，美国政府部门每年支出约500亿美元用于研发项目的政府采购，欧盟国家的政府采购则占到欧盟整体GDP的17％。而我国一年的政府采购金额虽然超过1万亿元，占GDP的比重却不足3％，与国际水平相去甚远，从另一个角度也说明目前我国的政府采购规模有很大的提升空间。但是，我国政府购买公共服务的产生并非市场发展内生的结果，而是由政府主导、外部推动的产物。因此，在发展过程中存在很多的问题，公共服务的非均等化和低效率表现尤为突出。

为了解决政府购买公共服务中存在的问题，尝试通过包容性创新与政府购买公共服务的结合来实现二者的协同发展。包容性创新是指通过将处于社会底层的人群纳入到创新系统中，建立"自上而下"与"自下而上"相结合的兼容并包的创新体系，减少社会排斥，实现利益共享的一种社会机制。与政府购买公共服务结合，能够通过创新降低社会交易成本，实现政府职能转型，树立"小政府，大社会"的国家理念。

一、包容性创新的发展

由于市场功能的缺失或本身能力的差异，很多的市场机会并不是平等的分布在市场内部，产生了由"市场失灵"带来的一系列问题。改革开放 30 年以来，我国经济总量取得了巨大成果，却也伴随着较大的社会矛盾，社会贫富差距不断拉大是其中最突出的问题之一，2012 年我国的基尼系数高达 0.474。在公共服务领域，我国公共产品和服务的供给也存在严重的不平等，主要表现为城乡之间在享受医疗资源和服务、获得信息技术的手段、提供金融服务、受教育水平、使用污水处理设施的机会等诸多方面的巨大差异。根据 2009 年全国人口抽样调查的数据显示，在 6 岁以上的人口中，有 20.29% 的城市居民拥有大学学历，而乡镇一级只有 5.87%，农村地区仅为 1.46%。在城市地区，82% 的成年人拥有正规金融机构的账户，但在农村地区只有 58%（具体指标如表 5-1 所示），这种现象产生的主要原因在于我国非竞争条件下的公共服务供求失衡，也可以认为是公共服务领域内的"政府失灵"。在"大政府，小社会"的管理模式下，政府是唯一的公共服务供给者，无论是质量上还是数量上均无法满足社会需求，进而导致了公共服务供给的低效率。

表 5-1　城乡之间基本公共服务非均等化的指标

指标	收入差距	受教育程度	清洁饮用水供应	电信基础设施	金融服务	医疗服务情况
	按美元计的人均收入	大学教育		互联网用户（每百户）	每十万人拥有的银行网点数	婴儿死亡率
城市	1893	14.4%	98.2%	35.2%	18.03	0.6%
农村	616	2.1%	60.5%	11.7%	12.68	1.7%

数据来源：在中国促进包容性创新实现可持续的包容性增长，世界银行和国家信息中心。

因此，我国基本公共服务的非均等化和低效率问题以及该领域内存在的"市场失灵"、"政府失灵"现象使我们不得不思考新的发展之路，改变目前的创新模式为解决该问题提供了一套可行性方案。传统的创新理论认为，创新的目的在于通过打破旧的均衡实现经济的增长和发展，其聚焦于生产要素的重新组合和技术水平的进步，但无法实现经济发展收益的均等共享，我们称之为"精英型创新"。为了提高低收入群体的购买力，增加其获得产品和服务的途径，多数国家采取"包容性创新"发展战略。例如印度的"蜜蜂网络式"创新体系就是根植于民间的创新价值链。

二、公共服务领域实现包容性创新的宏观背景

从宏观角度分析，公共服务创新本身是在政府职能转变的过程中应运而生的，也是不

同时期社会问题的反映。在公共服务的治理中，政府垄断会带来政府越位、效率丧失及寻租腐败等诸多问题。而新公共管理理论又过分强调经济效益和市场竞争的优势，把公民当做顾客而不是服务对象，忽略了对公民呼声的回应。包容性创新的竞争优势及统筹兼顾的多元价值追求使其成为解决我国当下公共服务领域问题的良策。政府改革及社会发展的大背景也使公共服务领域内的包容性创新成为可能：

首先，政府与市场关系的转变。十八届三中全会提出，"充分发挥市场在资源配置中的决定性作用"，弱化政府干预，实现政府的职能转型。同时还提出，"推进国家治理体系和治理能力的现代化"，强调治理主体的多元化，让民众有更多的参与权。这一系列的决定为包容性创新的实现营造了宽松的环境，不仅有利于增加公共服务的供给竞争，民众的参与也将使公共服务的供给更加符合市场需求。

其次，公共财政制度的逐步建立。公共财政是适应市场经济发展客观要求的一种国家财政模式，能够弥补市场在资源配置中的缺陷。同时，它也是洞悉"组织形式发展和消失的方式"。在 2014 年财政部召开的全国政府购买公共服务工作会议上，强调紧紧围绕"转变政府职能、提高公共服务供给水平和效率、促进服务业发展和激发社会组织活力"的改革方向，明确提出政府购买服务只是公共服务供给方式和财政资金使用方式的改进，并不会新增一块财政资金。在不增加政府购买公共服务财政预算的前提下，要实现公共服务供给水平的提高，就必须通过创新降低公共服务的生产成本和交易成本，包容性创新以其广泛的社会参与度和双向互动的创新系统成为政府购买公共服务实现路径的最佳选择。

最后，民众需求的多样化趋势。经济的发展使民众在满足基本的生存需求后追求更高层次的需求，具体表现为需求的多样化和个性化。这一变化将提醒政府在改革中应更加注重人文关怀，公共服务关乎教育、医疗、卫生、就业、环保等与民众利益切身相关的问题，应考虑政策的多元价值追求。

三、包容性创新与政府购买公共服务的融合

1. 融合机制

包容性创新与政府购买公共服务融合的关键在于路径选择，也即购买模式的选择问题。改革开放 30 年以来，我国公益领域不断上演着"行政化"与"去行政化"的双重变奏，主要表现为行政主导立法、法律授权行政越位、歧视性执法等，导致已有的政府购买公共服务实践多为形式化购买。为了提高服务的供给效率和水平，国内学者普遍认为应该引入规范的市场竞争机制。市场竞争机制的引入能够将政府的资源优势与市场的高生产效率、快速传递效应结合起来，实现优势互补。为了促进包容性创新与政府购买公共服务的融合，本书以契约化购买为切入点，为促进二者的融合提供理论支撑。

3. 公共服务与服务型政府

公共服务供给是政府的一项基本职能，但服务型政府的建立绝不是对公共服务的替代。服务型政府侧重于将"服务"作为一种行政理念和施政方式，强调以"服务"而不是"统治""管制"的方式进行包括干预行政在内的所有行政活动。而"公共服务"一词侧重于政府在公共服务供给方面的职责与功能。Sundquist 认为，公共服务市场化和社会改革的结果不能解释为政府责任的转移，应该理解为通过市场化和社会化所释放出来的效率和绩效。因此，政府购买公共服务并不意味着政府在公共服务领域内的完全退出，这只是一种角色的转变，从"供给者"向"监管者"的转变。与此同时，政府可以保留部分公营部门参与市场竞争，作为这一行业服务成本与质量的标杆来保证私营部门提供高质量的服务。

将包容性创新引入政府购买公共服务领域，政府的职责不再是生产，而是作为管理者创造一个支持性的包容性创新生态系统，完善相关基础设施建设：a. 培养包容性创新的文化，鼓励冒险和创新；b. 成立包容性创新研究院，承担包容性创新支持政策的制定；c. 建立包容性创新专项基金，加快创新成果从概念到市场推广的商业化进程，保证创新成果的可持续生产；d. 加强公共服务购买的制度化建设，规范市场准入，完善购买程序；e. 培育新型的社会组织，提高供应商的水平。

四、包容性创新视角下政府购买公共服务的风险防范

政府购买公共服务首要考虑的是成本节约，由于资产专用性、不确定性和市场低交易程度等原因可能会造成包容性创新过程中的高交易成本，进而导致市场在政府购买公共服务的资源配置机制失灵，其中最突出的"市场失灵"现象表现为"供给方缺陷"和"需求方缺陷"。"供给方缺陷"包括市场是否预先存在、市场寻租、供应商垄断及外部性等问题。"需求方缺陷"包括政府监督管理能力较低、公共服务质量评价困难及官僚政治的影响等。其中，由市场信息不对称问题带来的委托代理困境是造成交易成本虚增的关键因素。政府作为委托方希望供应商能够按照合同要求提供优质低价的公共服务，但供应商为了追求自身利益最大化，可能在市场信息不对称的掩护下违背政府的意愿，由此产生道德风险和逆向选择。

此外，在政府购买公共服务中引入包容性创新还可能带来一系列的创新风险，包括生产风险、管理风险和市场风险等。包容性创新的主体包括企业、BOP 群体、政府、NGO、高校和研发机构等，在产品的开发与推广过程中往往伴随着不同创新主体间的合作，涉及"合作知识产权"问题，如果缺乏完善的知识产权保护体系，创新产品将会面临较多的产权问题。同时，受生产规模、品牌效应和消费者偏好的影响，从概念产品向市场推广的过程，即产品的市场化也是创新者面临的一大难题。公共服务领域已有的供应商为维护自身利益，可能会设置较高的市场进入壁垒阻碍包容性创新主体的进入。可以看出，包容性创新主体

要进入一个新型市场面临着如此多的风险。为了保证包容性创新在公共服务领域的应用，分别以政府、供应商和公民为主体建立以完善监督体制为主的风险防范机制。

首先，健全法律法规，完善相关政策。一方面，我国目前关于政府购买公共服务的法律仅有一部《中华人民共和国采购法》，各项规定过于笼统，容易造成无法可依的困境，因此要完善相关法律法规。另一方面，包容性创新将被社会"边缘化"的群体纳入到公共服务的供求体系中，以期实现政府购买公共服务的多元价值追求。政府在购买公共服务时要把握要义，坚持"以人为本"的理念。并在购买公共服务时体现政策倾向，建立支持性的政府采购政策。

其次，培育和发展新型社会组织，构建公共服务的多元化供给体系。近年来，社会组织作为政府购买公共服务的主要供应商取得了重大的发展，但与西方发达国家相比仍有较大的差距，尤其是要在公共服务领域内实现包容性创新，则必须革除我国当下存在的"形式化"购买，实现供应商之间的有效竞争。Shahid Yusuf 等学者认为，在公共服务领域引入市场竞争机制能够使情况得以改善，但这种改善并不具备可持续性，改善的作用在很大程度上取决了竞争环境的充分性。因此，要可持续地改善公共服务领域内的不平等和低效率，必须培育能够促进竞争的新型社会组织。目前，我国现有社会组织的专业服务水平和内部管理能力都较弱，使其无法有效地向社会提供公共服务。政府一方面要为社会组织提供应有的培训，另一方面也要降低进入门槛，鼓励民间社会组织的进入。考虑到民间社会组织的基础薄弱，政府需要加大扶持力度，在财政政策上给予直接的资金支持，鼓励金融机构对社会组织的信贷支持，完善国家对社会组织的税收优惠等。

再次，构建公民社会结构，保障公民参与公共服务的权利。公共服务的供给效率不仅取决于投入产出比，更重要的是对于主体行为而言的相对概念。若供给对公民而言是有用的，则称之为有效率；反之，则是无效率的。要使政府购买的公共服务反映最广大公民的呼声，则需保证他们参与公共服务购买的话语权。包容性创新的主体既是公共服务的生产者和供给者，也是公共服务的消费者。通过"自下而上"的需求反馈机制以及"自上而下"的供给机制，使公民能够充分参与到公共服务供给的整个过程。为此，一方面要培养公民的权利意识，提高其参与度；另一方面也要加强政府的管理能力，建立责任结构。

最后，完善监督机制，建立以外部监督机制为主的第三方监管体系。我国已有的政府购买公共服务的监督形式主要侧重于政府内部的监督，政府集"生产和评价"的责任于一身，有些政府部门与公共服务供应商之间还存在利益纠葛，容易造成监督实效性不强和客观性不足等问题。因此，迫切需要建立以第三方评价为主的外部监督机制，同时完善以媒体监督和公众监督为主的社会监督。

第三节 扶贫攻坚领域

当前中国经济进入新常态，据国家统计局发布的《2014年国民经济和社会发展统计公报》披露，2014年全国人均GDP已达到7575美元。但是，就不同的区域和不同的社会群体而言，不平衡不协调的问题依然非常突出，无论是收入水平低引起的绝对贫穷还是收入差距过大导致的相对贫困，都会损害经济社会的可持续发展，没有贫困群体的脱贫，小康社会无法实现。因此，为加快实现国家"四个全面"战略布局，实现2020年全面建成小康社会的宏伟目标，必须打好扶贫攻坚战，攻克贫困难题。

根据国家统计局2014年对全国7.4万户农村住户的调查样本数据推算显示，全国农村贫困居民仍有8249万人，说明自"八七"扶贫攻坚计划实施以来，由1985年的1.25亿贫困居民减少至1993年的8000万左右，新阶段减贫速度明显大幅下降，扶贫效果不佳，没有实现根本性的突破。到2012年底，全国592个扶贫开发工作重点县农民人均纯收入不足全国平均水平的60%，农民医疗支出仅为全国农村平均水平的60%，劳动力文盲、半文盲的比例比全国要高出3.6个百分点，创收能力弱、生活质量差、受教育程度低等问题依然存在。究其原因，长期以来我国扶贫开发工作存在低质低效、造血功能弱、针对性差等问题，这种"大水漫灌"、"撒胡椒面"的粗放式扶贫导致年年扶贫年年贫，贫困问题代代相传，许多真正的贫困者被排斥在扶贫体系外，真实脱贫需求得不到满足，扶贫工作大多流于形式，治标不治本，扶富不扶穷，腐败问题滋生。

为体现中央对扶贫开发工作的重视，自2014年起国家将每年10月17日设立为"扶贫日"。2013年11月，习近平总书记在湘西视察时指出，扶贫工作切忌喊口号，扶贫措施要实、效果要好，提出实施"精准扶贫"，明确了我国未来扶贫的方向。李克强总理在2015年《政府工作报告》中强调，地方要优化整合扶贫资源，实行精准扶贫，确保扶贫到村到户，引导社会力量参与扶贫事业。新常态下，如何创新扶贫工作、实现精准扶贫，打好扶贫攻坚战，已上升为新一轮国家战略部署。

针对我国扶贫开发中存在的问题，创新扶贫开发方式，探索精准扶贫的包容性创新机制，改变过去滞后的、粗放的、输血式的扶贫方法。包容性创新就是通过将社会底层人群纳入创新系统，挖掘金字塔底层民众的自身需求、动力、创造力，向贫困者提供公开参与、公平享受经济及科技发展成果的机会，通过体制机制创新减少社会排斥，实现利益共享的社会机制，形成可持续的扶贫长效机制，合力同心打好扶贫攻坚战。

一、精准扶贫是对传统粗放式扶贫的颠覆

精准扶贫针对不同贫困区域环境、不同贫困农户状况进行定向分类，找准原因及需求，引导各类扶贫资源优化配置，运用合规有效的程序对扶贫对象实施精准识别、精准帮扶、

精准管理，逐步构建扶贫工作的长效机制。

1. 精准识别

精准识别是指扶贫对象精准化、分类化。第一，要在对扶贫对象的识别上做到精准、分类管理，将贫困者平等、无遗漏地纳入扶贫体系，精确到村到户到人，建立统一的贫困者信息管理系统，扫除识别盲点，并对纳入系统的贫困者按照不同的脱贫需求进行分类管理。而传统粗放式扶贫缺乏对贫困群体的细致研究，贫困居民数据主要来自抽样调查后的数据推算，对底层贫困者的具体范围、贫困程度不明，并在扶贫中对部分贫困者出现明显的排斥现象，如对贫困人口规模的人为限定形成的规模排斥、集中连片扶贫开发对片区外贫困群体的区域排斥，以及自上而下的贫困村和贫困户在识别过程中对贫困群体的恶意排斥和过失排斥等，导致一些贫困者未被纳入扶贫开发范围。同时，由于扶贫对象瞄准贫困地区，未精确到村到户，扶贫项目到底帮了谁、帮了哪些方面、效果好不好、能否成功，扶贫主体不明。第二，精准识别还要求对扶贫开发项目的具体实施效果进行动态跟踪反馈，对所惠及的群体、效果的优劣、改善的程度等精准的识别与把握，并依据识别信息对系统数据及时更新，实现动态精准识别。

2. 精准帮扶

精准帮扶是指扶贫措施差异化、造血化、创新化。长期以来，解决贫困问题一直被看成是政府或有社会责任感的慈善机构伸出援助之手，对贫困人群做善事，被称为"输血式扶贫"，这样并不能使贫困群体从根本上脱贫，相反却使这一庞大群体的依赖性日益增强，使投入其中的经济资源也无从发挥效率，缺乏预防、造血的长效机制，企业、社会组织等参与度低，缺乏创新思路与活力，扶贫措施针对性差，方式单一，在欠缺对贫困者的调查分析下，而几乎统一"撒胡椒面"，导致应扶未扶，扶不到痛处。而精准帮扶则要求扶要"准"。研究发现，不同贫困者的脱贫需求不尽相同：有的贫困者缺乏内生动力只等政府救助；有的贫困者想要通过打工、务农、养殖等手段发展生产走出贫困；而有的贫困者则想要通过学习深造改变贫困处境等。通过挖掘、满足贫困者的真实需求，有针对性地进行差异化按需帮扶，刺激其内在脱贫动力与创造力，在"授鱼"的同时"授之以渔"，才能增强贫困地区的造血能力，实现由输血到造血的转变。各利益相关者之间必须按照市场经济运行规则，建立政府、企业、社会组织和低收入群体的"多赢"运行机制，同时由于政府在消除贫困的策略中通常缺乏企业家精神与创新思维，而民间援助与慈善组织的扶贫计划与项目又收效甚微，因此要求企业等私营部门在创新解决贫困问题方面发挥更大的作用。

3. 精准管理

精准管理是指扶贫管理透明化、科学化、可持续。转变政府职能，将扶贫流程阳光化、公开化，充分发挥底层民众的监督作用，创新多维度监督、考评机制，加强对扶贫资金的监管力度，杜绝资金挤占、挪用现象。同时，构建预防返贫的扶贫长效机制，扶贫先扶智，防止贫困代代相传。而长期以来，某些重点县舍不得"脱贫摘帽"，把"贫困县"当成"金字招牌"、"政绩工程"、"面子工程"、"关系工程",部分贫困地区政府及企业企图以扶贫开发的名义向上级要资金、要项目,数字弄虚作假,挤占、浪费国家扶贫资源。且民众参与度不高,从识别贫困对象到确定扶贫项目再到扶贫款项的下发,基本由政府及其下属机构独立完成,资金下放走人情关系,由县、村政府决定具体下发到谁手中,但真正的贫困者往往与拥有权力的官员不存在个人关系,导致争取到的项目资金没有实实在在惠及贫困群体。而当前我国对基层工作的考评仍以 GDP 为主,对扶贫效果及环境生态方面等关注度低,缺乏有效的评估、激励机制,导致一些地区在扶贫过程中,只看重 GDP,未将工作重点放在解决贫困上。此外,由于我国目前没有解决温饱问题的人口,大部分分布在自然环境恶劣的大山区、土石山区、干旱半干旱地区、高寒地区,而这些地区的环境承载力较低,有的根本缺少生存发展的条件,因此扶贫开发要因地制宜,以一种环境友好型、资源节约型的方式开展精准扶贫工作,摆脱"贫困—生态环境恶化—贫困"的恶性循环。

综上所述,精准扶贫在识别、帮扶、管理等环节对扶贫开发工作提出了新的要求,是解决传统粗放式扶贫存在的问题的有效途径。二者的对比如表 5-2 所示。

表 5-2 传统粗放式扶贫与精准扶贫的对比

扶贫模式 对比项目	传统粗放式扶贫	精准扶贫
瞄准对象	贫困地区	贫困户、贫困者
贫困者识别	抽样调查后逐级往下分解	政府组织指导,自行申报评议
贫困成因及分类	未做详细调查分析	分析贫困成因,分类管理
扶贫方式	单一"输血式"扶贫	"造血式"差异化按需帮扶
扶贫效果	解决短期生存问题,易引发制度依赖、惰性	挖掘其自生动力,提高其创收能力和机会,主动摆脱贫困
扶贫主体	以政府、慈善团体为主	在政府主导下,调动基层、企业、NGO、科研机构等的参与
监督管理机制	上级政府主导,扶贫工作不透明,民众参与度低	适度监管,提高透明度,把扶贫对象作为监督的重要力量
考评体系	以考核 GDP 为重,缺乏有效的激励机制	建立多维度考核体系,奖优罚劣的激励机制
长效机制	对扶贫效果关注度低、模糊不清	强调扶贫效果可持续,建立预防返贫机制
扶贫开发与环境	不注重环境资源可持续	因地制宜,以环境友好型、资源节约型的方式扶贫

资料来源:笔者根据有关资料整理。

二、包容性创新有效降低贫困人群面临的社会排斥

缺少资金、人力资本不足、疾病、落后的基础设施、不健全的社会保障系统等都是可能造成贫困群体失去创收机会与能力的影响因素，而导致这些因素产生的根本原因则是贫困者在参与正常的社会、政治、经济活动时所面临的社会排斥现象。包容性发展的核心就在于消除贫困者的权利贫困和所面临的社会排斥，将打破社会排斥的过程定义为包容性发展的过程，并为创新发展包容性而提出了包容性创新的概念。虽然到目前为止，我国一直在强调精英创新，但已逐渐认识到包容性创新的重要性，特别是在缩小贫富差距、消除社会排斥及提升贫困人群的内生动力等方面的作用。如印度的"甘地式创新"以及南非出台的"能够产生影响力的科学技术"计划，均旨在通过包容性的创新实现减贫目标，利用包容性创新扶贫方式极具借鉴意义。

1. 贫困群体所面临的社会排斥

贫困不仅指收入低下与物质匮乏，也代表由于社会排斥缺少公平选择的机会与能力低下，导致贫困者在求学、就业、创业等环节遭受诸多限制，没有享受到与其他公民同等的参与机会，缺乏创收能力与条件，收入水平低，对价格相对敏感，使得企业在产品研发及定位过程中往往忽视这部分群体，难以参与科技与经济成果的分享，生活困境进一步加剧。

这种社会排斥作用在个体上可以归结为两类——客观体制性排斥与主观能力性排斥。其中，外部客观因素对贫困者的排斥主要体现在制度设计的限制上，即个体具备参与生产、经营活动的相关能力及意愿，却因体制限制仍无法参与，如一些政府设置的流动障碍、户籍限制等，以及限制在某些行业中的进入壁垒等。而事实上，很多低收入者富有企业家精神和创新精神，完全具备成为市场参与者的条件，只是由于资源禀赋和社会制度等条件的束缚，便剥夺了其参与经济发展的机会，对于这部分没有被纳入特定条件的人群，这种明显的制度排斥使他们合法生产、经营与生存权利得不到有效保障。尤其在发展中国家发展过程中，由于城市阶层在政治上具有强大的影响力，对农村、农业的政策性歧视是经常发生的现象，如在中国的户籍制度下，农村与城市两地户籍人口在享受养老、医疗等社会保险福利待遇上就存在较大差别。

除了外部客观因素的影响，贫困者个体主观因素也会导致其受到能力性排斥，即参与者由于自身能力缺陷在制度、政策影响下受到的限制。每个公民无论他的身份、地位，都应获得同等的参与创收活动的机会，而在实际的生产生活中，贫困者由于自身能力等差异往往被排斥在市场的边缘。但很多时候，正是由于外在客观因素影响了贫困群体的能力素质培养，才导致差异的扩大化。如我国农村与城市相比，在教育水平、教育资源投入、师资力量等方面的差距，造成农村与城市居民在知识、技能、素养上存在着较大差异，导致农村居

贫地区,发展特色产业扶贫,总之适农则农、适工则工、适商则商、适游则游,切勿盲目照搬、过度开发。例如泰国在很早以前就启动了"一村一品"项目,为每个村庄提供技术、管理和资金上的支持,帮助它们生产具有本地特色、融合传统文化的产品,连接国内外市场。

2. 调动企业、非政府组织等各方力量按需帮扶

实现因户施策,首先要找准靶位,分析贫困者脱贫需求,挖掘其内在动力。包容性创新消费者、生产者、创造者的三层次划分为精准扶贫差异化帮扶提供了具体可行的最佳路径,将贫困者的需求分为三类:一是想要获得生活资料或生产设备来改善生活条件的消费者型需求;二是要到企业打工或者发展种植业、养殖业、加工业等生产者型需求;三是想通过学习、创新来创造收入的创造者型需求(如图5-3所示),并为层次化提升贫困者的造血能力与创收能力,调动更多的中小企业、NGO以及科研院所参与到帮扶活动中。

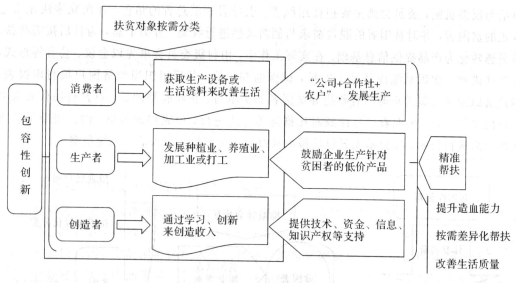

图 5 - 3　扶贫对象的精准帮扶过程

针对消费需求,Prahalad(2002)等关于低收入群体高度购买力和潜在客户发展价值的论述,富有洞察力地指出这些位于金字塔底层的低收入群体蕴含着巨大的商业潜能。鼓励企业转变经营理念,克服占优逻辑,不再把贫困群体作为受害者、社会负担或同情对象,开始将他们视为敏锐的、有创造力的企业家和有价值意识的消费者,把开发 BOP(Bottom of Pyramid)市场纳入企业经营战略的核心(如表5-4所示),在产品研发过程中倾听底层群体的需求,让底层民众享受到由科技进步和社会经济发展带来的福利。不仅使企业获得经济效益与社会效益双丰收,在获得利益的同时塑造良好的企业形象,而且通过将扶贫与社会财富创造相结合,使企业利润最大化成为最有效的扶贫方式,实现双赢。例如,印度 DSK

公司生产的售价仅为 35 美元 Aakash 笔记本电脑，对印度的农村教育产生了革命性的影响。

表 5 - 4　包容性创新产品的典型案例

序号	产品或服务	所属部门	创新者	创新者类型	国家
1	便携式心电图仪	医疗器械	通用电气公司	跨国公司	美国
2	S. M. A. R. T 系列产品	医疗器械	西门子公司	跨国公司	德国
3	低成本血细胞分析器	医疗器械	迈瑞公司	本土企业	中国
4	便携式冰箱(Chotukool)	家用电器	高德瑞治制造公司	本土企业	印度

为满足贫困者的生产需求，鼓励企业与行业协会主动承担社会责任，把低收入群体作为其价值链中的一环(如表 5 - 5 所示)，将社会效益融入竞争优势，发展"B 型企业"(B 表示 beneficial"有意义的")，创新"公司＋农户"、"公司 ＋ 合作社＋ 农户"等运营模式，为贫困者创造生产所需的条件、需求及就业岗位，并为提升其生产能力提供积极的专项培训，如我国江西省潘阳县的澳洋模式，由公司定期或不定期给苗农进行育苗知识培训，并全程跟踪服务，合作社和农户负责苗木和成苗的生产，公司按照合同，根据苗木的规格和相应的价格回收。这样，农户不仅得到了技术上的培训，产品的销售问题也相应得到解决。

表 5 - 5　我国企业面向 BOP 业务创新的典型案例

序号	创新者	所在产业	与 BOP 相关业务	合作伙伴
1	北京宜信公司	服务业	助农贷款	高校、研究机构：顾问咨询 小额信贷机构：服务 BOP 妇女发展促进会：顾问咨询
2	山东六和集团有限公司	农牧业	担保公司	养殖协会：服务 BOP 与企业
3	吉林吉农高新技术发展股份有限公司	种植业	大豆种植	当地农科院：研发同盟 大豆协会：服务 BOP 与企业
4	湖南临武舜华鸭业发展有限责任公司	养殖业	临武鸭养殖	养鸭协会：服务 BOP 与企业

鼓励支持草根创新，在 2015 年《政府工作报告》中，有媒体统计李克强总理曾 38 次提到"创新"，13 次提到"创业"，尤其 2 次专门提到"大众创业、万众创新"，旨在将底层群体研发创造活动正常化、正规化。不仅利用底层群众已有的知识和技能，还需为其提供更多的培训学习机会，搭建底层研发者与科研院校精英群体之间的知识交流平台，通过资金融资支持、铺设信息沟通渠道、知识产权保护等，激励底层创新人员将概念转化为产品，开拓

（2）市场环境。通过国家财政补贴、转移支付、税收优惠等手段为低收入群体创新创业提供资金支持，设立包容性创新专项基金，发展小额信贷，鼓励金融行业为富有市场前景的草根创新项目进行融资。并为开发 BOP 市场，对底层群体的购买需求进行调查，针对底层民众的需求设计、研发新产品。通过积极的财政政策以及政府购买刺激为包容性创新产品增加需求、拓宽市场，降低市场推广的风险与阻碍，刺激创新由概念转化为实物。

（3）技术环境。普遍提高低收入群体的受教育水平，通过国家政策强制控制以及财政教育补贴等手段，在保证初等教育惠及贫困群体的同时，支持其进一步深造，往高等教育发展，使其具备生存发展所需知识、技能储备。鼓励企业或培训机构为低收入群体提供专项培训，如互联网应用、产品营销、知识产权保护、信息收集与处理等，从而提高低收入群体的生产、创新能力。

（4）社会文化环境。创新的道路不会一帆风顺，在提倡全民学习、终身学习的同时，鼓励底层研发者大胆设想、敢于试错、勤于反思、勇于创新，以包容性的心态对待创新失败。通过文化部、宣传部门对优秀成功的、有代表性的草根创新成果进行宣传奖励，充分发挥社会群体榜样的力量，提高底层群体研发创新的自信心与积极性。

第四节　创新创业领域

在市场机制不健全和制度不完善的条件下，想要单独依靠企业和低收入群体的力量来跨域这一结构洞是不太现实的，需要借助小微创业企业的力量来弥补这一创新过程中的"空洞"，这就为小微企业提供了大量创业机会。通过利用市场经济行为和灵活的操作机制，小微企业能够搭建企业与低收入人群间的连接桥，结合低收入人群需求特征、企业战略选择与占据结构洞后拥有的信息优势[①]获取市场话语权和经济利益，迅速成长起来。

一、基于包容性创新的小微企业创业机会分析的理论框架

1. 包容性创新结构洞的分析

包容性创新是由联合国发展署和世界银行提出的，主要强调每一类人群尤其是低收入群体都应有平等的机会参与创新过程和分享创新成果。现如今，各类创新主体的不断涌现编织起庞大的创新网络，网络已成为包容性创新的重要环境特征[②]。结构洞作为社会网络

---

① 张荣祥. 企业创业社会网络嵌入与绩效关系研究[D]. 浙江大学管理学院, 2009.
② 张利平, 仝允桓, 高旭东. 面向低收入群体(BOP)市场的产品创新研究[J]. 中国人口资源与
　环境, 2012, (1): 195-200.

造成了生产收益的不稳定性。少数达到中小农业生产规模的人群，也大都采取自我雇佣模式，以一种非正式的经济状态存在着①。低收入群体知识匮乏导致了生产方式的落后，拥有的资源与能力也因资金不足与产权意识的薄弱难以资本化，生产效率不高。另一方面，因为缺少销售渠道和销售能力，生产资源无法有效开发，低收入生产者只能将拥有的土地、农作物和剩余劳动力卖于批发商，经过层层的获利盘剥获得极少的收益。

面对生产能力和销售能力低的突出表现，企业应对低收入群体资源开发型策略。一方面，需要与低收入群体之间建立以市场机制为基础的契约关系，整合利用生产者的土地和劳动力资源；另一方面，企业还需要提供技能培训和技术监督等帮助确保该群体的生产资源、创新资源与企业价值创造链的无缝整合。然而，这一战略必将耗费企业大量的人力财力成本，先前双方间的弱联系更加大了实施难度，小微企业在这一过程中可以充当企业的中间商与培训师。基于贴近市场、操作便利和新机制引入快的优点，小微企业能与低收入群体迅速建立有效联系，掌握生产者持有资源的概况并进行引导整合，提高资源的利用效率；还能发挥监督检查和信息传递服务，根据企业的生产需求严格控制资源，并向低收入生产者传递市场信息与企业状况，提供生产技能和创新技能的培训，引导其进入企业的价值链，省去了企业直接与生产者进行交易的大量成本。②

4. 将低收入群体视为合作伙伴的创业机会分析

低收入人群在消费和收入水平得到提高后，更多的要求是其社会、情感与文化内涵能够被其他社会组织接受和共建。企业简单地将低收入群体归为消费者或生产者，往往忽视了他们真实的社会需求。低收入群体虽然缺少资金与专业知识技能，但层出不穷的草根创新创造出了大量实用价值。因此，企业要想构建持续和谐的商业合作机制，必须实施共赢式的合作战略，支持草根创新并与企业创新进行替代融合，共同推进市场化赚取收益。然而，企业与低收入群体建立平等商业合作机制的客观环境并不完善，不完全市场、不完美信息、公共品与外部性等问题表现突出；低收入群体本身也具有高度的社会化导向，强烈依赖于本地的非正式制度进行生产生活交易。主客观因素都制约着企业战略的操作，这就需要小微企业担当双方的介绍人与草根创新的支持者。相对于契约关系，信任与承诺是支撑低收入人群从事商业活动的重要机制。小微企业一直致力于基层竞争和生产躁动，熟悉低收入群体的社会规范与风俗习惯，易于获得信任承诺并与其进行一对一的交流合作，通

---

① De Soto, The Mystery of Capital: Why Capitalism Triumphs in the West and Fails Everywhere else[M]. New York: Basic Books, 2000: 32 - 36.

② 周江华，仝允桓，李继珍. 企业面向低收入群体的创新模式研究[J]. 经济与管理研究，2010，(10): 12 - 17.

过提供一定的资金技术支持与产权维护，帮助他们步入创新的成熟阶段；另外，小微企业能够将成熟的草根创新推介给需要的大公司，或者按照公司需求搜寻草根创新成果，在其中担任中介促成双方的合作，实现草根创新与企业创新的融合。

5. 社会需要分析

一直以来，政府、非政府组织和非营利机构都承担着缓解和消除贫困的责任，然而其实际扶贫效果也备受争议。研究发现，一些慈善组织在许多国家和地区的扶贫计划收效甚微[1]，而政府在消除贫困上的行动也大都停留于表面，这些具有慈善性和非营利性的扶贫项目并不具有可持续性。因此，扶贫应走出一条可持续的创新道路。贫困的根源是资源禀赋和技能的缺乏，继而导致了创收能力和创收机会的限制，因此解决贫困问题的关键就是带动低收入群体整合开发所拥有的资源，增加创收机会与经济来源。在包容性创新的过程中，小微企业通过填补结构洞连接企业与低收入群体，使低收入群体接触到更多的创新产品和创收机会，扩宽了他们的消费渠道和消费种类，使他们切身认识到创新带来的进步，增强了各类资源与增值机会的匹配度；在小微企业与低收入群体合作时，已经了解到创新价值的一部分人会积极将持有资源投入到创新生产链，获得更多的经济收入，继而这种创收方式会在低收入群体网络中迅速传递和使用，低收入群体收入会普遍升高。这种合作与互动从根源上解决了贫困问题，也实现了小微企业、企业和低收入群体三方的共赢。

6. 基于跨越包容性创新结构洞的小微企业成长路径分析

小微企业可以从三个方面进行成长。当将低收入群体定位为消费者时，小微企业应注重需求分析、渠道建设与产品引进，多要素协同发展；在将低收入群体定位为生产者时，小微企业应加强各方联系，传递市场信息，整合价值链增加收益；当把低收入群体定位为商业合作伙伴时，小微企业可从提供合作平台和资金技术等方面入手，担当双方的介绍人与草根创新的支持者。

小微企业选择这一成长路径时，要注重多要素协同。要以低收入群体的市场需求为导向，掌握低收入群体的需求特性、消费习惯，同时还应熟悉大企业针对 BOP 市场开发出的产品特性，挑选出匹配的创新产品进行投资生产或销售。在这一过程中，小微企业要综合考虑利润、契合度、渠道构建等各个维度，做到市场需求、供给现状、利润率与自身能力等要素的协调一致，挑选出适合经营的产品。

2008 年兴起的山寨手机是面向低收入群体市场的典型创新产品，这股"山寨"浪潮之所以能够席卷全国并诞生出天语、金立等国产手机品牌，关键在于山寨手机产业链的创新。

---

① Eastely. The White man's Burden：why the West's Efforts to Aid the Rest have Done so much Ill and so little Good[M]. New York：Penguin Press，2006.

区别于传统的垂直型产业链，山寨手机的产业链是由芯片外观设计公司、山寨手机厂商、渠道商和零售商等组成的，整合了无数个小型企业，发挥了单个小型企业的勤奋和活力。由于研发与设计"交钥匙"工程，山寨手机企业只需投入较少的资金就能生产低成本高利润的手机，这就为熟悉市场需求和草根人群消费习惯的小微企业提供了机会，大量民营资本和个体商家涌入制造厂商的行列；同时，山寨机销售渠道也离不开小微企业的支撑。小型手机专卖店作为县、乡镇等地区的主要销售网点，承担着大量的直销任务；而分销渠道中的一些中小型经销商凭借着谈判优势和从商经验也成为山寨手机的另一支销售大军。由此可见，在开发低收入群体市场过程中，深谙市场需求的小微企业精准匹配了低收入市场的消费习惯与山寨手机的实惠实用性，实现多要素协同，利用自身信息收集优势和商业能力得到了丰厚的利润回报，成为山寨手机产业链的重要构成部分。

挖掘低收入群体资源，整合价值链，成长为传递信息推广创新的中间商。当选择这一成长路径时，小微企业需要加强各方联系，整合价值链。通过发挥信息整合力强和管理机制灵活的优势，传递企业生产信息和要求，为低收入群体提供生产技能培训，发挥监督作用，保证生产者或是供应商的资源能被有效投入到价值链中并正常运转；同时，与高校研究所等创新主体合作，升级并推广相关生产技术，推广创新成果，丰富创新参与主体，不断整合价值链。

大学生创业典型人物凌刚基就为自创企业选择了这种成长路径。在创业过程中，凌刚基积极了解市场运行规则，为公司申请乌鱼养殖行业认证，保证乌鱼品质，稳固销售渠道；公司还获得中国青年创业国际计划与西南农业大学的支持，钻研推广乌鱼繁育技术，提升了乌鱼繁殖力；另外，凌刚基还引导乡亲们发展高效特色水产养殖，推出鱼塘"教练场"供大家学习技术，并提供统一的技术、销售帮助，带领大家走上致富道路。依靠养殖乌鱼、开乌鱼火锅店，凌刚基大学毕业仅 6 年便挣得了数百万身家。这种将低收入人群视为生产者的成长机制突破了开发市场消费需求的局限，小微企业通过技术指导和市场知识普及整合了水产资源，促进了乌鱼养殖规模化、特色化；与高校的创新合作深化了企业持续发展道路，推广了创新成果，提升了乌鱼繁殖技术；一方面使低收入群体以劳动者、供应商、生产者的身份融入到生产经营中，另一方面还将高校、科研机构等创新主体吸纳到价值链的上游，增加生产经营的参与主体。小微企业在开发低收入群体资源时，通过生产资源整合、创新技术融入与增加参与主体，在稳固中间商地位的同时不断优化和整合了价值链，获得巨大的生产创新收益。

注重与低收入群体的合作，促进草根创新走向成熟，逐步成长为创新中介或创新猎头公司。这一成长策略是大企业实施共赢式合作策略的垫脚石。小微企业要始终围绕支持草根创新这一核心不断成长，在草根创新过程中提供技术知识支持，在创新成熟后推动创新成果的市场化，在增加低收入群体创新收益的同时收取中介佣金，或在为大企业解决外部创新需求时获得"猎头"费用,遵循着自下而上的创新机制促进草根创新走向成熟,如图5-6所示。

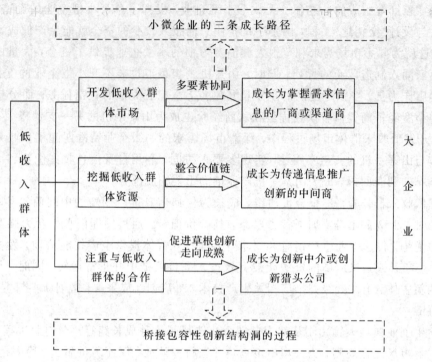

图5-6 基于包容性创新的小微企业成长路径选择

当前社会正缺少一种保护和补偿草根创新者创造力的机制,这种机制能够帮助收集、记录、商业化、传播民间创新的成果,并把成果与创新者分享[1],草根创新者也非常需要这种市场化的补偿机制,发明玉米收割机的草根创新者苗道斌曾说到最大的愿望就是让自己发明的机器能广泛运用到全国各地。如果支持草根创新的小微企业能快速成长起来,便能履行这种补偿机制的部分职能,避免草根创新者的热情被消耗掉。当作为草根创新中介时,小微企业主要服务于草根创新者,首先需要运用灵敏的市场反应评估创新或改良的方向,为草根创新把握创新价值;除了提供必要的知识与技术支持外,小微企业还需寻找合适的企业购买者,实现草根创新的商业化。在交易合作成功后,向创新者和企业收取中介费用;如果暂时无法寻找到合适的企业载体,小微企业还可以先行购买那些具有市场前景的创新成果技术或使用权,待时机成熟后推出市场获得收益。当作为创新猎头时,小微企业主要服务于大企业。相对于内部创新,企业还需要外部创新来实现市场多元化与产品线的横向

---

① 王晓文,尹珏林. 草根创新全球互动:联合国亚太地区技术转移中心民间创新大会会议侧记 [J]. 中国发明与专利,2008,(5):42-45.

扩展，特别是工农业器械生产公司，一些针对实际作业需要的草根创新产品往往更具有市场需求潜力，并节省了时间与研发成本。基于对草根创新者的深入了解与长期合作经验，小微企业能够搜寻到满足大企业需求的创新成果，或是通过与已经购买的创新产品积累相匹配找到解决方案，再获得企业认可收取"猎头"佣金。

三、研究结论及建议

在包容性创新过程中，因信息资源的不对称性、资金与技能不足和制度条件的缺失，低收入群体与大企业之间出现了企业创新产品定位不符低收入群体消费需求、低收入群体消费能力无法支付创新产品价格的现状，两者之间横亘着包容性创新的结构洞。在企业需要实施 BOP 战略谋求新发展的条件下，小微企业利用小巧灵活的特点和创新开发潜力，结合低收入群体的消费、生产和创新特征，在大企业发展与低收入群体提升生活水平的过程中找到生存空间与创业机会。基于对低收入人群不同的角色定位与资源开发程度，小微企业在包容性创新的过程中有三条成长路径。第一是开发低收入群体市场，并做到多要素协同，成长为掌握需求信息的厂商或渠道商；第二是挖掘低收入群体资源，整合价值链，成长为传递信息推广创新的中间商；第三是注重与低收入群体的合作，促进草根创新走向成熟，成长为创新中介或创新猎头公司。通过这些路径，小微企业不仅能够形成核心竞争力不断发展，还能使低收入群体参与到包容性创新的产生过程中[1]桥接结构洞，构建起包含企业、小微企业与低收入群体的包容性创新价值链。然而，在小微企业完善自身的条件下，多要素协同、价值链整合以及促进草根创新走向成熟的实现也离不开客观环境与国家政策的支持配合。基于此，笔者从企业能力提升和外部环境支持两个角度，提出建议：

（1）提升企业成长能力。小微企业的内部成长能力主要由创业者素质、产品和市场能力与企业文化等组成。创业者个人愿景的增强、能力素质的提高显著影响着小微企业的发展方向与速度，小微企业家需要不断丰富商业发展经验、充实文化知识，从而制定正确的企业经营目标与发展战略。产品与市场是小微企业发展的关键环节，应准确把握低收入群体市场的需求，从营销、服务等方面推广产品并提升产品销量。创新型、学习型的企业文化能够激励企业员工不断创新与学习，促进内部知识共享，符合企业愿景并被员工广泛认同的企业文化能为小微企业提供精神动力，增强核心竞争力。

（2）构建共益性结构洞。Burt 的结构洞强调了中间人占据结构洞后能够控制关系并垄断信息获得仲裁收益[2]。而实际上，小微企业在桥接包容性创新结构洞后，是作为一个联结

① 汤鹏主. 科技型小微企业包容性创新研究[J]. 科技进步与对策，2013，30(18)：29-32.

② 孙笑明，崔文田，王乐，等. 结构洞与企业创新绩效的关系研究综述[J]. 科学学与科学技术管理，2014，(11)：142-152.

点来促进低收入群体与大企业之间的信息交换，并通过从促进双方信息流通中获得收益，这就构建了共益性结构洞。共益性结构洞减少了结构洞两端的信息或资源不对称，使结构洞占据者——小微企业获得了信息资源，有利于创新利益相关者间的合作，促进了整个包容性创新网络的良性运作。

（3）完善金融服务。资金、产品与人才是企业持续发展的铁三角，据世界银行统计，中国目前有 1000 多万小微企业主不能享受到金融服务而面临着资金困难。为了解决这一问题，应建立以商业银行为中心、民间金融为辅助的多元化小微融资渠道，其关键在于开发满足小微企业资金诉求的银行信贷方案，有效控制民间借贷利率。通过培育小微融资服务体系，小微企业能够获得低成本的融资支持，实现产品流、资金流的循环流通。

（4）加大国家政策的扶持。我国企业的发展与政府政策的导向息息相关，小微企业亦是如此。目前，我国正大力支持小微企业创业与大众创新的发展，各种扶持政策也在国家层面与省市范围内不断被落实。行政审批的简化、完善的信息服务、专项的资金奖励等扶持政策，能减少小微企业的创立成本，激发小微企业的发展热情与潜力。除此之外，国家进一步完善基础设施建设，特别是低收入地区。目前大部分小微企业正立足于低收入地区缓慢成长，土地、通信、水电等基础设施的完善，改善了经营环境，便于信息、资金的流通，降低了经营成本。

第六章 包容性创新绩效评价体系
——以陕西省 10 地市为例

第一节 包容性创新的影响因素分析

一、理论模型

1. 包容性创新理念的界定

在此处之所以要澄清包容性创新的内涵，是因为只有深入认识这一问题才能很好地赋予指标体系构建中相关指标所承载的信息，这对于准确测度区域包容性创新能力来说是至关重要的。包容性创新是包容性增长、包容性发展的关键驱动力。包容性创新在创新导向方面，主要是面向中低收入群体的需求，特别是处于经济社会金字塔中低端群体，通过技术创新、逆向创新、服务创新、流程创新、产品创新、商业模式创新提供高质量，具有价格优势的产品或服务，从而直接满足中低收入群体的需求，改善他们的生活质量，更好地实现经济社会的发展。包容性创新在参与主体方面，特别强调中低收入人群、政府、企业、科研院所以及社会基层组织多重螺旋，将他们全部纳入到创新活动中来。

作为面向金字塔底层群体与利用多元价值创造的全新创新范式，包容性创新可以为中低收入群体提供大量的平等市场参与和创新的机会。低收入群体通过参与包容性创新来提高自身收入、提升自身能力与扩大自身权利。包容性创新强调把技术创新、市场创新与社会创新三者融合在一起，注重在促进经济社会发展中承担角色与责任。

包容性创新的核心理念是面向更多、更广范围的人创造更多的物美、质优、价廉的产品和服务（MLM，全称 Getting More performance for Less cost for More people，即用更少，为更多）。传统的创新主要以促进经济发展为主要目的，其创新导向自然聚焦于能够带来更多利润、并有一定购买力的金字塔高端人群。与传统的创新相比，其最大的差别在于，包容性创新不仅是推动经济发展的，而且更加致力于解决社会的不平等问题，提高中低收入群体社会福利。所以，包容性创新更多的是关注企业社会责任的实现，不仅强调新知识的创造，更加专注于新市场的创造。为此，包容性创新注重产品的价格优势和产品生产的可持续性，强调经济上的可接受性和创新成果的普惠性。

2. 区域包容性创新体系

由于包容性创新所涉及的要素较多，许多学者试图从创新系统的视角来深入阐述其含义。Dutz 认为，包容性创新顺利实施需要从强化知识创新与传播、改善投融资环境、加强职业技能教育、通信基础设施建设等多个方面提供强有力支持①。邢小强等(2010)提出，包容性创新系统是由相互合作与学习的企业、低收入群体或社区、政府与非政府组织及辅助性专业机构等构成，通过技术、市场、制度与组织的系统创新而实现经济、社会与环境等多重价值创造与分享的网络体系，并从创新主体、创新活动、运行机制等三个方面深入阐述了面向金字塔底层的包容性创新系统。邵希(2011)认为，包容性创新系统是以企业为核心，与当地政府、研发机构、贫困群体、非政府组织等联合起来，构建的一个以消除贫困为导向的包容性区域创新体系。区域包容性创新系统主要包括四个子系统：创新主体、创新环境、创新支撑、链接流。

3. 区域包容性创新体系的结构模型

虽然国内外学者对包容性创新系统的观点略有不同，但总体而言，都强调创新支持条件和创新环境的重要性，而且都考虑到中低收入群体的需求。为此，本书充分借鉴国内外的相关研究成果，建立区域包容性创新系统的结构模型。区域包容性创新能力系统主要由中低收入群体的需求子系统、创新主体子系统、创新环境子系统、创新支持条件子系统、创新产出子系统组成。整个区域包容性创新能力系统的良性发展就包含着这 5 个子系统内部的协调发展、5 个子系统之间多边乃至全面协同发展。按照以上我们所探讨的包容性创新系统模型，本章将在后续的研究中，赋予各子系统相应的信息承载量，尽最大可能准确完整地测度各个区域的包容性创新能力和绩效。如图 6-1 所示。

图 6-1 包容性创新能力测度理论模型

---

① Dutz Mark Andrew. Unleashing India's Innovation：towards Sustainable and Inclusive Growth [M]. Washington，D. C：The World Bank，2007. 105-128.

二、包容性创新能力测度的指标体系

我们将包容性创新系统的构成要素分为三类，包括创新主体、创新活动和运行机制。创新主体主要包括企业、BOP群体或社区，地方政府与NGO及外围的专业机构；创新活动包括技术创新、市场创新、制度创新与组织创新等；运行机制则包括利益驱动机制、制衡约束机制、合作协调机制与交流学习机制。其中，创新主体明确了参与各方的定位与职能，创新活动体现了不同创新主体在不同领域内的创新内容，运行机制则支撑了创新系统的运转与可持续发展。

1. 创新主体

（1）企业。企业是创新活动的主要驱动者与承担者，正是企业进入BOP地区才使得IIS的构建成为可能，而企业进入BOP地区的动机并非是单纯的慈善和社会责任，很大程度上基于其追求商业利润的内在逻辑。但很多在金字塔中高层运营的企业所积累的资源与能力都没有准备好为穷人服务，它们并不真正知道穷人需要什么，也不知道如何在为穷人提供产品与服务中获取利润。为撬动金字塔底层的财富，企业必须发展出可应用于BOP地区与人群的全新资源与能力，这主要通过辨识BOP市场机会、建立联盟、动员与整合多种资源并构建新的商业模式等方式来实现。

（2）低收入人群。在区域包容性创新系统中，低收入人群被视为机会缺失者而非收入缺失者，穷人并不是被帮助的对象，而是有价值的消费者、有潜力的生产者与创新者，拥有创新系统运行所需要的关键资源与能力。从具体职能来看，穷人可以以用户创新的方式帮助企业开发产品原型或构造与完善新的商业模式。正如研究指出，从作为边缘利益相关者的BOP人群那里，企业可以获得对预见潜在创新机会及商业模式的关键知识与观点。穷人也可以加入企业价值链的其他环节或在政府、NGO与金融机构等的帮助下与企业合作，把有价值的原始创新进行商业化并在其他BOP地区推广传播。

（3）政府。邢小强认为政府在区域包容性创新系统中承担了多种角色。首先，作为BOP区域创新活动规则的制定者，政府需要设计与提供新的政策来激励各个创新主体在BOP地区的创新活动，如降低企业进入BOP市场的制度门槛、扶持与保护本地的民间创新、促进不同创新主体与相关机构之间的合作和积极推广成功的BOP创新成果与模式等。其次，政府要监督与评估各创新主体的行为对当地社会与生态环境的影响，并及时采取相应的措施以避免负面效果的发生。最后，政府自身也要参与到BOP创新活动中，往往会成为特定BOP创新模式的重要组成部分。

（4）NGO。NGO是弥补市场失灵与政府失灵的重要公益性组织形式，而两种失灵恰恰是许多BOP区域的主要特征，这也是NGO成为区域包容性创新系统创新主体的重要原因。许多 NGO 长期从事 BOP 地区的扶贫工作，积累了大量社会资本，在其他组织与 BOP 人群的交往中能够起到重要的桥梁作用；可通过提供必要的知识、设施与社会关系等方式提高其他组织的创新效率。而在此过程中，NGO 也会在跨领域的合作与互动中获得新的知识与能力，有助于提高资金运作效率、提升员工专业素质与技能和增加社会影响力。邢小强还认为，在区域包容性创新系统中，NGO 往往扮演着促进者与监督者的双重身份。

2. 创新活动

（1）技术创新。BOP 人群的很多需求和约束需要通过技术上的创新才能满足和突破，而由于 BOP 地区苛刻的环境条件，很多情况下直接应用成熟市场的技术与产品并保持其质量与完整性非常困难，需要开发出适用于当地环境与需求特质的全新技术[1]。而 Christensen（1998）的破坏性创新理论表明[2]，真正的突破性创新只能在非传统顾客新的和低要求的应用中产生，大都有一个在被主流市场忽略或认为不相关的低端市场层面逐步演进的过程。在这个意义上，BOP 地区就成为破坏性创新天然的实验场所[3]。因此，在区域包容性创新系统内的技术创新活动并非都是通过减少已有技术功能或降低质量的方式来实现，更多是运用新的理念与模式进行的探索性创新，且只有把那些熟悉本地各种隐性资源的组织与群体纳入创新过程才可能获得成功。

（2）市场创新。区域包容性创新系统成功运转的客观结果是在 BOP 地区培育出一个包容性的市场体系，这需要企业构建新的商业模式以开发出针对 BOP 市场的产品与服务或者调整价值链以把 BOP 生产者纳入进来。例如，企业可以通过生产可负担、可接受、可获得与可感知的新产品或服务而扩大人群的消费范畴，也可以在原材料采购和渠道建设等环节把相关 BOP 人群视为微型供应商和微型渠道商或零售商，或者与 BOP 创新者合作以完善并商业化穷人的原始性创新，这既提高了穷人的生活质量或生产能力，也为企业创造了新的增长机会并扩展其创新的视野与格局。而在此过程中，政府、NGO 及其他专业组织（如金融机构）等可通过提供信用担保与激励、利用专业知识与当地社会网络等方式来降低市场交易成本，减少市场失灵的出现。

（3）制度创新。在 BOP 地区，很多关键性的制度安排及相关基础设施都存在不同程度

---

① Seelos，C.，Mair，J. Profitable Business Models and Market Creation in the Context of Deep Poverty：A Strategic View[J]. Academy of Management Perspectives，2007，21(4)：49-6.

② Christensen，C. M. The Innovator's Dilemma[M]. Boston：Harvard Business School Press，1998.

③ Hart，S. L.，Christensen，C. M. The Great Leap：Driving Innovation from the Base of the Pyramid[J]. Sloan ManagementReview，2002，44(1)：51-56.

的缺失或无法发挥应有作用，如畅通的信息渠道、明晰的产权界定、完备的法律制度与有效的执行等，使得创新主体面临很大的不确定性。参与各方应通过制度创新构建有效的交易治理系统来主动填补制度空洞，而不是等待 BOP 市场自然演化到西方式的制度环境①。由于 BOP 地区存在着丰富的社会与道德规范、风俗习惯等非正式制度安排，各创新主体应充分尊重与利用这些非正式制度，把创新活动嵌入在 BOP 地区原有的社会规范之内，并在长期的合作交流与对差异的协商解决过程中逐步发展出以信任与共同承诺为基础的交易治理能力，减少信息、选择、履行契约能力和社会地位等方面的不对称性。这种制度创新体现出在 BOP 地区社会与经济制度交织的本质特征。

（4）组织创新。在 BOP 地区，特定组织为实现自己的目标往往需要其他组织的资源与能力，促使双方或多方在碰撞与合作中不断解决问题和克服障碍，进而会逐渐形成以有效整合各方资源或降低不确定性等方式来创造更多价值的新组织形式。类似于许多农村地区在产业化过程中形成的"政府＋公司＋农户"或"合作社/中介组织＋农户"等经营形式的创新，BOP 区域内的组织创新也是在不同组织、机构与社区间的互动与学习中逐渐演化而成，既依赖于各自拥有的独特资源或知识，也与组织间的关系性质与结构有关。这种组织创新往往需要特定创新主体进行有意识的推动，才能把原本独立行动和缺乏交流的各方连接起来。

3. 运行机制

（1）利益驱动机制。在区域包容性创新体系中，各创新主体的行为均符合其组织性质与宗旨，即各主体都是为追求其自身的利益目标而非被强迫参与创新系统的构建，这保证了创新系统具有内生的发展动力。这里的利益是个广义概念，包括经济、社会与环境利益等。例如，企业在 BOP 地区运营的主要动机是为了获得直接收益或新的增长机会；而很多 NGO 的使命是消除贫困；政府的重要职能是实现经济与社会发展中的效率与公平；BOP 群体则希望获得更好的生活。各创新主体为实现各自利益目标会以最大效率的方式进行合作、互动、学习与创新，推动区域包容性创新体系的演化与发展。

（2）制衡约束机制。尽管创新主体具有各自的利益与动机，但区域包容性创新体系具有明确的价值标准与运行准则，即新知识的创造与扩散要有利于 BOP 人群生活质量或生产能力的提升，同时不能对 BOP 区域的社会与自然环境产生破坏性的影响。因此，要有适当的约束机制来保证任何创新主体不能因过于追求自我利益而损害其他主体利益，激励与引导环境友好与社区相容性的创新。这既要设立正式制度对各主体的行为予以监督与规范，

---

① London，T. ，Hart，S. L. Reinventing Strategies for Emerging Markets：Beyond the Transnational Model[J]. Journal of International Business Studies，2004，35(5)：350－370.

而不同主体间由于目的与动机的差异也会自然产生相互制衡。如很多 NGO 对商业的作用一直持怀疑态度，使得 BOP 区域运营的企业必须把追求经济利润与创造社会或环境价值的行为一致起来，才能得到 NGO 的配合与帮助。

（3）合作协调机制。区域包容性创新体系的成功构建与运行需要不同创新主体的共同合作，但由于构成主体具有很强的异质性且专注于各自领域，长期缺乏沟通，很多组织相互之间并不熟悉甚至缺乏信任。必须构建良好的合作协调机制才能促成各组织的合作与协作并解决可能的矛盾与冲突。这可以通过事先就合作各方的分工与责任及可能出现的问题与解决方式做出具体规定，并设立专门机构来负责推进与协调，也可就具体问题出现后进行非正式的协商。正式与非正式的协调机制会随着合作与交流的深入而以一种匹配与补充的关系融合在一起，以有效保证包容性创新体系的平稳运行。

（4）交流学习机制。知识的学习与扩散一直是创新系统的核心内容，也是创造新知识的重要机制。创新主体既要通过利用性学习（Exploitative Learning）深入挖掘自己已有的知识基础来更好地适用于 BOP 区域的创新环境与条件，更要进行探索性学习（Explorative Learning）来获得现有知识体系之外的新知识。而对特定创新主体而言的新知识很多情况下是其他主体已经积累的知识，需要双方交流与分享，并在吸收、传递与融合过程中创造出各自及双方共有的全新知识。这需要根据主体的创新行为特征与知识性质等因素建立有效的交流学习机制，保证各主体的知识（尤其是隐性知识）能够在区域包容性创新体系中得到充分的利用与共享，提高"干中学"、"用中学"、"观察中学"、"互动中学"等多种方式的学习效率与效果。

第二节　包容性创新绩效评价体系

一、指标体系构建的原则

区域包容性创新能力评价指标体系的建立应遵循一定的原则，即包容性原则、系统性原则、科学性原则、可行性原则。

1. 包容性原则

包容性创新特别强调创新过程、创新模式和创新目标是面向全社会，特别注重服务于低收入群体需求的一种创新，所以评价指标的选取要充分将创新的包容性作为指标选取的重要依据；包容性创新寻求扩大必需品和服务的供给，以低收入群体支付得起的价格，提供高质量的产品与服务，使得创新真正具有包容性，并产生广泛的经济、社会、生态影响，因此，区域包容性创新要充分体现经济、社会、生态这三个方面。

2. 系统性原则

包容性创新绩效是由多方面因素的综合作用的结果，我们需要从系统的角度来理解包容性创新。每个区域包容性创新绩效都是由一个复杂的系统构成的。区域包容性创新绩效指标涉及很多内容，指标的选取要充分考虑其整体性和系统性原则，尽可能的涵盖较广的范围。同时指标选取也要兼顾信息的全面性与评价的简便性，指标既不能选择过多，也不能选择太少；指标太多会造成数据重复，造成对结果的干扰；指标太少会不具有代表性，无法很好地反映区域包容性创新绩效。

3. 科学性原则

区域包容性创新绩效的指标要选择科学，要能够准确反映包容性创新的内涵，更要反映其创新过程、创新模式、创新目标以及将来的发展方向。指标的概念要科学、明确，能够准确解释指标所反映的深刻内涵。

4. 可行性原则

可行性主要是指区域包容性指标的可获得性、公正性和有效性，即在选取指标时需要充分考虑统计数据获取的难易程度，进而构建可以测度的指标评价体系；同时，我们也需要充分考虑测度方法是否能够熟练掌握，保证测度结果的可实现性。

二、测度指标的选择

1. 中低收入群体的需求指标

笔者选取"乡村社会消费品零售总额""农村居民人均消费支""用水普及率"来测度一个地区中低收入的需求。"乡村社会消费品零售总额"这一指标放在区域来讲，主要是反映本地区人民物质文化生活水平的提高情况，社会商品购买力的实现程度。"农村居民人均消费支出"这一指标反映农村居民在食品、住房、家庭设备、教育、交通通信和医疗保健方面的消费支出情况。"用水普及率"指标反映一个地区饮用清洁水以及污水处理水平。

2. 创新主体选取的指标

结合数据的可获得性，笔者选择如下指标测度包容性创新的主体，包括"自然科学独立科研机构""各地区就业人员数""理工农医类高校数""有研发机构的企业数""各地区创新型企业数量"等。

3. 创新支持条件指标

笔者选取"教育投入"指标衡量地区教育设施水平；选取"卫生技术人员""卫生机构床位数"衡量财政支持系统；此外，笔者选取"各地区科学研究技术服务投入""固定资产投资"

作为衡量技术创新和融资条件的标准。

4. 创新环境指标

笔者选择"互联网宽带数""固定电话""移动电话""广播人口覆盖率""电视人口覆盖率""各地区电信业务量""交通道路建设"作为地区基础设施的衡量标准。

5. 创新产出指标

社会产出包括"农村居民人均纯收入""城镇登记失业率"和"新型农村合作医疗参合率",用这三个指标表征包容性创新对人民生活水平的改善程度。科技产出选择了包括"专利申请量""实用新型专利申请量""科研经费投入占 GDP 比例",用这三个指标来表征面向中低收入群体的创新水平。生态产出用"空气日报优良率"指标表示,用以表征包容性创新对生态环境的包容程度。本书建立了区域包容性创新能力评价指标体系,如表6-1所示。

表6-1 区域包容性创新能力评价指标体系

指数层	系统层	指 标 层	属性	单位
区域包容性创新绩效指标体系(a)	中低收入群体的需求(b_1)	乡村社会消费品零售总额(c_1)	正	亿元
		农村居民人均消费支出(c_2)	正	‰
		用水普及率(c_3)	正	元
	创新主体(b_2)	自然科学独立科研机构(c_4)	正	个
		各地区就业人员数(c_5)	正	人
		理工农医类高等院校数(c_6)	正	个
		有研发机构的规模以上工业企业数(c_7)	正	个
		各地区创新型企业数量(c_8)	正	个
	创新支持条件(b_3)	固定资产投资(c_9)	正	万元
		各地区科学研究技术服务投入(c_{10})	正	万元
		教育投入(c_{11})	正	万元
		卫生机构床位数(c_{12})	正	张
		卫生技术人员(c_{13})	正	人

续表

指数层	系统层	指标层	属性	单位
区域包容性创新绩效指标体系(a)	创新环境 (b_4)	互联网宽带数(c_{14})	正	户
		固定电话(c_{15})	正	户
		移动电话(c_{16})	正	户
		广播人口覆盖率(c_{17})	正	%
		电视人口覆盖率(c_{18})	正	%
		各地区电信业务量(c_{19})	正	万元
		交通道路建设(c_{20})	正	公路里程
	创新产出 (b_5)	农村居民人均纯收入(c_{21})	正	元
		城镇登记失业率(c_{22})	逆	%
		新型农村合作医疗参合率(c_{23})	正	%
		专利申请量(c_{24})	正	件
		实用新型专利申请量(c_{25})	正	件
		科研经费投入占 GDP 比例(c_{26})	正	%
		空气日报优良率(c_{27})	正	%

三、测度数据来源

　　测度数据主要来自于 2009—2012 年的《陕西统计年鉴》、《陕西专利申请统计分析报告》、《陕西科技年鉴》、《陕西省各地区国民经济和社会发展统计公报》等统计年鉴和报告，测度时段缺失的数据通过陕西科技信息网(http：//www. snstd. gov. cn/)和陕西省知识产权局(http：//www. snipo. gov. cn/)等相关网站补足。在数据收集的过程中，由于杨凌示范区的数据存在大量的缺失，因此只收集了陕西省的其他 10 个地区的相关数据。

四、测度方法

对陕西省区域包容性创新能力测度的分析，最重要的是建立公正客观、科学合理的评价体系，并运用准确的测度方法进行评价。毋庸置疑，评价指标体系构建是否合理将直接影响到测度结果的准确性。测度方法的选择是准确进行测度的基础和保证。通过查阅大量文献资料，发现区域创新能力的评价测度方法很多，主要包括数据包络分析（DEA）、松弛变量法（SBM）、层次分析法（AHP）、主成分分析和加权综合指数法。在对陕西区域包容性创新能力进行综合指数测度时，参考《中国区域创新能力报告》，采用加权综合指数法对陕西省各地区包容性创新能力进行测度评价。

1. 基础指标的处理

有关区域包容性创新能力的原始指标数据，其单位（量纲）是不同的，为了保证评价结果的准确性，在进行区域包容性创新能力指数测算时，首先对原始数据进行标准化、无量纲化处理。而标准化、无量纲化处理最常用的方法是效用值法。通俗地讲，效应值法是按照特定的数理运算规则，将原始数据标准化为[1，100]之间的某一个数，进而达到标准化、无量纲化的目的，以便后续的相互比较和计算。我们在利用原始数据进行标准化、无量纲化处理之前，需要确定不同效用值的指标类型。效用值的指标类型具体可以分为两类：一类被称为正效指标，通俗地讲就是原始指标的值取得越大，而通过标准化、无量纲化处理之后，其效用值也是越大的一类相关指标，当然这一类型的指标非常普遍，比如空气日报优良率、新型农村合作医疗参合率；另一类型被称为负效指标，通俗地讲就是其原始指标值的大小和标准化、无量纲化之后的效用值大小成反比变化，即原始值越小，其效用值越大，例如，城镇登记失业率。以下是对正效指标和负效指标的标准化、无量纲化处理规则的具体阐述。

（1）正效指标的处理规则。如设 i 表示第 i 项原始录入指标，j 则表示第 j 个区域（显然，$j=1，2，\cdots，10$）。因此，$X_{i,j}$ 则表示第 i 项指标在第 j 区域所取得的值，$X_{i\max}$ 则代表第 i 指标在全部 10 个区域最大的那个取值，$X_{i\min}$ 则表示第 i 个指标在全部 10 个区域取值最小的那个，$U_{i,j}$ 则表示第 i 个原始指标在第 j 个区域经过标准化、无量纲化处理后得到的效用值。正效指标的处理规则公式如下：

$$U_{i,j} = \frac{X_{i,j} - X_{i\min}}{X_{i\max} - X_{i\min}} \times 100 \tag{6-1}$$

（2）负效指标的处理规则。如前面所叙述的那样，这一类型的指标其原始指标值的大小和标准化、无量纲化之后的效用值大小成反比变化，即原始值越小，其效用值越大。该类型原始指标标准化、无量纲化的处理规则公式如下：

$$U_{i,j} = \frac{X_{i\max} - X_{i,j}}{X_{i\max} - X_{i\min}} \times 100 \qquad (6-2)$$

2. 加权综合测度

本书运用加权逐级测度的方法测度某一地区的区域包容性创新能力综合指数。当然，在进行加权综合测度的过程当中，我们无法回避的一个问题就是各级指标权重的分配问题。为了公平客观起见，本项研究采用类似德尔菲法来进行权重的分配。德尔菲法虽然有无法避免的主观性，但在综合指数的测度中是一种非常普遍的方法。通过邀请国内在包容性创新研究领域有一定影响力的学者、专家进行打分，多次征求专家、学者的意见，最终确定各个指标的权重 w。然后，通过对原始录入指标进行标准化、无量纲化处理，得到各项指标在每个区域所得的最终效用值。现在以西安为例（第 1 区域）在某一年的包容性创新能力综合指数，具体操作流程如下。

第一步，需要求出第 b 层级指标的效用值。具体地说，第 b 层级指标的效应值是通过求得该层级指标所属的多个 c 级指标的效用值与各个指标自身权重的乘积加和汇总而获得。在此，分别对 b 层级各个指标的 b_1、b_2、b_3、b_4、b_5 的效用值进行测度。

$$U(b_1,1) = U(c_1,1)w(c_1) + U(c_2,1)w(c_2) + U(c_3,1)w(c_3)$$

$$U(b_2,1) = U(c_4,1)w(c_4) + U(c_5,1)w(c_5) + \cdots + U(c_8,1)w(c_8)$$

$$U(b_3,1) = U(c_9,1)w(c_9) + U(c_{10},1)w(c_{10}) + \cdots + U(c_{13},1)w(c_{13})$$

$$U(b_4,1) = U(c_{14},1)w(c_1) + U(c_{15},1)w(c_{15}) + \cdots + U(c_{20},1)w(c_{20})$$

$$U(b_5,1) = U(c_{21},1)w(c_{21}) + U(c_{22},1)w(c_{22}) + \cdots + U(c_{27},1)w(c_{27})$$

其中，$w(c_1) + w(c_2) + w(c_3) = 1$；

$$w(c_4) + w(c_5) + w(c_6) + w(c_7) + w(c_8) = 1;$$

$$w(c_9) + w(c_{10}) + w(c_{11}) + w(c_{12}) + w(c_{13}) = 1;$$

$$w(c_{14}) + w(c_{15}) + w(c_{16}) + w(c_{17}) + w(c_{18}) + w(c_{19}) + w(c_{20}) = 1$$

$$w(c_{21}) + w(c_{22}) + w(c_{23}) + w(c_{24}) + w(c_{25}) + w(c_{26}) + w(c_{27}) = 1$$

第二步，求出第一级指标 a 的效用值。具体地说，第 a 层级指标的效应值是通过求得该层级指标所属的多个 c 级指标的效用值与各个指标自身权重的乘积加和汇总而获得。

$$U(a,1) = U(b_1,1)w(b_1) + U(b_2,1)w(b_2) + \ldots + U(b_5,1)w(b_5)$$

其中，$w(b_1) + w(b_2) + w(b_3) + w(b_4) + w(b_5) = 1$

通过上述运算，可以求得西安市（第一个区域）的包容性创新能力综合指数。运用同样的方法计算其他 9 个区域的包容性创新能力综合指数，最终得到需要的 2009—2012 年期间陕西省 10 个地区的区域包容性创新能力综合指数的测度结果，如表 6-2 所示。

表6-2　陕西省各地区包容性创新能力综合指数测度结果

地区	2009	2010	2011	2012	均值
西安	88.89	90.28	87.81	88.97	88.99
咸阳	43.32	37.63	38.03	43.38	40.59
宝鸡	37.13	35.34	33.99	34.61	35.27
榆林	36.04	37.31	31.88	37.08	35.58
渭南	27.41	28.39	32.32	30.13	29.56
延安	23.03	22.41	17.79	26.27	22.38
安康	19.29	15.02	13.88	20.66	17.21
商洛	19.17	15.68	9.47	14.40	14.68
汉中	18.73	17.41	20.78	25.77	20.67
铜川	14.63	14.83	14.82	14.64	14.73

五、测度结果分析——以陕西省为例

采用上述测度方法和指标统计数据，对陕西省10个地区的包容性创新能力进行了评价和排序。

（1）根据图6-2的结果，可以看出陕西省2009—2012年，包容性创新能力总体呈递增的趋势，呈现正U形。2009年到2011年，包容性创新能力相对缓慢下降；2010年之后，呈现快速增长的趋势，如图6-3、图6-4、图6-5、图6-6所示。

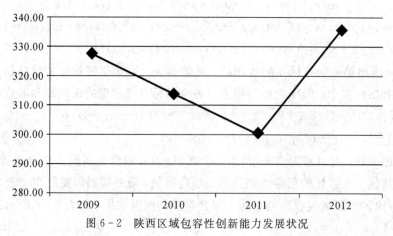

图6-2　陕西区域包容性创新能力发展状况

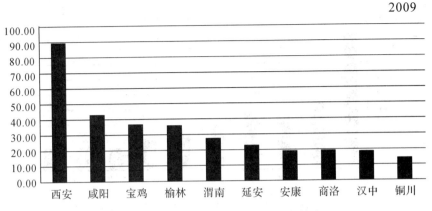

图 6-3　陕西省各地区包容性创新能力指数排序(2009)

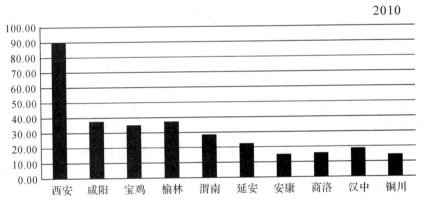

图 6-4　陕西省各地区包容性创新能力指数排序(2010)

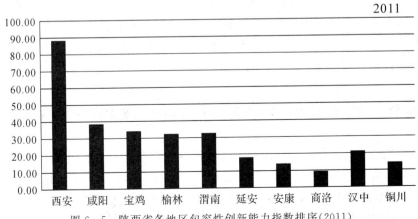

图 6-5　陕西省各地区包容性创新能力指数排序(2011)

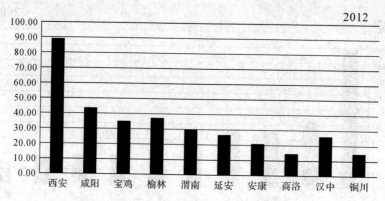

图 6-6 陕西省各地区包容性创新能力指数排序(2012)

（2）陕西省各地区的包容性创新能力水平差异十分明显，总体上可以将整个陕西省划分为四个梯级，按照区域包容性创新能力的强弱依次为西安地区、关中地区、陕北地区和陕南地区。

（3）西安地区(主要是西安及杨凌示范区)的包容性创新能力在整个陕西省遥遥领先，处于第一梯级，一方面充分说明西安市具备优异、强大的创新能力，另一方面也说明包容性创新与传统意义上的创新有着紧密的关联；关中地区(咸阳、宝鸡、渭南、铜川)的包容性创新能力处于第二梯级；陕北地区(榆林、延安)的包容性创新能力处于第三梯级；陕南地区(汉中、安康、商洛)的包容性创新能力在整个陕西省处于末尾。

（4）从 2009—2012 年四年的时间动态变化来看，西安地区的包容性创新能力表现出了缓慢但又稳定的增长趋势。而另外三个地区则在不同程度上出现减弱趋势，特别是陕北地区与陕南地区，它们的包容性创新能力出现了连续的下降。

（5）从陕西省各个地区排名趋势来看，包容性创新能力与各个地区的经济发展水平相比，并没有呈现出完全线性相关关系。或许，每个地区的包容性创新能力与各个地区的经济发展水平、市场开放度以及相关产业结构存在紧密的联系。为此，将在下一章将深入探讨包容性创新能力与经济发展水平之间的关系。

第三节 包容性创新绩效与经济发展水平的实证检验

为了更好地利用面板数据分析陕西省区域包容性创新能力与经济发展水平的关系，本节首先对总体研究思路进行了设计。总体思路设计如下：第一步，变量的定义与回归模型设定；第二步，实证分析过程，主要包括描述性统计、单位根检验以及 Hausmam 检验；第三步，实证分析结果分析。

一、变量的定义与回归模型设定

1. 变量的定义与度量

表 6-3 所示为各变量的性质、名称、符号及变量度量。

表 6-3　变量的定义与度量

变量性质	变量名称	符号	变量度量
因变量	区域包容性创新能力	IIS	各地区年度包容性创新能力
自变量	开放水平	VOE	各地区年度进出口总值
		FDI	各地区年度外商直接投资
		VIE	各地区年度进出口总值
		FDO	各地区对外直接投资
	经济规模与质量	GDP	各地区年度生产总值
		AGDP	各地区年度人均生产总值
	产业结构	ISE1	各地区年度第一产业生产总值
		ISE2	各地区年度第二产业生产总值
		ISE3	各地区年度第三产业生产总值

2. 回归模型设定

根据变量定义表建立多元回归模型，并对各解释变量进行取对数处理，尽可能地减轻或消除可能存在的异方差性。而对于模型拟合效果的测度以及模型的最终形式还需进行其他检验。

$$IIS_{j, t} = \alpha + \beta_1 VIE_{j, t} + \beta_2 FDI_{j, t} + \beta_3 GDP_{j, t} + \beta_4 GDP^2{}_{j, t} + \beta_5 AGDP_{j, t}$$
$$+ \beta_6 ISE_{i, j, t} + \beta_7 ISE^2{}_{i, j, t} + \mu_{j, t} \tag{6-3}$$

其中 $i=1,2,3$ 分别代表第一产业、第二产业、第三产业，$t=1,2,3$ 分别代表 2009—2012 年，$j=1,2,\cdots,10$ 分别代表陕西省的 10 个地区。除变量 IIS 外，其余各变量均来自 2009—2012 年的《陕西统计年鉴》。

二、实证分析过程

1. 描述性统计

从表 6-4 中可以发现，回归模型中各个变量的标准差均小于变量的均值，说明样本数据的异方差性问题不严重。在之后的回归分析过程中，对 $VIE_{j,t}$、$FDI_{j,t}$、$GDP_{j,t}$、$AGDP_{j,t}$、$ISE_{i,j,t}$ 均采取对数形式，进一步降低回归分析过程中潜在的异方差，提高分析结果的可信度。从表 6-5 中可以发现，模型中各变量之间的相关系数比较大。此表的数值表示各变量之间的相关性，数值越大，各变量之间的相关性越大。

表 6-4　模型中各变量的描述性统计

变量	均值	中位数	最大值	最小值	标准差	偏度	峰度
IIS	31.965	26.838	90.278	9.472	21.354	1.803	5.510
VIE	9.440	9.101	14.078	6.194	2.005	0.777	3.143
FDI	8.201	8.017	12.420	5.159	1.578	1.116	4.590
AGDP	10.124	10.020	11.284	9.146	0.545	0.188	2.207
GDP	6.678	6.732	8.381	5.039	0.857	0.045	2.286
ISE1	4.490	4.592	5.645	2.380	0.732	−1.230	4.450
ISE2	6.034	6.223	7.564	4.427	0.932	−0.088	1.816
ISE3	5.536	5.482	7.735	3.909	0.892	0.676	3.530

表 6-5　模型各变量的相关系数

	IIS	VIE	FDI	AGDP	GDP	ISE1	ISE2	ISE3
IIS	1.000							
VIE	0.891	1.000						
FDI	0.871	0.994	1.000					
AGDP	0.393	0.284	0.285	1.000				
GDP	0.907	0.839	0.835	0.677	1.000			
ISE1	0.520	0.311	0.308	0.170	0.522	1.000		
ISE2	0.757	0.622	0.616	0.861	0.941	0.470	1.000	
ISE3	0.940	0.969	0.968	0.432	0.938	0.426	0.769	1.000

2. 单位根检验

为了保证回归结果的可信性，首先通过 Eviews 统计分析软件进行单位根检验，保证数据的平稳性。为了进一步判断不同变量之间的因果关系，进行协整检验。

单位根检验分别采用 LLC 检验、ADF - Fisher 检验、PP - Fisher 检验三种检验方法，这三种检验方法都属于左端检验。表 6 - 6 为单位根检验的结果，检验结果表明，各变量 $IIS_{j,t}$、$VIE_{j,t}$、$FDI_{j,t}$、$GDP_{j,t}$、$AGDP_{j,t}$、$ISE_{i,j,t}$ 均不能拒绝存在单位根的原假设，即各个序列都是非平稳序列。因此，需要再对各个序列进行一阶差分，一阶差分后的单位根检验结果如表 6 - 7 所示。

表 6 - 6　各变量原序列的面板单位根检验

	IIS P 值	VIE P 值	FDI P 值	GDP P 值	AGDP P 值	ISE1 P 值	ISE2 P 值	ISE3 P 值
LLC	−0.24681 0.4025	4.90935 1.0000	17.1594 1.0000	20.5858 1.0000	26.4385 1.0000	11.1848 1.0000	14.0676 1.0000	24.9815 1.0000
ADF	12.7609 0.8874	3.77349 1.0000	3.33878 1.0000	0.04785 1.0000	0.05045 1.0000	0.21590 1.0000	0.08367 1.0000	0.01319 1.0000
PP	12.6533 0.8918	3.35130 1.0000	2.78190 1.0000	0.03699 1.0000	0.04441 1.0000	0.19966 1.0000	0.06774 1.0000	0.00864 1.0000

表 6 - 7　各变量一阶差分的面板单位根检验

	ΔIIS P 值	ΔVIE P 值	ΔFDI P 值	ΔGDP P 值	ΔAGDP P 值	ΔISE1 P 值	ΔISE2 P 值	ΔISE3 P 值
LLC	−5.44098 0.0000	−4.79663 0.0000	−4.50001 0.0000	3.34532 0.0004	−5.13911 0.0000	−8.90053 0.0000	−15.9482 0.0000	−2.32120 0.0101
ADF	41.0315 0.0037	29.4233 0.0798	55.1318 0.0000	27.7770 0.1148	36.7138 0.0127	49.6085 0.0003	45.4939 0.0009	21.0537 0.3940
PP	40.4544 0.0044	30.3934 0.0637	59.1812 0.0000	34.0003 0.0261	45.2722 0.0010	60.2728 0.0000	54.0570 0.0001	23.7187 0.2549

表 6 - 7 表明，采用 LLC、ADF - Fisher、PP - Fisher 三种检验方法检验各个变量的一阶差分序列存在单位根的概率值都比较小，绝大部分的 P 值都小于 0.05，因此各变量序列的一阶差分是不存在单位根的，为平稳过程。

表 6-8　回归模型 Hausman 检验结果

项目模型	模型 1	模型 2	模型 3	模型 4	模型 5
Hausman 统计量	22.156	33.677	28.155	24.045	29.210
相应 Prob.	0.000	0.000	0.006	0.003	0.005

数据来源：由 Eviews6.0 软件分析所得。

3. Hausman 检验

在采用面板数据建立回归模型之前，首先需要确定采用何种面板数据回归模型。研究中常用的面板数据主要有固定效应模型、随机效应模型、混合回归模型、变截距模型等多种类型，而这些类型中以固定效应模型和随机效应模型最为流行。在选定是运用固定效应模型，还是随机效应模型的问题上，目前最常用的方法是进行 Hausman 检验，如表 6-8 所示。

由表 6-9 的分析结果可知，模型在 1% 的显著性水平下，拒绝随机效应模型的原假设，因而接受固定效应模型的对立假设。此外，考虑到所选用的面板数据属于横截面宽、时间短（宽而短）的数据类型，为了进一步降低回归分析结果的不一致性，采取固定效应模型进行回归分析。

表 6-9　模型回归分析结果

	模型 1	模型 2	模型 3	模型 4	模型 5
α	−65.307 * * *	−171.318 * * *	−74.468 * * *	−126.089 * *	−168.028 * *
VIE	5.480 * * *	0.331	2.475	2.783	3.357 * *
FDI	5.553 * *	8.431 * * *	1.603 * * *	1.439 * * *	1.239 *
AGDP		6.824 *	9.470 * * *	9.862 * * *	22.425
GDP		9.271 * * *	7.365 * * *	3.846 * *	−97.530 *
ISE1			−9.898 * * *	−11.269 * * *	8.614 * * *
ISE2			−4.503 * *	12.888 * *	35.505 * *
ISE2^2				−1.513 * *	−1.372 * * *
ISE3					59.508 * *
F 值	24.337	51.194	58.130	48.715	64.489
Adj. R2	0.749	0.900	0.897	0.895	0.942
D−W	2.203	2.501	2.229	2.799	2.503

注：所有模型的因变量均为 IIS；回归方法为 pooled EGLS(Cross-section weights)；D−W 值在 2 附近表示不存在序列自相关；*、* *、* * * 分别表示相关系数在 10%、5%、1% 水平上显著。

三、实证分析结果

1. 区域开放程度与区域包容性创新能力的关系

由表 6-9 中模型 1、模型 2、模型 4 的实证检验结果可知，衡量陕西省区域开放程度的各地区年度进出口总值的指标（VIE）和各地区年度外商直接投资（FDI）均与区域包容性创新能力综合指数（IIS）在 1% 的显著性水平下存在正相关关系（回归系数分别为 5.480，5.553；0.331，8.431；3.357，1.239），这说明进出口总值和外商直接投资值较高的地区，其区域包容性创新能力也较高，即区域开放性程度越高，其包容性创新能力也越高。产生这种情况的主要原因包括两个方面：第一，开放程度较高的地区，可以更好地利用国外的资本、技术、人才，用于支持区域内包容性创新企业的成长，因为在当前与包容性创新相关的早期创业风险投资仍然非常有限；第二，开放程度高的地区，一般其城乡差别也小。外资的进入提高了该地区的经济发展水平，改善了该地区农村居民的生活水平，有利于缩小城乡之间的差距。

2. 区域经济规模水平与区域包容性创新能力的关系

由表 6-9 中模型 2 的实证检验结果可知，衡量陕西省经济发展规模与质量的各地区年度国民生产总值（GDP）和各地区年度人均国民生产总值（AGDP）与区域包容性创新能力综合指数（IIS）在 10% 的显著性水平下存在正相关关系（回归系数分别为 6.824，9.271），这说明地区经济发达的地区，其区域包容性创新能力高；包容性创新能力与人均国民生产总值的相关系数更高，说明区域经济发展的质量比规模更加有利于包容性创新能力的提高。产生这种情况的原因可能是，经济发达地区在包容性创新方面投入的研发资金较多，而且经济发达地区拥有完善的基础设施，包括发达的交通、通信设施，发达地区的教育、卫生、医疗和农村社会保障等方面的投入也更多；人均国民生产总值越高，说明其购买力和需求越高，这些都有利于区域的包容性创新能力的提高。

3. 区域产业结构与区域包容性创新能力的关系

由表 6-9 中模型 3、模型 4 的实证检验结果可知，区域包容性创新能力与区域的产业结构密切相关。陕西省第一产业结构占比（ISE1）与区域包容性创新能力成负相关关系（回归系数分别为 -9.898、-11.269），即农业产值在当地经济总量的比重过高不利于区域包容性创新能力的提升；从模型 4 中，可以发现陕西省的第二产业结构占比（ISE2）与区域包容性创新能力呈现倒 U 型关系，这说明第二产业结构在当地经济总量中应该要保持在合理水平，过高或过低都不利于区域包容性创新能力的提高。从模型 3、模型 4 和模型 5 中，可以发现陕西省的第三产业结构占比（ISE3）与区域包容性创新能力呈现正相关关系（其相关系数分别为 32.159、33.828、59.508），这说明第三产业或者服务产业越发达的地区，其包容性创新能力也就越高。总结模型 3、模型 4 和模型 5，可以得出这样的结论：区域产业结构的发展应该保持在一个相对合理的水平，不能过分强调发展某一类产业，而忽视其他产业，第一、二、三产业应该得到均衡发展，只有形成合理的产业结构，才能真正提高当地的包容性创新水平。

第四节 陕西省区域包容性创新能力的分析

一、陕西省区域包容性创新发展的现状与存在的问题

1. 陕西省区域包容性创新的发展情况

近些年来，陕西省认真贯彻落实科学发展观，坚定不移实施"创新驱动发展"、"创新跨越发展"战略，不断深化科技体制改革，推动科技创新与经济社会紧密结合，加快建设创新体系，着力构建创新型省份。陕西省积极鼓励科技创新，不断增强创新能力，为推动经济社会发展，建设"富裕陕西、和谐陕西、美丽陕西"提供坚定的智力支持与科技保障。

1）创新环境方面

2014 年，陕西省成为继江苏、安徽后的全国第三家创新型试点省份，这对今后推动科学发展以及实施创新驱动发展起到了积极的促进作用。为了能够更好地促进陕西省科技与经济、社会、文化、生态、金融的结合，陕西省在大力宣传科技创新的同时，在政策上也给予了巨大的支持，先后出台《陕西省中长期科学和技术发展规划纲要（2006—2020 年）》、《陕西省"十二五"科学和技术发展规划》等一系列促进区域创新的发展纲要，重点实施"四工程一计划"，具体包括产业转型升级工程、企业创新能力提升工程、园区基地创新发展工程、创新型市县建设工程和优化创新环境计划。

当前，建设创新型国家已经成为国家发展的核心战略，陕西省已把建设"创新型陕西"作为今后的战略目标，西安市、宝鸡市相继被确定为全国创新型试点城市。陕西有能力、有责任通过先行试点，率先建设创新型区域，为建设创新型国家提供新路径以及经验的支持。

2）创新支持条件方面

陕西省拥有完善的基础设施，交通、通信、移动网络、互联网发达。截止 2012 年末，全省公路里程达 161411 公里，每百人拥有固定电话 20.6 部，每百人拥有移动电话达 87.0 部，互联网宽带用户达到了 4395866 户，广播人口覆盖率 97.15%，电视人口覆盖率 98.12%，广播、电视、电话、移动网络和互联网等网络基础设施覆盖了陕西省的绝大部分农村。除了硬件基础设施，政府机构和其他各方还建立了各类农村信息服务站，为农民提供各种综合性的、低成本的信息服务。这些基础设施的存在极大促进了包容性创新活动的

开展。

例如，陕西在全省 10 市 1 区开通的星火科技 12396 信息服务，它充分发挥了政府引导和市场驱动两个机制的作用，以农民增加实际收入，得到真正实惠为根本目标，促进农村科技信息服务资源开发，推进信息服务进村入户，并综合运用电话、电视、广播、互联网等多种途径，建成覆盖全省的具有可持续发展能力的农村科技信息服务体系。

3）创新主体方面

2012 年，陕西省拥有理工农医类高等院校数达到 80 家，总体数量位列全国第 3 位；普通高等学校在校学生 102.63 万人，普通高等院校毕业生达到 26.53 万人；有研发机构的企业数 4331 家，从事科技活动人员为 22.03 万人，研究与试验经费支出达到 287.2 亿元，支出总量位列全国第 12 位；国家级重点实验室 18 个，省部共建实验室 3 个，省级重点实验室 93 个，实验室数量位居中西部前列；省级创新型企业数量达到 61 家；

4）创新产出方面

截止 2012 年，陕西省农村居民人均纯收入达到 5763 元，农村居民人均生活消费支出达到 5115 元；陕西的近三年的城镇登记失业率呈现下降趋势，分别为 3.85%、3.59%、3.22%；实行新型农村合作医疗的县区达到 104 个，新型农村合作医疗的参合率也在逐年升高，近 3 年的参合率分别为 95.00%、97.10%、98.70%，在全国也位居前列；近几年，陕西省专利申请数量与授权数量一直呈上升趋势，截止 2012 年，申请量与授权量分别为 43608 与 14908 件；2012 年，陕西省各类技术合同达到 17596 项，成交金额为 334.82 亿元；陕西省空气日报优良率也一直在提升，2012 年达到 89.2%。

2. 陕西省区域包容性创新发展面临的问题

包容性创新能为低收入群体和企业创造巨大的价值与收益，但是由于低收入群体的自身特征及其所处的外部环境的影响，实施包容性创新时将面临一系列的挑战。

1）包容性创新的政策、战略、制度体系不完善

虽然陕西省有许多包容性创新计划和项目，但是缺乏明确的包容性创新政策和战略。不仅对陕西省来说，整个国家层面也缺失高层次的国家级包容性创新机构，无法对包容性创新的实施进行有效的牵头、规划、支持和监督。目前，某些包容性创新项目都是临时性的、缺乏协调且效率低下。企业、高校以及研究机构对包容性创新关注不足，草根创新仍然是零星的且缺乏支持，而参与各方之间的联系更是脆弱。因此，当前许多的包容性创新项目无法高效运转，也无法持续提供服务于低收入人群的包容性创新的产品或服务。此外，学术界对包容性创新的研究较少，所以尚未建立起完善的包容性创新的政策框架。而且，当前的创新活动属于传统创新，创新主体为政府、企业、高校以及研究机构等，而低收入群

体则被排斥在创新活动之外。

2）创新主体的作用未能有效的发挥

低收入群体大都存在教育水平低下的情况，而且缺乏基本的创新技能。创新技能不足严重制约包容性创新的实施。低收入群体由于缺乏相关知识储备和技能，其劳动生产率是非常低的。如果不经过相应学习和培训，他们无法以既定成本提供产品和服务，而且失去参与包容性创新活动的机会。

企业开展包容性创新的意愿不强，面临诸多挑战。由于信息传递渠道不畅通，企业很难深入去了解和挖掘低收入群体的现实需求和潜在需求，市场需求信息严重匮乏。再加上基础实施不够完善、融资服务狭窄等问题，极大阻碍了企业开展包容性创新的积极性。

科研院所的支持力度不够。陕西省虽然拥有众多高校、研究所、各类重点实验室以及研发机构，但在推动陕西区域包容性创新方面并未发挥出应有的作用。如果将前沿科技与低收入群体的需求结合起来，并积极寻求企业的更广泛参与，那么这些科研院所、机构便能够创造出更多的包容性创新解决方案。

3）信息基础设施落后

信息的获取和应用是创新活动的关键环节，信息的可获得性也是企业吸收新知识进行创新的重要推动力。企业与国家之间知识的创造和传播也受到信息可获得性、获得成本、分享渠道的简便性等因素的强烈影响。研究表明，投资信息基础设施建设是促进国家创新与经济发展的重要途径之一，信息基础设施的不完善将制约包容性创新活动的开展，尤其是陕南的汉中、安康、商洛三地，这些地区的低收入群体分散居住在偏远的农村，生态环境恶劣，交通不畅，供水、供电、卫生条件等也都存在很大的问题。信息通信网络等基础设施更是落后，这对开展包容性创新有很大的制约。

4）包容性创新的投融资服务欠缺

2012 年，陕西省全社会研究与试验发展（R&D）经费投入共计 287.20 亿元，R&D 经费投入强度（R&D 费用占 GDP 的比例）为 1.99%，与上年基本持平，仅仅略高于全国平均水平 1.97%，支出总量仅位列全国第 12 位。而且，低收入群体市场与其他市场相比，创新融资服务更是严重匮乏。由于普通银行信贷需求难以满足，低收入的生产者和消费者更是无力负担投资和采购所需的资金；在缺乏银行信贷服务情况下，低收入群体不得不寻求非正规金融的支持。这种融资活动不仅成本高昂，而且缺乏安全保障。由于包容性创新活动极具不确定性，充满风险且交易成本很高，因此很难获得一般金融机构的信贷支持。缺乏创新融资服务会进一步削弱企业进入低收入群体市场的动力，阻碍包容性创新的开展，从而导致低收入群体无法参与到价值创造与价值分享的过程中。

5) 区域包容性创新能力不强且发展不平衡

2011 年，陕西省的区域包容性创新能力在全国的排名为 17 位，在国内属于第三梯队。实证检验发现，从 2009—2011 年，陕西省的区域创新能力且逐年呈现下降趋势，情况十分严峻。陕西省区域包容性创新能力不足，严重制约包容性创新的实施。陕西省的区域包容性创新能力发展的十分不平衡，各地区的包容性创新能力水平差异十分明显，总体上可以将整个陕西省划分为四个梯级，按照区域包容性创新能力的强弱依次为西安地区、关中地区、陕北地区和陕南地区。西安 2009—2012 年的包容性创新能力平均得分为 88.99，而陕南三市的平均得分只有 17.52，区域包容性创新能力的差距十分明显，这都严重阻碍陕西省从整体上推动包容性创新的实践。

二、积极推进陕西省区域包容性创新能力

包容性创新将低收入群体纳入到创新活动来，以充分利用低收入群体中蕴藏的巨大消费、生产、创造潜力。推动包容性创新是一个系统过程，涉及多方参与者。政府需要建立一个以消除贫困为导向的包容性创新体系，确保让更多的低收入群体、非政府组织、科研院所、中小企业等参与到创新活动中，有效解决贫困问题。

1. 构建有利于包容性创新的战略、制度框架

从需求和供给两个方面建立促进包容性创新发展的政策制度框架。一方面，从供给的视角出发，由于草根创新多属于资金匮乏的一方，为他们提供资金支持是保证创新活动有效开展的关键，最直接的资金支持方式包括：转移支付、财政补贴、税收优惠等。同时，也要考虑到间接支持方式：支持风险投资的发展，通过设立企业孵化器建立创新主体与资金供给方的联系，并加大对包容性创新提供资金支持的投资者的支持力度，帮助企业进行市场拓展活动，降低创新成果转化的风险。另一方面，从需求的视角出发，首先，制定政府对包容性产品的采购优惠政策，加大政府的采购力度，积极开发市场潜能；政府在产品或服务处于研发阶段即确定采购规划或供应商，有利于推动产品研发的进程；政府采购作为一种示范效应，将在很大程度上带动产品的推广应用。其次，制定鼓励市场竞争的包容性创新政策，克服由于缺乏竞争而带来的市场失灵现象。具体而言，包括公开信息，防止由于信息不对称带来的道德风险和逆向选择问题；保护知识产权，确保创新者的个人收益；通过价值链的创新降低企业的交易成本；降低企业进入包容性创新网络的壁垒。最后，明确政府的各项职能，做到各部门间的权责分明，防止政府失灵。尤其在公共服务领域，需要建立完善的监督管理机制，防止权钱交易行为，实现政府与市场之间的有效对接。

2. 开展对陕西省中低收入群体创新需求的调查研究

首先，要对低收入群体的数量规模、分布区域、生存条件进行实地的调查抽样研究，真

实掌握低收入群体的实际状况，为以后扎实推动包容性创新提供丰富的数据支撑。其次，要对低收入群体现阶段参与包容性创新实践遇到的实际问题和困难展开深入细致的调查，为日后选择相应的政策工具提供现实依据。最后，要帮助低收入群体重新定义需求、发现需求、创造需求。因为，大部分低收入群体由于自身条件无法准确表述自己的需求，这就需要我们在深入调查的基础上，挖掘他们的现实需求和潜在需求，帮助他们发现自身需求，进而创造需求。

3. 充分调动包容性创新主体的积极性，促进主体间的协作

陕西省的区域包容性创新能力虽然在西部地区的排名比较靠前，但是由于创新主体间的积极性并不高，而且主体间的协作并不紧密，这些因素阻碍了陕西区域包容性创新能力进一步的发展。创新主体之间应该着力构建协同创新机制，通过中低收入群体、政府、企业、科研院所、高等院校等各个类型的创新主体共同协作、相互配合，使信息、政策、资本、人才、技术等包容性创新的资源要素得到有效汇聚与碰撞，进而实现深度交流合作，为区域包容性创新的发展提供巨大的支持和积极的引领作用。

陕西省目前已有一批科研院所、高等院校、创新型企业以及各类区域共建的创新平台，但从包容性创新的角度来看，无论从创新合作的广度、深度，还是从创新合作的成效看，与东部沿海发达省份相比，还存在较大的差距，对区域包容性创新发展的支撑和引领作用尚未体现。因此，陕西省的各类创新主体要大力发展政、产、学、研、用一体化的协同创新战略联盟或平台，积极构建适应包容性创新的合作组织机构，促进主体间的协作。

4. 营造有利于包容性创新的环境

首先，构建包容性创新生态系统。创新生态系统能够把包容性创新的主体有机地联合起来，使他们形成合作共生的关系。包容性创新主体相互协作，分享创意，创造新知识，开发新的商业模式，建立新的产品需求市场，满足消费者现实和潜在需求。

其次，政府应该成立专门机构负责包容性创新活动的开展，比如借鉴印度的发展经验，成立国家创新委员会，并在地方建立相应地分支机构，专门负责包容性创新计划的制订。同时，设立包容性创新基金，为具有发展潜力的创新项目提供资金支持；此外，还应该构建包容性创新的社会网络，促进不同成员之间的信息共享与合作，最终实现创新成果的商业化和规模化生产。

最后，要培养有利于包容性创新的新文化，鼓励创业精神和冒险精神，增强创造力；让人们认识到创新对于提高竞争力，以及知识商业化对财富创造和全民福祉的重要性；积极利用大众媒介宣传企业家或其他创新者的成功故事，激励人们创新；要让创新成为全民一种习惯，让每一个人都愿意为创新做出自己的贡献。

5. 构建完善的包容性创新支撑条件

1) 提高低收入群体的教育水平和创新能力

包容性创新成功的保证是让更多的低收入群体参与到创新活动中来,并分享创新所带来的收益。但是,低收入群体的受教育水平往往不高,因此对其进行人力资本培育就显得尤为重要。首先,由政府出资支持企业、NGO等开展形式多样的创新创业教育培训,提高低收入群体的生产生活技能。培训内容方面,根据不同个体的基础实行区别培育,重点提高低收入群体与创业创新能力相关的实际操作技能,例如,电子商务、互联网应用、融资渠道、知识产权保护等。其次,提高低收入群体的教育水平。做到正规教育和职业教育的同时开展,实行以对口培训为主的职业教育;同时,加大对低收入群体教育补贴力度,让更多的低收入群体能够接受良好的教育。最后,要明确提高创业创新能力的关键人群和重点领域。例如,在我国少数民族聚集区以及偏远山区存在着丰富的非物质文化遗产,我们可以将这些传统的工艺技法以及文化遗产挖掘出来,并在此基础上利用当今科学技术进行改进和创新,使其产生新的文化、商业和社会价值。

2) 完善信息基础设施

首先,扩大城乡地区的通讯基础设施建设,让信息通信技术引发的创新惠及大多数人。重点是推进农村地区的信息通讯设施建设,确保高速数据服务能够广泛应用,特别是在经济欠发达地区;要不断降低农村地区上网宽带成本,积极推进三网合一,应着力在农村地区提供无线宽带服务。其次,政府应该制定相关政策鼓励私营企业投资宽带设施,尤其是在农村地区。最后,为农村手机的上网业务提供定向资助。现在手机在农村地区的普及率非常高,但用手机上网的人数并不是很普遍,主要原因是手机上网资费太贵。移动运营商应该积极推广农村手机上网业务,不断降低手机上网资费,这样会吸引农村地区大量的潜在客户。

3) 加强包容性创新融资

首先,由国家出资设立创新基金,提高对包容性创新网络平台建设和低收入群体的金融支持。其次,成立有利于包容性创新的企业孵化器。包容性企业孵化器一方面可以提供基础设施、市场研究、商业计划、产品商业化等非金融服务,另一方面还可以提供直接的金融支持服务,为早期的技术研发提供资金支持;早期技术研发风险非常高,因此很难募集到资金,而包容性孵化器有利于解决这一问题。最后,鼓励风险投资基金对包容性创新进行资金支持。风险投资对包容性创新至关重要,对产品商业化意义重大。国家可以通过税收优惠的方式鼓励引导闲散资金流向风险投资行业,提高包容性创新早期风险投资资金的供应量。

4）提高区域经济的开放度，加强与国际开发机构合作

陕西省的经验数据表明区域开放性程度高的地区，其包容性创新能力也就越高。因此，陕西省要不断提高自身的经济的开放度，积极加强与国际开发机构、国外基金会的合作，更好地利用国外的资本、技术、人才、信息，用于支持陕西省区域包容性创新的发展。由于目前与包容性创新相关的早期创业风险投资仍然非常有限，企业开展包容性创新项目的难度非常大；而一些全球性的基金会，比如 Bill & Melinda Gates Foundation、The Clinton Foundation、Wellcome Trust Foundation 等都参与到包容性创新合作中来。陕西可以开展与国际开发机构合作，开展联合研究，加深和扩大陕西省在包容性创新领域的知识积累。

5）包容性创新与产业结构调整融合

陕西省的经验数据表明区域的产业结构与包容性创新能力密切相关，优化产业结构升级，有利于促进区域包容性创新能力的发展。一个地区第一产业比重过大，不利于区域包容性创新能力的发展；区域包容性创新能力与第二产业占比呈现倒 U 型关系；而大力发展第三产业尤其是现代服务业，可以极大促进陕西区域包容性创新的发展。当前，陕西省的产业结构发展并不协调，内部结构还不是很合理。从全国范围来看，陕西省的农业的基础地位还是比较薄弱，工业也是全而不强，现代服务业的发展比较滞后。

陕西省的产业结构升级应该向着追求发展效益和质量，注重民生转变，走包容、绿色、高效、集约和可持续发展道路。创新是现代经济社会发展的巨大动力，陕西省应通过包容性创新与产业结构调整相融合政策，建成具有陕西特色的区域包容性创新体系，为全面实现"三个陕西"的奋斗目标提供强大的支撑和引领作用。

三、基本结论

本次研究以陕西省区域包容性创新能力作为研究对象，在文献研究的基础上，从包容性创新的基本内涵出发，提出了区域包容性创新能力测度的结构模型；构建了陕西省区域包容性创新能力的评价指标体系，利用加权综合测度法对陕西省 2009—2012 年 10 个地区的包容性创新能力进行测度评价；为进一步检验包容性创新能力与当地经济发展的关系，利用面板数据，构建多元线性回归模型，实证分析陕西省经济发展与包容性创新之间的深层次关系；同时，还深入分析了陕西省区域包容性创新发展存在的问题，为更好地促进陕西包容性创新发展建言献策，对陕西省推进区域包容性创新发展、建设创新型省份、实施创新驱动发展战略都具有较强的理论意义和参考价值。其基本结论包括：

第一，包容性创新是促进经济发展成果惠及社会大多数人的引擎，是实现经济、社会、生态可持续发展的重要手段。包容性创新与科学发展、和谐发展以及创新驱动发展一脉相承。通过对包容性创新的概念进行了明确的界定，归纳出包容性创新具有可获得性、可持

续生产、高质量的产品和服务、服务于低收入群体、广泛的影响力等 5 个主要特征；同时，深入分析了包容性创新的两种模式，并与精英创新作了全面、细致的比较。

第二，通过区域创新系统理论、协同创新理论、三螺旋理论的研究，充分借鉴国内外的相关研究成果，从包容性创新的内涵出发，提炼出了区域包容性创新系统的结构模型；区域包容性创新能力系统主要由中低收入群体的需求、创新主体、创新环境、创新支持条件、创新产出等 5 个子系统组成；将区域包容性创新系统的结构模型作为依据，构建了中低收入群体的需求、创新主体、创新环境、创新支持条件、创新产出为基础的多元化区域包容性创新能力的综合评价指标体系。

第三，利用加权综合指数法对 2009—2012 年陕西省的区域包容性创新能力进行评价分析，研究发现：包容性创新能力总体呈递增的趋势，呈现正 U 形。2009 年到 2011 年，包容性创新能力相对缓慢下降；2011 年之后，呈现快速增长的趋势；各地区的包容性创新能力水平差异十分明显，总体上可以将整个陕西省划分为四个梯级，按照区域包容性创新能力的强弱依次为西安地区、关中地区、陕北地区和陕南地区；从 2009—2012 年的时间动态变化来看，西安地区的包容性创新能力表现出了缓慢但又稳定的增长趋势。而另外三个地区则在不同程度上出现减弱趋势，特别是陕北地区与陕南地区，它们的包容性创新能力出现了连续的下降。

第四，基于面板数据计量模型实证分析了陕西经济发展与区域包容性创新能力的深层次关系，结果表明：陕西省区域开放程度与区域包容性创新能力综合指数（IIS）在 1% 的显著性水平下存在正相关关系，即区域开放性程度高的地区，其包容性创新能力也就越高；陕西省经济规模、水平与区域包容性创新能力综合指数在 10% 的显著性水平下存在正相关关系，人均国内生产总值（AGDP）的相关系数比国内生产总值（GDP）的更高，说明区域经济发展的质量比规模更加有利于包容性创新能力的提高；陕西省第一产业结构占比（ISE1）与区域包容性创新能力成负相关关系，第二产业结构占比（ISE2）与区域包容性创新能力呈现倒 U 型关系，第三产业结构占比（ISE3）与区域包容性创新能力呈现正相关关系。

第五，总结出陕西区域包容性创新发展中存在的问题，并进一步提出了促进陕西省区域包容性创新能力的政策建议。针对陕西区域包容性创新发展中存在缺乏完善的包容性创新的政策、战略、制度体系，创新主体的作用未能有效的发挥，信息基础设施落后，包容性创新的投融资服务欠缺，区域包容性创新能力不强且发展不平衡等问题，笔者分别从构建有利于包容性创新的政策、战略、制度框架，开展对中低收入群体创新需求的调查研究，充分调动包容性创新主体的积极性，促进主体间的协作，营造有利于包容性创新的环境，构建完善的包容性创新支撑条件，提高区域经济的开放度，加强与国际开发机构合作，包容性创新与产业结构调整融合等方面，提出相关建议。

四、研究展望

随着包容性创新研究的不断深入，以及相关实践活动的日益普及，包容性创新问题已经引起了政界、学界和企业界的高度重视，并逐渐成为创新管理研究的一个重要主题。本节主要测度了陕西省各地区包容性创新能力，并实证检验包容性创新能力与当地经济发展的关系，同时还简要分析了陕西区域包容性创新发展中存在的问题，并有针对性地提出相关政策建议。但由于各种主客观的因素限制，研究还存在很大的不足，有待今后进一步探索和挖掘，今后应在以下几个方面做出努力：

第一，包容性创新的内在机理、作用机制的研究不足。目前学术界对包容性创新的内涵和外延都处在探讨之中，还未能形成比较完整成熟的理论体系。已有的研究成果大都关注包容性创新的内涵、特征与模式的探究，而从包容性创新的内涵、特征和模式出发，充分挖掘包容性创新理论的内在机理及其推进机制的研究十分缺乏。因此，未来要深入探讨包容性创新的内在机理与作用机制。

第二，区域包容性创新能力指标体系还需要进一步完善。在评价指标体系的建立以及具体测度指标的选取方面，本节只是进行了初步的探索，评价体系并不完善。由于相关统计数据的不全面，以及自身能力的局限性，测度选取的指标并不全面。例如，考虑到数据的可获得性，就没有深入探讨金融机构在包容性创新中的作用。因此，这样可能会影响测度结果的准确性。

第三，测度方法以及模型选择方面需要进一步研究和思考。目前使用的是加权综合指数法来测度陕西省区域包容性创新能力指数，在今后的研究中应该考虑使用 DEA 评价模型、系统动力学模型、熵权值法等多种模型，以提高评价的准确性。

第七章　地方政府推进包容性创新的障碍及对策建议

第一节　中国包容性创新发展现状

2007 年，亚洲开发银行首次提出"包容性增长"的概念，包容性创新理念则建立在包容性增长的基础之上。Pahalad 与 Hart 提出金字塔底层战略，认为金字塔底层群体是指生活在贫困线下、权利得不到充分保障的人群，这一群体内部蕴含着巨大商机，企业通过技术与商业模式的创新来满足其内在需求或利用其创新能力，不仅可以获得足够的经济回报，还能提高穷人生活质量缓解和消除贫困[1][2]。在此基础上，2012 年 George 等进一步提出了包容性创新的概念，认为包容性创新的本质是为了改善 BOP 群体的福利而创造和提供更多的机会[3]。

近些年，我国学者也对包容性创新开展了系列研究，如邢小强对包容性创新的定义为：企业等私营部门以可持续的方式为被排斥在社会经济体外的 BOP 群体提供机会，以实现其平等参与市场的机会[4]。学者吴晓波等从社会排斥的角度提出了包容性创新在推动包容性发展方面的三大促进机制，即降低创新壁垒、提升创新能力和创新制度变革[5]。汤鹏主认为科技型小微企业具有技术和人力资本优势，同时又有小巧而灵活的特点，因此在包容性创

---

① Prahalad C K, Hart S L. The Fortune at the Bottom of the Pyramid[J]. Strategy & Business, 2002, 26：54－67.

② C. K. 普拉哈拉德. 金字塔底层的财富[M]. 林丹明，等译. 北京：中国人民大学出版社，2005.

③ Gerard George, Anita M. McGahan, Jaideep Prabhu. Innovation for Inclusive Growth. Towards a Theoretical Framework and a Research Agenda[J]. Journal of Management Studies, 2012, (07)：661－681.

④ 邢小强，周江华，仝允桓. 面向金字塔底层的包容性创新系统研究[J]. 科学学与科学技术管理，2010(11)：27－32.

⑤ 吴晓波，姜雁斌. 包容性创新理论框架的构建[J]. 系统管理学报，2012，(6)：736－745.

新方面能够大有作为，并对科技型小微企业包容性创新的实现路径及现实困境进行了分析。越来越多的国内学者将研究目标转向包容性创新，反映出在我国实行包容性创新的必要性，这些学者的研究将会对我国包容性创新的实践提供一定的理论基础。

这里，我们引用学者郝君超、李哲①的相关研究，对近十年中国涉及包容性创新的相关实践进行整理和分析。

自 20 世纪 80 年代开始，中国政府就实施了一系列涉及包容性创新的科技扶贫计划，到近年来产业界针对特殊群体进行产品创新，再到草根个人的发明创造不断转化为经济效益，这一系列举动都与包容性创新的实质十分契合。郝君超等根据开展包容性创新活动的动力不同，将我国包容性创新的实践活动分为政府驱动型、市场诱导型和草根群体自发型三类。以下列举典型案例并予以具体说明。

一、政府驱动型包容性创新

2009 年，联合国八项千年计划中明确使用了"包容性"的概念，其内涵具体体现在千年发展目标的八个方面：消灭极端贫穷和饥饿；普及小学教育；促进男女平等并赋予妇女权利；降低儿童死亡率；改善产妇保健；与艾滋病毒/艾滋病、疟疾和其他疾病作斗争；确保环境的可持续能力；全球合作促进发展等。其中尤其强调了"消除贫困"这一口号，提出在消除贫困环境、建立透明制度、筹集资金、债务问题、疾病控制等多方面加强对发展中国家的帮助和扶持。作为最大的发展中国家，历史上，由于制度、战争等因素，在新中国成立初期的几十年中，贫困问题一直是阻碍我国经济、社会发展的重要原因。因此，中国政府始终将解决贫困问题作为工作的重点，通过启动多项计划或项目，加强对贫困地区和人群的科技支持，在这方面有着丰富的经验（如表 7-1 所示）。这些实践活动由中央政府或地方政府部门发起并实施，活动的实施范围与影响较大，整体上取得了良好的效果，但另一方面，由于企业参与较少，并且贫困群体大多只是被动接受科学技术成果，项目的持久性与激发群众创新活力的作用较为有限。

表 7-1　中国政府是包容性创新的相关计划（项目）

计划（项目）名称	启动年份	实施部门	主　要　内　容
科技扶贫计划	1986	科技部	瞄准贫困地区实际需求，实施贫困乡村科技扶贫示范、科技型特色产业促进、科技信息扶贫、科技致富、科技培训和科技普及等行动，建立服务体系、提高创新能力

---

① 郝君超，李哲. 中国推进包容性创新的实践及相关思考[J]. 中国科技论坛，2015(4)：35-40.

续表

计划(项目)名称	启动年份	实施部门	主要内容
农村科技特派员行动	2002	科技部	每年选派一批科技人员作为科技特派员深入农村基层,依托特色产业,开展创新和创业服务,与农民形成经济利益共同体
"星火"计划	1986	科技部	将成熟、先进、适用技术输入到广大农村,开展农民技术培训,开发具有区域资源优势的主导产品和产业,促进乡镇企业科技进步
国家农业科技园区	2001	科技部	建设产学研结合的农业科技创新与成果转化孵化基地、促进农民增收的科技创业服务基地、培育现代农业企业的产业发展基地
科技富民强县专项行动计划	2005	科技部、财政部	重点在中西部和东部欠发达地区,每年启动一批试点县(市),实施一批重点科技项目,集成推广500项左右的先进适用技术。通过3~5年,培育、壮大一批区域特色支柱产业,带动1000个左右县(市)农民致富和财政增收
农业科技成果转化资金	2001	科技部、财政部、农业部等	国家财政支持农业、水利、林业等科技成果进入生产的前期性开发、中试、熟化环节的唯一引导性资金,支持对象为农业科技型企业
科技型中小企业创新基金	1999	科技部、财政部	通过贷款贴息、无偿资助和资本金投入等方式,为支持科技型的中小企业的技术进步,并进行具有自有知识产权技术的项目开发提供资金支持
科技惠民计划	2012	科技部、财政部	实施一批重大民生科技工程,如全民健康科技工程、公共安全科技工程、生态环境科技工程等,通过科学研究与成果转化提高人民生活质量
创新医疗器械产品应用示范工程	2012	广东省人民政府	在选定的6个县(市、区),采用政府引导与市场运作相结合的方式,推动一批适宜基层应用的医疗器械的研发、生产和推广

资料来源:根据科技部网站及地方科技厅提供资料整理①。

---

① 郝君超,李哲. 中国推进包容性创新的实践及相关思考[J]. 中国科技论坛,2015(4):35-40.

1. 1986 年"科技扶贫"计划

1986 年，由国家科学技术委员会提出的"科技扶贫"计划是中国在反贫困战略中的一个重要举措。其宗旨是应用成熟的科学技术和现代管理科学，增强贫困地区农民的开发能力，大幅度提高贫困地区资源开发水平和劳动生产率，求得最佳经济、社会和生态效益，促进贫困地区商品经济发展，加快农民脱贫致富步伐。

"科技扶贫"计划是在国务院扶贫开发领导小组的指导下进行的，主要配合地方各级政府，充分依靠科技人员和广大群众组织实施，包括直接参与和一般指导。自 1986 年开始，国家科委分别在大别山贫困地区的湖北、河南、安徽等 18 个重点贫困县开展了扶贫计划。1989 年进而扩展到陕西北部的延安和榆林地区，以及湖南、江西交界的井冈山重点贫困地区，工作面涉及 54 个重点贫困县。1990 年，国家科委与中国致公党等 8 个民主党派联合对贵州省黔西南布依族苗族自治州开展科技扶贫工作。1993 年又确定了海南省黎族地区、黑龙江省赫哲族地区为国家科委和国家民委联合推动的少数民族科技扶贫示范点。

根据计划，国家科委开展的科技扶贫具体工作包括 7 个方面。

（1）派出科技扶贫团，配合当地政府组织科技扶贫工作。从 1986 年起，国家科委每年分别向湖北、河南、安徽、湖南、江西、陕西等省的贫困地区派出科技扶贫团，先后派出 300 多名专家和管理人员。

（2）组织科技队伍，实施科技扶贫。组织大专院校、科研院所作为贫困县的依托单位，派遣有实践经验的专家和中、青年知识分子组成科技开发团，并向贫困县派驻科技副县长，帮助贫困县研究和制定科技开发规划和年度开发计划。

（3）针对贫困地区农民的需要，大规模推广应用先进科学技术。例如，在大别山区推广杂交水稻栽培技术，在陕北和大别山区推广水稻旱育稀植技术等。

（4）依靠科技进步，发展区域支柱产业。充分利用区域内的自然资源和社会资源，集中科技力量连片开发，形成适度规模的区域性支柱产业和较大的商品量，为贫困地区商品经济的发展创造条件。

（5）抓好技术培训，提高农民素质。开发智力是科技扶贫工作的前提，通过多层次、多渠道、多形式培训，广泛提高农民接受和应用技术的能力。

（6）建立健全社会化科技服务体系。各级扶贫部门都建立了一大批以农民和技术人员为主体、服务能力较强的技术经济服务组织，为贫困农民提供技能培训和技术指导。

（7）注意环境建设，改善生态环境。科技扶贫计划十分强调防止生态环境继续恶化，针对贫困地区生态基础薄弱、水土流失和沙化严重问题，采取工程、生物、生态技术措施及区域性综合治理技术措施，在较大程度上改变了贫困地区生态恶化的局面，保证了经济持续发展。

2. 2002 年农村科技特派员行动

1999 年，福建省南平市党委和政府为探索解决新时期"三农"问题，在科级干部交流制度基础上建立了一项创新制度——科技特派员制度。后来，该制度得到了国家科技部的充分肯定，并陆续在部分地区开展试点。

根据规定，科技特派员制度的具体内容包括以下三个方面。

（1）下村到户。被抽调选派的科技特派员，负责对所在乡（镇）村、户进行科技指导，对农民进行实用技术培训，提供科技培训，开展项目实施。

（2）工作汇报联系。科技特派员工作领导小组办公室每季度不定期召开工作汇报会议，了解掌握工作进度，解决存在的问题，部署阶段性工作半年进行一次工作小结，年终召开会议进行交流评比表彰。

（3）科技特派员工作情况汇报。科技特派员工作领导小组办公室分组设立联络员，负责日常工作联络；特派员定期不定期与联络员沟通工作、学习、思想情况及所在村、户工作和项目进展等情况，半年写出小结，年终写出总结。

据了解，科技部等实施的这一项目将帮助科技特派员与农民合作建立市场化的专业经济合作组织，把政府支农资金、银行贷款、私营企业投资等引导给农民。该项目还将协助农民、农业技术专家与私营企业或其他国家建立合作关系，以引进资金、技术和先进管理经验。自 2002 年起，中国各地政府纷纷出台优惠政策，鼓励科研人员从高校、实验室深入农村，以满足现代农业对科技的需求。2006 年，科技部、商务部与联合国开发计划署共同签署了"中国农村科技扶贫创新与长效机制的探索"项目文本，该项目的执行时间为 4 年，计划总投资 400 万美元，其中科技部投入 300 万美元，联合国开发计划署援助资金 100 万美元。截止到 2008 年，全国已经有 31 个省区市的 13 个县市开展了科技特派员工作，人数超过 5.7 万人，直接服务近 4 万个村和 1400 多万农民。

3. 2005 年科技富民强县专项行动计划

为推动全国范围内县域经济健康持续发展，加强科技促进农民增收致富和壮大县乡财政实力，2005 年财政部和科技部共同启动了"科技富民强县专项行动计划"。该计划重点在中西部地区和东部欠发达地区每年启动一批试点县（市），实施一批重点科技项目，集中推广先进适用技术，发挥示范引导作用，培育、壮大一批县域特色支柱产业，有效带动农民致富、财政增收，促进县（市）科技进步及县域经济健康持续发展，实现民富县强。

2009 年，为加强绩效考评管理，提高资金使用效益，调动各地的积极性，科技部、财政部又实施了专项行动绩效考评工作，对开展工作积极、措施得力、效果显著的县（市）给予适当奖励，以支持原项目扩大规模、进行技术升级改造等后续工作。根据 2013 年财政部公布的数据，自专项行动实施以来，紧密围绕县域特色优势产业，以"富民"为重点，凝练县域经济发展的重大科技需求,合理配置科技资源,集中力量重点突破,创造了新的县域经济增长点,促进了农民增收,壮大了县(市)财政实力,提升了县(市)科技工作能力,取得了显著成效。截止到 2013 年,该计划已累计投入专项资金 29 亿元,其中 2013 年安排 5 亿元,支持 32 个省市 301 项项目,含 66 项绩效考评项目。

4. 2012 年科技惠民计划

为切实推进民生科技成果的转化应用,充分发挥好科技惠民、促进社会发展的支撑引领作用,以及贯彻落实《国家中长期科学和技术发展规划纲要(2006—2020 年)》,2012 年科技部财政部共同组织并实施科技惠民计划。

根据印发的《科技惠民计划管理办法(试行)》,实施科技惠民计划的目标在于:坚持面向基层,依靠科技进步与机制创新,加快社会发展领域科学技术成果的转化应用。通过在基层示范应用一批综合集成技术,推动一批先进适用技术成果的推广普及,提升科技促进社会管理创新和服务基层社会建设的能力。该计划的主要任务包括:首先,能够面向社会,为社会各个群体或个人提供先进、适用的惠民科技成果信息。其次,资助科技惠民计划项目,支持惠民科技成果应用示范与转化推广。最后,积极探索适合区域特色的依靠科技进步促进经济社会协调发展的新机制、新做法。其实施原则包括:① 优先资助人民群众最关心、最直接、最现实的科技需求,如人口健康、生态环境、公共安全、防灾减灾、公共服务等领域;② 面向基层,分类实施;③ 政府引导,多元投入;④ 资源协同,规范管理;⑤ 公开透明,社会监督。

二、市场诱导型包容性创新

为了满足低收入人群的需求,一些企业与科研机构已经在开发包容性创新产品上有所尝试(如表 7-2 所示),虽然这些产品和实践的影响力还较为有限,但对于打开底层消费市场、满足低端消费者需求发挥了示范作用。下面列举几项典型的包容性创新产品。

表 7-2 基于市场需求产生的包容性创新产品(服务)

项目名称	组织名称	提供的产品(服务)
低成本系统芯片	联发科公司	显著降低了无线通信领域系统芯片生产的技术门槛并大幅降低了成本,使手机的价格可低至 20 美元
小米手机	小米公司	为低端消费者提供高配置、低价格的智能手机,可以实现高端智能手机的几乎所有功能和近似的用户体验,但价格却仅为高端智能手机的1/3
多功能洗衣机	海尔集团	增加一些额外的功能满足农村用户需求,如用洗衣机洗蔬菜和应对电压不稳等不利的基础设施条件

续表

项目名称	组织名称	提供的产品（服务）
中科院网底工程（海终端）	中科院深圳先进技术研究院	研发包括基础健康检查床、便携式出诊包、低成本血液透析仪以及乡村医生工作站、智能诊断系统等用于改善村镇医疗条件的低成本医疗设备及软件，使低收入群体能够以较低的成本享受到优质的医疗服务
劳模创新工作室	江苏省部分企业集团	自2004年以来，江苏省各地类似的以一线"蓝领工人"名字命名的劳模工作室纷纷成立，至今已超过500个，先后取得国家专利1300多项，获得1500多个国家科技创新成果，创造出30多亿元的经济效益
农村草根创新金融资助	地方商业银行	浙江省台州市农村合作银行推出"外出务农创业贷款"、"农村资金互助社"等小项目，向有生产项目的农民进行贷款，并给予一定贷款利率优惠

资料来源：根据实地调研及网络素材自行整理而成①。

1. 联发科技公司生产的低成本系统芯片

台湾联发科技股份有限公司成立于1997年，专注于无线通信及数字多媒体等技术的开发。联发科技提供创新的芯片系统整合解决方案，包括光储存、数字家庭（含高清数字电视、DVD播放器及蓝光播放器）及移动通信等产品，为全球唯一横跨信息科技（IT）、消费性电子及无线通信领域的IC设计公司，同时也是全球前十大和亚洲第一大的IC设计公司。通过不断的技术创新，联发科技已成功在全球半导体供应链中，尤其是在中国台湾地区的移动通信产业占据领导地位。

据了解，联发科技是廉价智能手机兴起的推动者，帮助更多的中国制造厂商推出了一系列的廉价智能手机，并与美国苹果公司和韩国三星公司争夺市场份额。其中，低成本系统芯片技术还帮助小米公司在3年内一举成为全球第三大智能手机企业，此外，针对谷歌的Android One在印度市场也将发挥类似的作用。在技术层面上，联发科技最先将镜头和扬声器等硬件与低成本芯片进行功能集成，并研发出系统级芯片。这项成果很大程度上帮助降低了手机生产厂商的生产成本，从而引发了廉价智能手机的热潮。低成本系统芯片的成功研制和推广，得到了众多奉行薄利多销策略的手机制造商的青睐。根据公司2014年发布的相关数据显示，该公司采用的系统级芯片战略帮助公司市值在3年内增长了125%，升至7158亿新台币（约合人民币1423.73亿元）。这项战略涉及了将近200家中国零部件制造

---

① 郝君超，李哲. 中国推进包容性创新的实践及相关思考[J]. 中国科技论坛，2015(4)：35-40.

商以及手机组装企业，他们均向联发科技的智能手机客户提供与其芯片兼容的零部件。

根据市场研究机构 IDO 发布的数据显示，由于低成本系统芯片的研制，预计 2018 年智能手机的价格将从 2014 年的约为 314 美元（约合人民币 1921.93 元）降至 267 美元（约合人民币 1695.10 元）。这与美国苹果公司最新发布的 iphone 6s 在美国市场的起售价格 828 美元形成了对比。

2. 小米手机

根据 IHS Technology 公司 2015 年 7 月公布的数据，中国智能手市场第二季度出货量中小米手机以 18% 的市场份额再次稳居国内第一，这已经是小米手机连续 5 个季度领跑中国手机市场。此前，《时代》周刊也首次在报道中使用了"China's Phone King"的称号，来评价小米手机在市场上的卓越表现。

据了解，小米在 2015 年第二季度保持高速增长并蝉联国内市场第一，是在 2015 年国内智能手机市场增长整体放缓，竞争进入比拼持久力、生态系统能力、服务能力的情况下取得的。在 Strategy Analytics 2015 年 4 月发表的中国智能手机市场报告表明，由于市场渗透率趋于饱和，中国智能手机的年增长率已经从 2014 年第一季度的 39% 下降到 2015 年第一季度的 17%。国际调研机构 IDC 也表示，2015 年全球智能手机出货量将仅增长 11.3%，而中国市场增长率更是首次低于全球平均增长率，仅为 2.5%。"在 2015 年智能手机市场增速放缓的情况下，小米能在去年 6112 万总销售量的基数上保持 33% 的同比增长，可以说跑赢了大市，交出了一份极为靓丽的答卷。"小米公司创始人雷军在评价小米手机 2015 年上半年的业绩时这样说道。除了中国本土市场，小米还将目光转向国际市场。2014 年 8 月小米的 Mi4 成功上线，这款高端手机有效提高了小米在东南亚市场的销售额。随后，小米又在巴西市场推出售价仅为 160 美元的红米 2。

具有十分明确的市场定位，是小米手机获得成功的主要原因之一。在小米手机出现之前，市场上绝大多数的智能手机价格保持在 3000 元以上，更有苹果、三星一类的 5000 元左右的手机。然而，小米手机 1 最初进入市场的价格为 1999 元，远远低于其他智能手机的价格，一经推出市场就得到了普通消费者的欢迎。随后推出的小米 1s、小米 2、小米 Note 等价格均远低于同等级手机的价格，从而真正实现了全民拥有智能手机的愿望。此外，小米手机坚持"为发烧而生"的产品概念，为数量众多的热衷于玩机、刷机的手机发烧友提供了一款真正适合他们的手机，为赢得市场发挥了决定性的作用。

3. 中科院网底工程

2007 年，由中国科学院深圳先进技术研究院和上海联合投资有限公司共同投资成立的深圳中科强华科技有限公司（简称"中科华强"）成立，这是一家集研发、生产、销售和服务为一体的企业。中科华强积极响应国家政策，致力于推动"全民低成本健康"工程，依托中国科学院深圳先进技术研究院学科交叉应用引进、自主创新与技术集成相结合的科研优势，不断提高自主创新能力。

目前，中科华强面向农村地区提供了一系列低成本的医疗设备、面向社区和体检中心的健检设备、面向个人和家庭的健康保健移动医疗产品，以及配套的信息系统和辅助诊断系统。具体产品包括：多功能健康检查床、健康一体检查仪等。2007 年 5 月，中科华强多功能健康检查床 MH—100 成功问世，该设备集成技术运用于医学影响和生物电子信息领域，将为居民提供"一站式"的健康检查，其检查费用远远低于一般检查的费用。自第一台多功能健康检查床问世以来，到 2009 年中科华强一共研制出了 4 款这样的床，并始终坚持走"低端路线"，旨在为更多的低收入人群提供更好的医疗服务。2010 年，中科华强开始了名为"海终端"的新产品的研制，主要由两部分组成：一是便携式出诊包，二是多功能检查床。其中，便携式出诊包又叫多参数体检包，它可以集成 7 导心电图、11 项尿常规、自动血压和无创血氧，还能监测人体的呼吸、体温和脉搏；出诊包还配有蓝牙功能模块，可供村医在出诊归来后将体检信息无线回传到多功能检查床上。多功能检查床则能集成三分类血常规和 12 导自动心电图。该设备还能结合医生工作站软件系统，自带居民电子健康档案建立及管理系统。多功能体检床安装的程序可以对检查数据进行智能整理，并根据整理结果为医生提供必要的诊疗建议。

4. 农村草根创新金融资助

十八届三中全会《中共中央关于全面深化改革若干重大问题的决定》提出"鼓励农村发展合作经济""允许合作社开展信用合作"。浙江省供销社先行先试，积极探索发展农村资金互助会、农信担保公司、小额贷款公司等多种农村合作金融形式。长久以来，作为社会弱势群体和弱势产业，农民和农业始终很难获得投融资支持，"融资难"是阻碍农民参与创新的重要原因之一。随着政府部门对农村的不断重视，银行等金融机构也陆续推出了一系列相关的服务，旨在解决农村地区的金融紧缺问题。

2009 年，针对越来越多的基层创新涌现的现状，浙江台州银行推出了一种全新的金融模式、金融产品和金融服务，对当地农村创新产生了积极影响。截至 2012 年 12 月台州市小微金融服务专营机构有 180 家，其中 2014 年新增 65 家，由 10 家国有和股份制银行成为总行或省行的试点银行。截至 2014 年 12 月末，浙江省台州市金融机构本外币存款余额 5671 亿元，贷款余额 5039 亿元，其中不良贷款仅为 59.97 亿元，不良贷款率仅为 1.19%，是全省最低的地区之一。其中，台州银行、浙江泰隆商业银行、浙江民泰商业银行 3 家银行更是台州地方小微金融服务的"金名片"。2014 年，台州从完善小微金融产品入手、健全小微金融组织体系，来提高小微金融服务水平，建立多元化的金融服务格局。根据初步统计，全市面向小微企业融资需求的创新产品有 120 多个，贷款余额 560 多亿元，余额户数超过 32 万户。台州银行专门为做小本生意客户开发的"小本贷款"、浙江泰隆商业银行开发的国内首款小微企业中期贷款产品"SG 泰融易"、浙江民泰商业银行的"民泰随意行"等产品都广受业界和社会公众的赞誉。

三、基层人群自发创新

基层创新也是中国开展包容性创新的一项重要实践。为了解决生产、生活中遇到的一些技术困难，或降低部分技术或产品的成本，中国农民、蓝领工人等基层人群自发地开展发明、创新活动，并取得了令人瞩目的成果（如表 7-3 所示）。总体来看，基层创新具有贴近市场的优势，明确市场需求，在现有产品和技术的基础上进行卓有成效的创新，往往能够保证较高的创新效率。但另一方面，由于知识水平、金融支持、客观环境的限制，基层创新也伴随着较大的风险。

表 7-3　草根创新产品及举例

产品（技术）名称	发明者	内容及功能
超级油菜	湖南临澧县农民父子	通过对 3 株野生油菜的重新播种及育种，成功研制出多种中国自主知识产权的"贵野 A"不育系、"友谊三号"、"沈油杂"系列等优质超级杂交油菜品种
冬暖式蔬菜大棚	山东省某农艺师	产生于 20 世纪 80 年代早期，无需加热即可生产温室黄瓜的大棚在中国得以普遍推广
草方格治沙技术	宁夏治沙工人	多次实践中意外发明出将麦草在沙丘上扎成 1 米×1 米的方格形固沙法，解决了困扰科学界多年的流动沙丘对铁路运行及生态环境威胁的问题
"赵氏塔基"新技术	北京市昌平区某农民	独立发明了可重复使用、可组合分解的塔基新技术，解决了原有工地使用水泥固定塔基，在施工结束后就地填埋，成为永久垃圾并对环境造成污染的难题，专利技术市值超过 1000 万美元
程序配量无塔恒压供水装置	四川省某农民	自主研制出适合于农村、不用人工管理的全自动供水机，结束了偏远农村地区无法使用自来水的历史，在四川地区迅速推广普及
卸船机 PLC 无线监控系统	山东省日照市某技术工人	发生故障时，既能清晰而准确地锁定故障部位，提高应急处置能力和抢修工作效率，又从总体上实现了系统流程设备的远程化管理和程序化维修，被业内专家称为卸船机的远程遥控"诊断器"

资料来源：根据中国发明网相关素材整理而成①。

---

① 郝君超，李哲. 中国推进包容性创新的实践及相关思考[J]. 中国科技论坛，2015(4)：35-40.

1. 超级油菜

在湖南常德市临澧县杨桥村，临澧县农村实用技术研究所所长沈昌健及其父亲沈克泉牵头的研究小组，经过近 30 年的研究，最终发现与繁育出了"贵野 A"不育系油菜种质材料，达到国际先进水平。他们培育出的超级杂交油菜"沈油杂 202 号""沈油杂 303 号""沈油杂 819"组合在湖南、湖北、四川等 8 个省市大面积试验示范种植，亩产达 200 公斤以上，含油率达 45.7%，又有抗冰冻、抗倒伏、抗病虫、省工、早熟等优点，每亩可为农民增收 200 元以上，被农民朋友争相种植。这种杂交油菜繁育新组合方法于 2004 年获国家专利证书。

30 多年的研究，两位农民科学家经历了常人难以想象的艰难，在科研的路上越走越远。最初的研究并没有实验室和实验设备，父子二人便在山洞中进行隔离来育种，用塑料袋和木柜分装不同的油菜种植材料。1982 年实行土地联产承包责任制之后，他们才拥有了真正的试验基地。农民搞科研，不菲的科研经费是最大难题，30 多年来，父子俩自筹科研经费 150 多万元，为此还欠下了不少债。经历了几十年的种种艰辛，现如今油菜研究又进入了新阶段，沈油杂 202 新品种，试验 5 亩，亩产 225 公斤，与 2010—2011 年度全国参试的 35 个杂交油菜比较，具有茎秆粗、分支多、抗性好、荚长角密、籽多饱满、抗倒伏及抗病虫害和抗冰冻能力强的优势。

2. 冬暖式蔬菜大棚

2012 年 11 月 8 日，党的十八大会议在北京召开，"菜篮子"工程再次被提上了日程，充分证明了蔬菜、农副食品对人们的重要性以及政府对此的重视程度。以往，由于我国冬季气温低、光照不强等自然环境限制，在冬季种植蔬菜成为几乎不可能的事。然而，随着冬暖式蔬菜大棚的出现，这些问题都迎刃而解。

冬暖式蔬菜大棚的发明人王乐义来自山东省寿光市，其发明的初衷就在于希望能够解决由于自然条件限制而导致的冬季蔬果种植困难的问题。冬暖式蔬菜大棚是以冬暖式蔬菜种植为对象，具有透光、保温（或加温）的功能，主要用来栽培植物，在很大程度上实现了在不适宜植物生长的季节，能提供温室生育期和增加产量，多用于低温季节喜温蔬菜、花卉、林木等植物栽培或育苗等。其主要装置包括利用一块或两块薄膜或草苫等将大棚整体覆盖起来，配合室内的栽种槽、供水系统、温控系统、辅助照明系统及湿度控制系统等设备，对大棚内的蔬果进行培育。当然，各地农民可根据自己的实际需要，因地制宜地在原有大棚两侧建造管理室，以便对大棚进行日常管理。

冬暖式蔬菜大棚以其显著的优势，受到我国农民的欢迎，被应用到各个地区冬季蔬果种植当中，仅在寿光市当地就得到了广泛应用。2014 年，寿光市蔬菜种植面积 70 万亩，总产 30 亿公斤，已有冬暖式大棚 20 万个，拱棚 5 万个。寿光成为全国大棚蔬菜的"试验田"，近几年来，共引进了来自美国、荷兰、以色列等 30 多个国家和地区的新品种共 2000 多个，经试验淘汰 1500 个, 有 500 个新品种在农民的大棚里落地生金。

3. 草方格治沙技术

在我国 960 万平方公里的陆地国土面积上, 分布着大量沙漠和沙地, 沙漠总面积高达 143.8 万平方公里, 几乎相当于蒙古国的国土面积。经历了近 40 年的努力, 目前已有约为 56.1 万平方公里的沙化土地得到治理, 这都归功于草方格治沙技术的应用和推广。由治沙一线工人发明创造的草方格治沙技术, 成为世界治沙史上一项重大技术突破, 被国际社会赞誉为 "人类治沙史上的奇迹"。

草方格治沙的主要操作方法是: 用麦草、稻草、芦苇等材料, 在流动沙丘上扎设成方格状的挡风墙, 以削弱风力的侵蚀。施工时, 先在沙丘上划好施工方格网线, 要使沙障与当地的主风向垂直。再将修剪均匀整齐的麦草或稻草等材料横放在方格线上, 用板锹之类的工具置于铺草料中间, 用力插下去, 插入沙层内约 15 厘米, 使草的两端翘起, 直立在沙面上, 露出地面的高度约 20~25 厘米。再用工具拥沙埋掩草方格沙障的根基部, 使之牢固。根据多次试验, 发明者们最终发现当草方格的规模为 1 米×1 米的正方形时, 其防沙效果最好。

目前, 草方格治沙技术在我国甘肃、宁夏、青海等省份得到了广泛的应用, 在防沙治沙方面也发挥着积极的作用。在甘肃省武威市, 腾格里沙漠已经接近抵达城区外 40 多公里外的红水河一带。但如今, 这片沙漠已经变成了由一个一个无数连绵不绝的麦草方格组成的巨大棋盘。2000 年以来, 当地压沙造林 37.13 万亩。按照每亩沙地 296 个方格估算, 这里 13 年间扎出了 1.09 亿个麦草方格, 耗费了近 4 亿斤麦草。同样借助麦草方格, 铁路建设者建成中国第一条沙漠铁路包兰线。这条铁路自建成以来, 从未被流沙阻断。在操作成本方面, 与治理一亩沙地成本高达 2000 元的尼龙网方格相比, 麦草方格的单位成本却只有 700 元。

4. "赵氏塔基"新技术

在 2011 年国家科学技术奖励大会上, 来自北京昌平区的一位只有初中学历的农民工赵正义以其独创的 "赵氏塔基"——塔桅式机械设备预制混凝土基础项目, 荣获国家科技进步二等奖。与同类产品相比, "赵氏塔基" 可组合、分解、搬运, 可重复使用, 以非混凝土材料代替混凝土材料实现了基础重力功能的构造, 从源头上节约了水泥、钢材、砂石等资源能源; 同时加快了进出厂速度, 为缩短工期创造了条件。

目前, "赵氏塔基" 被越来越多的工程队所用, 为中国建筑业的腾飞起到了重要的推动作用。数据显示, 仅在建筑业的使用, 每年产生的直接经济效益就达 61 亿元; 帮助增加 1.5 万个就业机会; 每年可节约水泥 196 万吨、钢材 33 万吨、砂石料 1030 万吨; 每年消灭混凝土垃圾 725 万立方米; 已在国内十省市的 19 个地区推广应用; 共与 39 个厂家生产的 51 个不同型号的固定式塔机配套使用完成 1288 个单项工程, 总面积达 750 万平方米。"赵氏塔基"拥有 26 项专利，是"建设部科技成果推广项目"、"北京市重点推广项目"、国家知识产权局和中国发明协会联合推出的"中国节能减排发明项目"12 项之一。截至 2012 年底，已推广到国内 16 个省、市的 34 个地区，向石油、电力、信息等领域的拓展应用研究也已经开始并在建设部立项。此外，该项目还收到来自世界各国的申请，如美国、韩国、印度等国均提出转让技术要求。

第二节　中国包容性创新发展的制约因素

一、创新政策、制度体系不完善①

学术界有关包容性创新的研究才刚刚兴起，学者们对于包容性创新的研究也处于初始阶段，尚未建立起包容性创新政策框架。然而，随着各国包容创新实践的日益增多，包容性创新在促进经济、社会、生态可持续发展方面展示出传统创新难以逾越的优势，加之学术界理论研究的日渐丰满，中国政府也开始逐步将目光转向包容性创新，试图通过包容性创新实现包容性增长。目前中国政府在促进包容性增长上的目标十分明确，但是仍缺少对包容性创新的统一举措。尽管各类相关主体提出了许多此类计划，但是由于缺少明确的目标和战略，即如何在全国推动和实施包容性创新，因此，各方的行动仍处于各自为政状态。许多部委、机构和地方政府都已经做出积极努力，创造和传播服务于弱势群体的创新，从而间接推动了包容性创新的发展。然而，很少有项目能够囊括包容性创新所要求的全部要素——明确的目标受益人、高质量、支付得起、广覆盖和商业可持续性。一些政府出台的政策有效支撑和促进了包容性创新的发展，但是，从整体来看，缺少专项资金、财政刺激措施、政府采购和其他支持性工具，使得包容性创新缺少有针对性的激励，从而无法发挥其全部潜力。而私营部门和其他各方的有限参与，同样增加了政府推动包容性创新的负担。创新追求的是"开展并向大众传递"包容性创新。

自 20 世纪 80 年代以来，一系列扶贫项目和政策的实施在解决中国贫困问题方面产生了积极影响，在减少我国贫困人群数量、全面提高人民生活水平过程中发挥了不可小觑的作用。但是，尽管国家间的科技研究机构和扶贫机构之间也有一些合作，但总体来说，科技政策与扶贫政策仍是相互分离的。我国缺少国家层级的包容创新机构，来实现对包容性创新的实施进行有效牵头、规划、支持和监督。当前，虽然存在一些机制，如国家扶贫小组办公室负责制定的扶贫纲要，包括科技部在内的各部委参与，但扶贫办公室并不具备科技扶

---

① 世界银行，国家信息中心. 中国包容性创新与可持续发展战略[M]. 北京：经济科学出版社，2014 年.

贫能力，无法从根本上解决贫困人群的困难，也难以与负责科技创新的部门建立密切合作。

政府相关项目和政策的实施主要采取自上而下的方式，创新活动基本由政府主导，其他参与方的参与度有限，特别是私营部门和低收入群体被排斥在创新规划和设计之外。中国目前所进行的包容性创新，主要由政府部门承担规划要创新领域和实施方式的任务，但政府往往缺乏对低收入人群实际需求的理解，其商业模式也缺乏可行性。这些因素会产生一些问题，例如当政府向贫困地区提供低收入人群能够负担的电脑和互联网时，可能会出现这样的问题：电脑程序的设计者并未考虑到低收入人群大都缺乏操作和使用电脑的能力，另一方面电脑上安装的许多程序软件或许根本无法真正满足低收入人群的需求。

此外，虽然政府的某些项目和政策能够帮助促进低收入人群的基层创新，但总体来看，支持基层创新的政府转型基金和项目仍颇为有限。一些机构虽然积极参与和推广基层创新，但这些激励措施、政策都远远不足。例如为了提高农民的技术能力和创造力，鼓励农民参加科技培训，并真正使用在日常的农业生产活动中。尽管目前农业研究会和企业早已得到了政府科技项目的资助，如农业部和科技部设立的技术升级和推广项目，包括基层创新者在内的个体，如企业、科研机构等都可以申请，但是基层创新需要在申请过程中与同领域研究者竞争，这时作为弱势群体的农民明显处于劣势。另外，虽然一些地区的基层创新十分踊跃，但很多有实际价值的创新理念都是相互独立的，虽然这些地区可能会面临相同的或相似的问题。

中国政府倾向于直接提供公共产品和服务，而不是致力于创造有利环境，激发企业和基层创新者的热情。许多政府类项目严重依赖于政府资金和财政拨款，如农业和农村 ICT 项目，在这些项目中，私营部门参与性往往较低。这种主要依靠政府的方式既增加政府从私营部门吸取先进管理经验和技术经验的难度，又无益于获取资金、提高效率和风险抵抗能力的提高。一旦出现经济增速减缓导致财政收入下降的问题，政府对现有项目的投入便难以继续，因此，必须着力于提高公共资源的使用效率。

虽然我国近年来对知识产权保护有所加强，但仍存在许多侵犯他人知识产权的情形。这就导致了许多人不愿意去创新，更愿意去仿造和山寨。在信用体系建立和维护方面，目前的信用体系尚不健全，违约成本较低，从而导致低收入群体往往为了短期利益而选择违约行为，降低自身的信用价值，长此以往，形成恶性循环。由于缺乏完善的制度，外界参与者很难与低收入人群建立起信任合作关系。

二、创新支持环境不利

1. 创新基础设施短缺

创新基础设施的建立是为创新活动提供便利的条件，旨在为创新企业或个人提供其无法解决的基本条件。良好的创新基础设施能够通过影响创新投资的持久性进而促进技术创新效率的提高。有学者认为，私人资本的耐用性很大程度上依赖于政府在基础设施上的投入维修和保养费用，这使更多的私人资本投入到创新中来。与此同时，花费在基础设施上的维护、保养费用，不仅可以提升创新投资的耐用性，同时也能够降低创新投资成本，更好地推动技术创新，提高创新效率。此外，较好的基础设施条件，是鼓励和吸引创新人才的一个重要条件。良好的交通基础设施为居民的出行、货物的通达提供了便捷的服务；完善的通讯基础设施为创新者交流信息，进而为远距离事务的管理提供了保障；高效的能源基础设施为私营企业的正常运行提供了支持。而这些基础设施的便利性也是创新者选择创新发生场所的决定性因素。根据研究显示，基础设施可以通过影响公民的教育水平和健康水平，从而影响区域的人力资本水平，最终影响整个区域间的创新绩效。大量数据显示，基础设施建设与公民教育获得之间存在显著的正相关关系。更好的交通系统和道路网络对提升就学率有很大帮助，而安全的饮用水基础设施和完善的下水道基础设施对个人的健康成长有积极影响。

基础设施可以在包容性创新过程中支持各个创新主体的创新活动，从而提高创新绩效。基础设施可以促进组织、个人之间的交流，而创新业将会在这种交流中产生。其中，最典型的是通信基础设施，通过无线电、网络等通信设施以实现信息在短时间内跨区域、跨国家进行传输，且保持较低的传输成本和失真概率。众所周知，信息获取及应用是创新的核心环节。因此，信息的可获得性是企业创新和吸收新知识的重要推动力。企业和国家间知识的创造和传播受信息的可获得性、成本分享简便性的影响。国际经验表明，投资信息基础设施是促进国家创新与经济产值提升的重要途径，信息基础设施将在很大程度上制约包容性创新的开展。

相比其他开展包容性创新的国家，目前我国能够支持开展包容性创新的基础设施还不够完善，尤其是农村地区基础设施的建立较城市还有很大差距。这些地区生态环境恶劣、交通不畅，供水、供电、卫生都存在一定的问题。但现实中，农村地区恰恰是包容性创新最有可能发生的地方，广泛分布在田间、乡间的人群往往保留着最有价值的创新理念。农村地区除了缺乏相应的道路、交通设施，在互联网、信息通信覆盖等基础设施方面也较为落后，均成为落后地区开展包容性创新的制约要素。目前，政府虽然已经颁布了一些支持科技基础设施建设的项目和政策，如由国家发展改革委会同科技部、财政部、教育部、中科院、工程院、自然科学基金会、国防科工局和总装备部等有关部门和单位，共同研究编制了《国家重大科技基础设施建设中长期规划(2012—2030年)》，但其重点主要集中在对前沿科技、高新技术领域相关基础设施的建设，针对支持偏远地区基础设施建设的政策和项目还不多。

2. 资金支持不足

低收入群体市场与其他市场相比，创新融资服务严重匮乏。低收入的生产者和消费者一般无力负担投资和采购所需的资金，而银行信贷门槛较高。此外，由于包容性创新活动极具不确定性，充满风险且交易成本很高，因此低收入很难获得一般金融机构的信贷支持，导致不得不寻求非正规的金融支持，其不仅融资成本高昂，而且缺乏安全保障。缺乏创新融资服务会削弱企业进入低收入群体市场的动力，阻碍包容性创新的开展，从而导致低收入群体无法参与到价值创造与价值分享过程中来。尽管目前中国的风险资本供应量在不断增加，但是用于支持小型创新企业扩张或基层创新的资金仍十分稀缺。近些年，中国的风险投资发展迅猛，其在 GDP 中的比重甚至超过了一些 OECD 国家。尽管政府对我国的资金供应没有限制，但是用于支持包容性创新的企业的资本数量十分紧缺，特别是在分配效率和资金增量的方面，难以支持企业和基层创新者的风险资本需求和产品服务的商业化需求。

此外，与低收入人群有关的早期创业资本投资非常有限。自 1998 年开始，中国政府已经建立了 31 个政府指导基金，总规模达到 319 亿元，但此类基金大都旨在为那些关键战略技术领域的中小企业提供早期创新创业资金。目前，中国大范围的风险投资逐步加大了对高新技术领域的支持，其中信息技术早已成为我国接受风险投资最多的行业之一，风险投资还介入了通信、电力、清洁技术、机械制造等领域。但鲜有资金流向那些最可能满足低收入人群需求的产业，例如农业、教育、医疗等。

3. 监管和体制性限制

随着对包容性创新理念认识的逐步深入，越来越多的政府、市场工作用于解决创新环境的瓶颈和促进私营企业、基层人群参与针对满足低收入人群的创新。但当前的环境并不完全有利于包容性创新。目前我国监管领域和体制的诸多限制，成为包容性创新产品和服务研究与扩散难以顺利开展的重要阻碍之一。例如低收入群体市场中由于缺乏有效而健全的监管体系，许多法律法规无法正常执行，进而导致交易成本和投资风险很高；如许多监管措施制约了私营企业和低收入人群参与包容性创新。一些企业如阿里巴巴和宜信都无法获得银行监管机构的支持，难以实现信贷记录方面的数据共享。私营部门和基层创新者在市场准入和竞争政策上也难以与国有企业抗衡，如有日本发明的个人便携电话系统（PHS），这种系统是一种旨在"为穷人提供的蜂窝数据"，于 20 世纪 90 年代中期由 UT 斯达康公司引进国内，并在随后十年以极为低廉的价格获得迅速发展。但在 2007 年，工信部宣布原有 PHS 占据的数据通道被转换为 TD－SCDMA，该产品被迫退市；又如一些低成本的创新产品通常被认为质量不高，政府对此类产品大多采取限制措施，而非帮助提高它的质量。

三、创新主体资源与能力欠缺

在包容性创新的过程中，经常会出现创新主体缺乏获取资源的能力或者创新主体自身知识或能力不足的问题。这些问题的存在严重制约着包容性创新主体积极开展包容性创新。

在现实世界，弱势群体参与社会生产活动的权利往往被剥夺，而社会排斥是造成其权利贫困的主要成因，因此通过多元创新降低社会排斥是实现包容性的关键。从辩证角度来看，包容性的提升能够帮助降低社会排斥，而社会排斥的削弱过程同样是追求包容性的过程。客观体制包括正式、非正式的政策制度以及外部客观环境如基础设施等和经济体主观能力是经济体参与到社会生产中的主要障碍，并形成了体制性和能力性两类排斥。其中，体制性排斥主要是指即使经济体具有相关能力仍无法参与到生产活动的限制，而能力性排斥是指由于能力不足而导致政策、制度所带来的限制。从个体角度来说，当一个合法的个体无法有效地参与到正常的社会、政治和经济活动时，那么社会排斥就出现了，而产生这种现象的原因可归咎为经济、地理、社会以及政治因素的组合①②③。例如由于经济发展惯性，低收入人群始终被认为是低端市场的消费主体，加之多数低收入群体生活在偏远落后地区，公共基础设施匮乏，低收入人群逐渐被排斥在现代先进生产活动之外。对于企业来说，体制限制主要表现在当初创企业进入生产领域中，将受到进入和参与壁垒限制，例如初创企业内外部资源不足、管制制度限制以及现有在位企业的优势压制等。能力性排斥主要表现在生产要素供给不足而导致的经济体丧失参与和分享成果的社会生产活动的机会和权利。例如由于缺乏足够的知识和生产技能，低收入人群被排斥在高知识、技术密集型领域之外，无法享受经济发展带来的便利。企业层面的主观能力限制包括拥有资源的程度，以及参与市场竞争能力的缺乏。如企业专有性生产设备的缺乏，又如在捕捉市场信息、明确细分市场和市场议价等方面竞争力较弱。

降低体制和能力上对经济体参与机会获取、参与过程和产出结果过程中的排斥，加快经济体参与社会生产系统中的方法主要包括两种：一是进行体制创新。鼓励国家层面系统内部的制度性创新，以弱势企业和低收入人群的需求为导向，从政策角度实现系统开放和

---

① Percy – Smith J. Policy Responses to Social Exclusive：Towards Inclusion？［M］. Philadelphia，Buckingham：Open University Press，2000.

② Peace R. Social Exclusion：A Concept in Need of Definition？［J］. Social Journal of New Zealand. 2001，16：17 – 36.

③ Raina R. Inclusion，Inequality and Poverty Reduction – What they Mean for SIID［EB – OL］. http：//www. cma. zju. cn/siid/Readnews. aspx？newsid＝32. 2009.

降低参与壁垒。在克服地理因素限制方面，加强偏远地区的基础设施建设，实现区域内低收入人群参与和分享创新的愿望。如印度国家创新委员会的设立，积极支持企业和草根人群的包容性创新，解决社会贫富差距扩大、低收入人群需求无法被充分满足的状况。又如创新委员会提供的光线与宽带服务，增加落后地区普通民众通过与互联网进行经验交流和分享的机会。二是经济体自身能力的提高，主要包括知识水平、专业技能以及迅速感应市场信息的能力。如印度的非正式组织，通过资金援助或培训活动等方式帮助提高低收入人群基础知识和专业技能水平，同时还充当了创新活动的组织者和协调者、信息收集和传播者的角色。

第三节　促进中国包容性创新的对策研究

针对以上区域包容性创新体系的提出，给出相关政策建议。

一、政府层面的顶层设计和基层规划

2012 年，在党的十八次代表大会上，我国政府明确提出了要让"全体民众共享发展成果"的目标，近些年，我国政府越来越重视对和谐社会、减少收入差距、扩大基本公共服务等方面的工作，并将其作为最重要的发展目标。然而，由于包容性创新概念是近几年才被提出来的，对于许多国家、学者来说，该理念还较新。根据目前世界各国的包容性创新实践以及国内外学者的相关研究，可以认为包容性创新在推动社会发展、构建和谐社会等方面发挥着重要的作用。作为世界上最大的发展中国家，自改革开放以来实现了跨越式发展，但与此同时，越来越多的社会、经济和生态问题不断涌现，因此需要引进包容性创新，来实现经济社会的快速发展。在引入包容性创新、促进包容性创新的过程中，政府发挥了私营企业和个人难以相比的作用。因此，需要政府部门的积极配合和规划，以推动区域包容性创新系统的建立和完善，以包容性创新实现区域的包容性发展。

1. 将包容性创新纳入政府宏观层面的统筹规划

根据国家统计局于 2014 年发布的数据，截止 2013 年底，我国大陆人口总数达到 13.7 万人，比上年末增加了 710 万人。人口持续增长和资源有限性之间的矛盾日益恶化，目前我国各项自然资源的人均占有量在世界范围内的排名靠后，在社会经济快速发展的同时，资源稀缺所造成的种种问题是不容忽视的，得到了政府部门的重视。与此同时，根据国家统计局发布的数据，我国城乡居民的收入差距较大，自 2001 年至 2014 年的数据如图 7-1 所示，可以看出 2001—2014 年间，我国城乡居民收入差距始终较大，且近些年具有差距不断扩大的趋势。这里，我们还给出 2001—2014 年我国城乡居民收入比的变化趋势图。图中显示，我国的城乡收入差距经历了一个倒"U"字形发展路径。2002 年以来，我国城乡收入比一直在"3"以上，2007 年城乡居民收入差距扩大到改革开放以来的最高水平 3.33∶1。从 2010 年开始，农村居民收入增速连续多年超过城镇居民收入，城乡收入差距首次从上一年的 3.33 倍下降到 3.23 倍，2011 年再次下降到 3.13 倍。2012 年，农村居民收入再次"跑赢"城镇居民，全年农村居民人均纯收入 7917 元，比上年名义增长 13.5%；全年城镇居民人均可支配收入 24565 元，比上年名义增长 12.6%。2012 年农民纯收入比上年回落 0.7 个百分点，城镇居民可支配收入增速比上年加快 1.2 个百分点。2013 年，城镇居民人均可支配收入 26955 元，农村居民人均纯收入 8896 元，城乡收入比为 3.03∶1，较 2012 年微降。收入差距过大进一步加剧了经济社会发展的瓶颈制约。

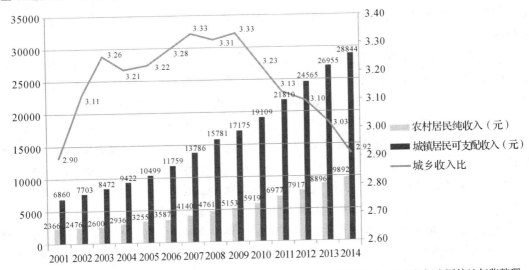

数据来源：作者根据中国统计年鉴整理。

图 7-1　中国城乡收入差距

此外，"市场失灵"、信息不对称等客观因素的存在往往使得经济发展的成果被少数人所用，低收入人群收入有限、可负担的产品和服务有限，因此往往被排除在共享社会生产成果之外。因此，加快转变创新理念，由依靠传统创新模式逐步转向依靠包容性创新模式，充分挖掘低收入人群的创新潜力，为低收入人群营造创新环境和致富机会的包容性创新，成为我国建设创新型国家的重要转型之一。从宏观上看，我国包容性创新实践还处于初始阶段，尚未形成较为完整的框架，总体呈现出分散化特征。因此，加快政府层面的组织和协调，将包容性创新理念纳入到政府的总体规划当中来显得尤为重要。政府在制定相关政策时，应当重视对包容性创新理念的引入，同时逐步强化对包容性创新的战略规划、系统设计以及宏观统筹，借鉴其他国家和地区的经验，以创新驱动发展，结合行政法规、公共服务等多种手段，加快政府职能向战略引导和营造创新生态环境的转型。

2. 包容性创新规划机构的设立

随着改革开放的进一步深入，我国社会主义市场经济以及社会主义现代化建设取得了举世瞩目的成效。然而，处于"新常态"时期的我国，正面临着更多的机遇和挑战。2013 年，习近平总书记在十八届二中全会第二次全体会议上明确指出：转变政府职能是深化行政体制改革的核心，实质上要解决的是政府应该做什么、不应该做什么，重点是政府、市场、社会的关系，即哪些事该由市场、社会、政府各自分担，哪些事应该由三者共同承担。经济新常态下，政府职能转变的核心仍然是处理好政府和市场的关系，使市场在资源配置中起决定性作用和更好地发挥政府作用，这对于实现国家治理体系和治理能力现代化具有十分重要的现实意义。

在这特殊的转型时期，政府缺位问题也愈发凸显。传统意义上的政府缺位集中体现在诸如教育、医疗和部分住房的问题上，这些领域本来应是政府提供的公共服务，以保证百姓无论性别、老少、能力大小或健康好坏，都能享受到符合其尊严的服务。然而，在这些领域里，政府角色却严重缺位了，并且将该负的责任全盘推给市场。政府缺位进一步加剧了社会贫富差距，在包容性创新过程中要避免这一问题。因此，需要尽快建立集中央、地方以及其他参与方为一体的全国性制度协调体系，解决包容性创新过程中政府缺位的问题。从目前各国包容性创新的经验中来看，无论是印度国家创新委员会的成立，还是泰国科学和技术研究所的建立，都为该国开展包容性创新提供了稳定的政府支持系统。建立政府层面的创新委员会，加强对区域内包容性创新的统筹规划，管理并监督社会各领域的包容性创新，同时加强对重点企业和低收入人群的创新扶持，如加强自身媒介作用，加强企业、科研机构与基层创新者的联系；开展对应的专业技能培训；增加对创新的金融支持等。建议我国政府借鉴印度的做法，设立国家包容性创新委员会，从宏观层面对包容性创新活动统筹规划；各省市级单位，设立相应地方层级的创新机构，加强对本地创新活动的管理和监督；以此类推，在基层单位或机构同样设立相应的创新机构，最终形成覆盖各个层级的包容性创新规划管理部门。此外，各个层级部门也应尽快确立相应的包容性创新投入产出指标，建立并完善能够对创新投入及产出进行评估的绩效评价体系，从而帮助确定区域内创新重点和改进方案。

3. 区域包容性创新系统的建立

根据前面内容的分析，我们认为区域包容性创新系统的建立往往能够实现区域内包容性创新的快速发展。学者邢小强认为①，要激发那些长期处于社会网络边缘与缺乏话语权的 BOP 群体的消费能力、创新动力与参与积极性依靠企业自身很难完成还需要政府组织、发展机构与非政府组织等的共同参与②。因此，通过建立一种把低收入群体或社区纳入其中的创新系统，不仅能让穷人从中直接获益，同时也为参与其中的其他组织与机构创造出新的价值，这种创新系统可称之为金字塔底层的包容性创新系统（Inclusive Innovation System，IIS）。

作为区域内包容性创新的规划和协调机构，基层创新机构与国家创新委员会共同协作，引导区域内企业和低收入群体的包容性创新。构建以企业主导的区域包容性创新体系，加强各创新参与者的联系，如经济学家、行业领袖、非政府组织等。此外，还应根据各区域实际，开展对低收入人群创新需求的调查。对区域内低收入人群的数量规模、分布地区以及生存状态进行调查，为推动包容性创新提供数据支撑；对低收入群体现阶段参与创新实践遇到的问题及困难进行调查，为选择相应的政策支持工具提供依据。其中，尤其需要注意的是，一部分低收入人群并不一定能够准确表述自己的需求，故需要在深入调查的基础上，挖掘这些人群的实现需求和潜在需求。

二、财政金融政策

1. 财政政策

面对复杂多变的国际环境和艰巨繁重的国内改革发展稳定任务，我国政府坚持采取积极的财政政策推动我国社会经济的稳定发展。根据财政部 2015 年发布的《关于 2014 年中央和地方预算执行情况与 2015 年中央和地方预算草案的报告》，2014 年，中央一般公共预算支出 74174.36 亿元，完成预算的 99.1%，增长 8.3%（其中，中央本级支出 22569.91 亿元，完成预算的 100.3%，增长 10.2%）。加上补充中央预算稳定调节基金 815.65 亿元，支出总量为 74990.01 亿元。2014 年末，中央财政国债余额 95655.45 亿元，控制在年度预算限额 100708.35 亿元以内；中央预算稳定调节基金余额 1341.15 亿元。其中，农林水支出 6474.22 亿元，社会保障和就业支出 7066.09 亿元，医疗卫生与计划生育支出 2931.26 亿元，教育支出 4101.9 亿元，科学技术支出 2541.82 亿元，文化体育与传媒支出 508.15 亿元，住房保障支出 2529.78 亿元，节能环保支出 2032.81 亿元，交通运输支出 4269.8 亿元。

① 邢小强，周江华，等. 面向金字塔底层的包容性创新系统研究[J]. 科学学与科学技术管理，2010(11)：27 - 32.

② Hart，S. L. Capitalism at the Crossroads[M]. New Jersey：Whar - ton School Publishing，2005.

可以看出，目前我国政府的财政支出不断增加，医疗、教育、文化等方面的支持增长率均超过 8％，但科学技术方面的支出增长仅为 3.5％。

研究表明，财政政策在解决由于风险意识的存在导致参与者创新热情消减，以及创新成果收益期过长，迫使创新主体终止创新行为等方面发挥了重要作用。财政政策包括政府的财政补贴、转移支付、税收减免等多种形式，其中政府采购政策在推进包容性创新过程中发挥着重要作用。以印度为例，根据一份印度电信部 2011 年出具的报告，2010 年印度联邦内阁强制所有政府部门采购国内企业生产的电信、IT 硬件和电子产品，预计到 2020 年，印度移动公司采购的电信网络设备和其他基础设施中至少有 80％来自国内制造商。政府采购推动创新能够在多个领域实现，包括电子医疗服务系统、药品、能源和数字技术等。据了解，美国政府每年支出约 500 亿美元用于研发项目的政府采购，欧盟国家的政府采购占整个 GDP 的 17％。这些数据表明了政府采购能够为创新提供坚实的市场潜力。此外，政府部门利用技术采购和合同采购等方式，可以充分发挥政府示范效应，激励市场竞争，促进包容性创新产品和服务的商业化和规模化，同时有利于降低供应商的市场风险。

2. 金融政策

金融政策在引导社会闲散资金、强化创新金融支持等方面起了重要作用。政府可以通过金融激励促进包容性创新的发展，可以设立专项基金直接为包容性创新融资，也可以通过普惠金融政策实现对低收入人群的金融支持。目前，我国政府已经建立了一些创新基金来推动创新的发展，但主要是针对高新技术领域。如 1999 年经国务院批准建立的科技型中小企业技术创新基金。由科技部主管、财政部监管，通过无偿资助、贷款贴息和资本金投入三种方式，支持科技型中小企业创新创业，已形成了资助种子期、初创期企业的技术创新项目、资助中小企业公共技术服务机构的补助资金项目和引导社会资本投向早期科技型中小企业的创业投资引导基金项目。

从目前的状况来看，中国尚未建立专门针对包容性创新的基金项目，从而无法帮助企业在包容性创新过程中尽快解决"筹资难"的问题。我们可以借鉴以往其他创新基金的建立方式和途径，利用已有优势，建立有关包容性创新的基金项目。同时也可以学习国外的先进经验，例如印度包容性创新基金，该基金总额约为 57 亿人民币，专门针对早期创新时期的种子资金阶段，目前该基金的筹资目标是 10 亿美元，已使许多低收入人群收益。此外，普惠金融的推广还为大量面向低收入群体的中小金融机构的发展提供了保障。政府还可以建立科技园区、企业孵化器等桥梁机构，为包容性创新提供基础设施、商业规划、专业意见等非金融服务，为企业或低收入人群早期的包容性创新提供相应的金融支撑和保障。现实中，金融政策的实施还能够促进银行、保险的资金介入，解决创新过程中融资难和风险高的问题。

三、社会环境

1. 基础设施的完善

完善的基层基础设施能够提高低收入群体信息交流和共享的效率，是增强低收入人群参与和分享创新的重要基础。在我国，数量庞大的贫困人群广泛分布在农村地区，相对城市，农村地区基础设施相对落后，这与我国长期推行的工业化、城市化发展战略有关，这些战略的实施使国家财政绝大部分投向了城市，国家通过"剪刀差"的方式，以农业补偿工业、农村支持城市，结果使得城市基础设施方面远远超过农村，城市成为政府关注和投资的重点，造成农村基础设施建设严重滞后[①]。

究其原因，主要包括三个方面：第一是由于历史原因所遗留下的惯性。国家多年使用"剪刀差"的方式以基地的报价获取农产品来用于城市工业建设，从而导致农村的资源和价值源源不断地流向城市，但却没有获得应有的收益，与此同时国家并未对农村提供类似支持城市般的配套投入，严重忽略了农村的基础地位；其次，由于农村地区自身的特殊性，难以吸收社会资金。农产品生产极易受到自然环境的影响，具有较大的不确定性，农业本身并不能克服农产品稳定的需求和不稳定的供给情况。此外，由于农业的社会经济效益大而直接经济效益小，因此很难吸引投资者的眼光。在这种情况下，农村不仅很难吸收到更多的社会资金，就连农业生产的内部资金也会出现向城市转移的现象。最后，政府财政对农村基础设施建设的投入机制比较混乱。当前，财政支农资金投入渠道多，资金分散。尽管投资的多主体和多渠道有利于财政支农投资的总量，但在具体使用上，却往往出现了部门各自为政，资金缺乏统筹协调等问题。

针对包容性创新的特点和实施方式，应尽快转变政府发展思路，逐步认清贫困地区存在的巨大的商业和创新潜力，在兼具城市发展的同时，重视对农村地区基础设施的建立和完善。应切实开展农村的基础设施如交通、水利、电网、自来水等方面的建设，以促进农村包容性创新产品的专业化、规模化、商品化。此外，还要尤其重视农村互联网设施的搭建和维护，包括在贫困地区，努力实现无限宽带服务的提供，加快区域内的光缆铺设，提高移动电话和网络的覆盖率。可以通过鼓励企业积极参与当地农村地区的宽带信息服务建设、充分发掘区域内市场潜力、搭建促进低收入人群合作、交流的信息平台。包容性创新对解决贫困地区吸收社会资金的问题也有积极作用，能够让更多的投资主体看到该地区的发展潜力，进而进行投资，吸收到的资金可以运用到下一轮创新当中，从而实现创新—资本—创

---

① 刘星，王澜. 加强农村基础设施建设　加快我国农村经济发展[J]. 湖南农机，2007(5)：61－65.

新的良性循环。

2. 低收入群体教育和技术能力的提升

知识和技术能力低下是造成机会排斥的主要原因，因此，必须重视对低收入人群人力资本的培养和创新能力提升，让低收入人群充分参与到创新中来，共享创新收益。然而，由于受城乡二元结构体系以及地区间经济发展不平衡等因素的影响，一些经济欠发达地区的教育环境及教育投入情况与东部发达地区相比存在明显差距。

教育资源的匮乏是限制当地经济和社会发展的重要原因之一。一般来说，教育资源主要包括人力资源、物质资源以及信息资源。贫困地区的人力资源匮乏主要表现在教师队伍数量上的结构性矛盾突出，素质不高，人才流失严重等方面；物质资源匮乏是指教育经费投入不足，教育设施落后等；而信息资源不足主要是指由于地处山区、偏远农村地区，交通不便、通信落后，导致信息闭塞的状况。教育是帮助贫困地区顺利摆脱贫困的重要途径。实践证明，源源不断的人才是推动经济发展和社会进步的要素之一，只有不断提高人的素质和能力，才能真正实现区域的进步。此外，教育还是帮助贫困地区实现可持续发展的重要手段。教育在提高低收入人群可持续发展意识，培养可持续发展的专门化人才方面展现出巨大优势。

为了提高低收入人群的包容性创新意识和能力，必须不断提升增加其教育机会和程度，从而保障包容性创新活动的顺利开展。首先，加强落后偏远地区初等教育的普及，提高低收入人群的基本知识。这就需要切实落实落后地区义务教育的资金投入，同时开辟多元化的资金来源。其中，政府要保证在财政上的支持，地方政府要严格按照和划拨财政预算设定的教育经费，同时还应确保随着财政收入的增加而相应增加教育经费。为开辟多元化的投资渠道，政府还可以通过建立相应的教育基金，吸引外国资金援助等方式。其次，开展专业化的技能培训，例如建立一定数量的职业技能学校，这就需要政府能够结合当地产业发展特征和产业结构来确定相应的技术教育类别，积极推进教育—生产—销售模式，提高低收入人群主动学习并参与创新的意识。除了开办职业技术学校，还可以采取其他方式来促进低收入人群的专业技术能力，如由政府、企业、中介组织或社区机构等组织的专门面向普通民众的专业讲座和咨询会，以提高低收入群体的生产技能和技术的使用技能，实现其创新能力的提高。最后，还应明确提高技术创新能力的关键人群和重点领域。例如，对于一些偏远地区的非物质文化遗产，将这些传统的工艺技法通过培训的方式进行传播，并在此基础上进行改进创新，使其产生新的商业和社会价值。又如，挖掘残疾人的聪明才智和创造力，使其在创新研发设计方面的科技项目、发明专利、工艺技能得以实现，为鼓励和支持其创新创业提供相应的技术培训。

3. 文化氛围建设

根据美国经济学家埃德蒙·菲尔普斯在《大繁荣》一书中对基层推动创新的论述，生活中，某个领域的专业人员或近距离观察某个领域的人员，他们往往拥有相对于科技新知识更为宝贵的实际知识，这些实际知识通常具有地域性，且不为外人所理解。如果能够充分调动这些参与者的创新积极性，那么就会有效降低基层创新失败的成本，创新也将会在基层带动下实现蓬勃发展。费尔普斯教授在书中提出通过大众创新带动的包容性增长，与中国的决策者和经济界在积极推动的经济转型在方向上是高度契合一致的。从经济决策的角度看，下一步应加快推进改革，建立有效的市场秩序，树立公平的社会价值体系，营造平等宽容的文化氛围，以此来激发社会和经济体的创新活力。

目前，包容性创新仍处于萌芽阶段，企业和普通人群对于创新的认知基本停留在传统创新阶段，对包容性创新的认识还较为薄弱，但包容性创新是一个不可逆转的发展趋势。营造一个鼓励创新、容忍失败的环境十分必要。而良好的文化氛围，则需要在充分发挥市场机制的基础上，构建一个以政府和非政府组织为媒介，加强创新主体与中介组织的联系，集创新、设计和生产为一体的包容性创新机制。对于政府来说，不断加强对包容性创新的宣传和普及力度，是营造良好的创新文化氛围的重要方式。政府可以通过举办包容性创新挑战赛，吸引普通民众参与，在社会范围内鼓励承担风险、试错和承认失败，文化宣传部门可以加强对技术企业家成功事迹的宣扬，激励更多人参与创新；对于企业来说，首先要提高自身文化的包容性，从思想和文化上认识和消化包容性创新的理念，尤其是高管团队，形成企业内部自上而下的逐步渗透的理念传播机制；对于社会上数量众多，且贴近人民生活的中介组织和社区机构，可以采取在区域内开设宣传包容性创新的讲座和课程，来提高人们对这种新型创新方式的认知。

参 考 文 献

·中文参考资料

[1] 邢小强，周江华，仝允桓. 面向金字塔底层的包容性创新系统研究[J]. 科学学与科学技术管理，2010(11)：27-32.

[2] 常修泽. 关于包容性体制创新的探讨[J]. 上海大学学报（社会科学版）2012(5)：1-15.

[3] 庄巨忠. 亚洲的贫困，收入差距与包容性增长[C]. 北京：中国财政经济出版社，2012. 10-15.

[4] 郝君超，王海燕. 包容性创新的实践与启示[N]. 科技日报，2013-6-16(001).

[5] 于濛. 包容性创新下的选择题[N]. 中国会计报，2012-11-30（008）.

[6] 于永臻，李鹏程. 当前我国的创新型国家建设亟须实现三个转型[J]. 经济研究参考，2012(68)：33—37

[7] 赵付春. 企业微创新特性和能力提升策略研究[J]. 科学学研究，2012(10)：1579-1583.

[8] 邵希，邢小强，仝允桓. 包容性区域创新体系研究[J]. 中国人口·资源与环境，2011(6)：24-30.

[9] 潘松. 我们向印度学什么：印度超一流企业的崛起与启示[M]. 北京：机械工业出版社. 2010年6月.

[10] 吴晓波，姜雁斌. 包容性创新理论框架的构建[J]. 系统管理学报，2012(11)：736-747.

[11] 石彤. 性别排挤研究的理论意义[J]. 妇女研究论丛，2002(4)：17-24

[12] 范轶琳，吴晓波. 包容性增长研究述评[J]. 经济管理，2011(9)：180-184

[13] 高霞. 包容性创新研究进展[J]. 科技进步与对策，2013(7)：1-4

[14] 曾国屏，苟尤钊，刘磊. 从"创新系统"到"创新生态系统"[J]. 科学学研究，2013，31(1)：4-12.

[15] 陈学慧. 构建创新的"生态系统"[N]. 经济日报，2013-09-14.

[16] 胡斌，李旭芳. 复杂多变环境下企业生态系统的动态演化及运作研究[M]. 上海：同济大学出版社，2013.

[17] [英]迈克尔·吉本斯，等. 知识生产的新模式[M]. 北京：北京大学出版社，2011.

[18] [美]詹姆斯·马奇. 马奇论管理[M]. 东方出版社，2010.

[19] [德]赫尔曼·哈肯. 协同学[M]. 上海世纪出版社，2005.

[20] 蔡昉，都阳，王美艳. 户籍制度与劳动力保护[J]. 经济研究，2001(12)：41 - 50.

[21] 夏纪军. 人口流动性、公共收入与支出：户籍制度变迁动因分析[J]. 经济研究，2004
　　　(10)：56 - 65.

[22] 史晋川，金祥荣，赵伟，等. 体制变化和经济发展：温州模式[M]. 杭州：浙江大学出
　　　版社，2009.

[23] 汪伟，史晋川. 进入壁垒与民营企业的成长：吉利集团案例研究[J]. 管理世界，2005
　　　(4)：132 - 140.

[24] 黄祖辉，张静，Chen K. 交易费用与农户契约选择：来自浙冀两省 15 个县 30 个村梨
　　　农调查的经验证据[J]. 管理世界，2009(8)：76 - 81.

[25] 史晋川，金祥荣，赵伟，等. 体制变化和经济发展：温州模式[M]. 杭州：浙江大学出
　　　版，2001.

[26] 阮建青，张晓波，卫龙宝. 资本壁垒与产业集群：基于浙江濮院羊毛衫产业的案例
　　　[J]. 经济学(季刊)2008(01)：71 - 92.

[27] 郭斌，刘曼路. 民间金融与中小企业发展：对温州的实证分析[J]. 经济研究，2002
　　　(10)：40 - 46＋95.

[28] 李鹏程. 当前我国的创新性国家建设亟须实现三个转型[J]. 经济研究参考，2012(68).

[29] 吴敬琏. 制度高于技术[J]. 经济研究参考，1999(75).

[30] 亚太地区包容性创新政策论坛. 包容性创新政策论坛观点综述[C]. 2012 年 7 月.

[31] 张少春. 中国战略性新兴产业发展与财政政策[M]. 北京：经济科学出版社，2010.

[32] 吴娜，姚荣. 包容性创新：我国地方政府创新的路径选择[J]. 商业时代，2012(34).

[33] 孙长青. 利益创新驱动与制度创新[J]. 学习论坛，2004(11)：38 - 39.

[34] 郑广祥. 可持续发展与合作共赢[J]. 江西社会科学，2002(7)：90 - 92.

[35] 陈劲，阳银娟. 协同创新的理论基础与内涵[J]. 科学学研究，2012(2)：161 - 164.

[36] 封颖. 印度特色的"包容性创新"[N]. 科技日报，2014 - 2 - 7.

[37] [美]亨利·乔治. 进步与贫困[M]. 北京，商务印书馆，1995.

[38] 赵洪宝. 孟加拉国乡村银行小额信贷运作机制与经验研究[J]. 世界农业，2014(5).

[39] 尹洋，廖渊，刘伟煜. 肯尼亚 M - PESA 手机银行介绍及启示[J]. 环球瞭望，2012(7).

[40] [以]胡耶达·卡尔蒙. 以色列地理[M]. 北京：北京出版社，1979：78 - 84.

[41] 杜海清. 以色列：创新强国的典范[J]. 科技智囊. 2011 年 2 月.

[42] 中国科学院可持续发展研究组. 2000 中国可持续发展战略报告[R]. 北京：科学出版
　　　社，2000.

[43] 王宏，骆阳华. 美国政府技术采购促进战略性新兴产业发展分析[J]. 商业研究，2010
　　　(11)：99 - 103.

[44] 蒋时节，祝亚辉，等. 我国城乡基础设施存在的问题及原因[J]. 重庆科技学院学报(社会科学版). 2009(10)：97-98.

[45] 国务院第二次全国农业普查领导小组办公室、中华人民共和国国家统计局. 第二次全国农业普查主要数据公报(第一号、第三号)，2008年2月21日、25日。标准时点为2006年12月31日，时期资料为2006年度。

[46] 刘思麟. 我国城乡教育差距与收入差距的统计与分析[J]. 商. 2014(13)：155.

[47] 于永臻，李鹏程. 当前我国的创新型国家建亟须实现三个转型[J]. 经济研究参考，2012(68)：33-37.

[48] [以]巴泽尔. 产权的经济分析[M]. 费方域，段毅才，译，上海：上海人民出版社，1997，38-75.

[49] 吉瑞. 交易成本、政策选择与包容性创新[J]. 财经问题研究，2013(4).

[50] 张荣祥. 企业创业社会网络嵌入与绩效关系研究[D]. 浙江大学管理学院，2009；

[51] 张利平，仝允桓，高旭东. 面向低收入群体(BOP)市场的产品创新研究[J]. 中国人口资源与环境，2012，(1)：195-200.

[52] 邢小强，周江华，仝允桓，等. 面向低收入市场的金字塔底层战略研究述评[J]. 财贸经济，2011，(1)：79-85；

[53] 苗青. 基于规则聚焦的公司创业机会识别与决策机制研究[D]. 浙江大学，2006.

[54] 周江华，仝允桓，李继珍. 企业面向低收入群体的创新模式研究[J]. 经济与管理研究，2010，(10)：12-17.

[55] 王晓文，尹珏林. 草根创新全球互动——联合国亚太地区技术转移中心民间创新大会会议侧记[J]. 中国发明与专利，2008，(5)：42-45.

[56] 汤鹏主. 科技型小微企业包容性创新研究[J]. 科技进步与对策，2013，30(18)：29-32.

[57] 孙笑明，崔文田，王乐，等. 结构洞与企业创新绩效的关系研究综述[J]. 科学学与科学技术管理，2014，(11)：142-152.

[58] 邢小强. 面向金字塔底层的包容性创新系统研究[J]. 科学学与科学技术管理，2010，31(11)：27-32.

[59] [美]C. K. 普拉哈拉德. 金字塔底层的财富[M]. 林丹明，等，译. 北京：中国人民大学出版社，2005(20).

[60] 郝君超，李哲. 中国推进包容性创新的实践及相关思考[J]. 中国科技论坛，2015(4)：35-40.

[61] 刘星，王澜. 加强农村基础设施建设 加快我国农村经济发展[J]. 湖南农机，2007(5)：61-65.

·外文参考资料

[1] Prahalad C K，Hart，S L. The Fortune at the Bottom of the Pyramid[J]. Strategy & Business，2002，26：54－67.

[2] Prahalad C K，Hammond A Serving the World's Poor，Profitably [J]. Harvard Business Review，2002，80(9)：48－57.

[3] Prahalad C K. The fortune at the Bottom of the Pyramid：Eradicating poverty through profits [M]. New Jersey：Wharton School Publishing，2004.

[4] Prahalad C K. Bottom of the Pyramid as a Source of Breakthrough Innovations[J]. Journal of Production Innovation Management，2012，29(1)6－12.

[5] Ted London. A Base of the Pyramid Perspective on Poverty Alleviation[R]. William Davidson Institute Working Paper，2007.

[6] Rajan Varadarajan. Fortune at the Bottom of the Innovation Pyramid：The Strategic Logic of Incremental Innovations [J]. Business Horizons，2009(52)：21－29.

[7] Dahlman，C. J. The World under Pressure：How China and India Are Influencing the Global Economy and Environment [M]. Stanford：Stanford University Press，2012. 5－9.

[8] Gerard George，Anita M. McGahan and Jaideep Prabhu. Innovation for Inclusive Growth：Towards a Theoretical Framework and a Research Agenda [J]. Journal of Management Studies，2012，6：661－683.

[9] P Holtz. Unleashing India's Innovation：Toward Sustainable and Inclusive Growth [M]. The World Bank，2009.

[10] Lina Sonne. Innovative Initiatives Supporting Inclusive Innovation in India：Social Business Incubation and Micro Venture Capital [J]. Technological Forecasting & Social Change，2012(79)：638－647.

[12] Shahzad Ansari，Kamal Munir and Tricia Gregg. Impact at the 'Bottom of the Pyramid'：The Role of Social Capital in Capability Development and Community Empowerment [J]. Journal of Management Studies，2012，49(4)：813－841.

[13] Hart，S L. Innovation，Creative Destruction and Sustainability[J]. Research Technology Management，2005，48(5)：21－27.

[14] Jessica Scholl. Inclusive Business Models as a Key Driver for Social Innovation [J]. Social Innovation，2013.

[15] Jamie Anderson，Niels Billou. Serving the World's Poor：Innovation at the Base of the Economic Pyramid [J]. Journal of Business Strategy，2007(28)：14－21.

[16] Arpita Agnihotri. Doing Good and doing Business at the Bottom of the Pyramid [J]. Business Horizons, 2013(56):591 - 599.

[17] Minna Halme, Sara Lindeman and Paula Linna. Innovation for Inclusive Business: Intrapreneurial Bricolage in Multinational Corporations [J]. Journal of Management Studies, 2012, 49(4):743 - 784.

[18] Tassilo Schuster, Dirk Holtbrugge. Market Entry of Multinational Companies in Markets at the Bottom of the Pyramid: A Learning Perspective [J]. International Business Review, 2012(21):817 - 830.

[19] Simanis E, Hart S. L. The Base of the Pyramid Protocol : Beyond Basic Needs[J]. Business Strategies, 2008, 3(1):57 - 84.

[20] Andre Nijhof, Olaf Fisscher, Jan Kees Looise. Inclusive Innovation: a Research Project on the Inclusion of Social Responsibility [J]. Corporate Social Responsibility and Environmental Management, 2002(9): 83 - 90.

[21] Denis G. Arnold , Andres Valentin. Corporate Social Responsibility at the Base of the Pyramid [J]. Journal of Business Research, 2013(66):1904 - 1914.

[22] Shyama V. Ramani, Shuan SadreGhazi , Geert Duysters. On the Diffusion of Toilets as Bottom of the Pyramid Innovation: Lessons from Sanitation Entrepreneurs [J]. Technological Forecasting & Social Change, 2012(79):676 - 687.

[23] Eva Heiskanen, Sampsa Hyysalo. Constructing Innovative Users and User Inclusive Innovation Communities [J]. Technology Analysis & Strategic Management, 2010, (4):495 - 511.

[24] Jeremy Hall, Stelvia Matos, Lorn Sheehan and Bruno Silvestre. Entrepreneurship and Innovation at the Base of the Pyramid: A Recipe for Inclusive Growth or Social Exclusion? [J]. Journal of Management Studies, 2012, 49(4):785 - 812.

[25] Seelos C, Mair j. Profitable Business Models and Market Creation in the Context of Deep Poverty: A Strategic View[J]. Academy of Management Perspectives, 2007, 21(4):49 - 63.

[26] Sorina Moica, Teodor Socaciu. Model innovation system for economical development using entrepreneurship education [J]. Procedia Economics and Finance, 2012(3):521 - 526.

[27] Ioana Manafi, Daniela Elena Marinescu. The Influence of Investment in Education on Inclusive Growth - Empirical Evidence from Romania vs. EU[J]. Procedia - Social and Behavioral Sciences, 2013(93):689 - 694.

[28] Hammond A L, Krammer W J, Katz R S, etal. The Next 4 Billion: Market Size and

Business Strategy at the Base of the Pyramid[M]. World Resource Institute, International Finance Corporation, 2007. 3 - 6.

[29] De Soto. The Mystery of Capital: Why Capitalism Triumphs in the West and Fails Everywhere Else[M]. New York: Basic Books, 2000. 10 - 12.

[30] Sen A. Development as Freedom[M]. New York: Anchor Books, 1999. 5 - 10.

[31] Kelly L, José Antonio Rosa, Madhubalan Viswanathan. Marketing to subsistence consumers: lessons from practice[J]. Journal of Business Research(special issue), 2009, 63(6):559 - 569.

[32] Simanis E, Hart S L. The Base of the Pyramid Protocol: Toward Next Generation BoP Strategy [M]. 2nd Edition, Center for Sustainable Global Enterprise, Cornell University, 2008. 3 - 8.

[33] Prahalad C K. The Fortune At The Bottom of The Pyramid: Eradicating Poverty Through Profits[M]. NJ:Wharton School Publishing, 2005. 6 - 7.

[34] Hall Jeremy, Matos Stelvia, Lorn Sheehan. Bruno Silvestre Entrepreneurship and Innovation at the Base of the Pyramid: a Recipe for Inclusive Growth or Social Exclusion? [J]. Journal of Management Studies, 2012, 45(4) : 785 - 812.

[35] Subrahmanyan S J, Tomas Gomez - Arias. Integrated Approach to Understanding Consumer Behavior at Bottom of Pyramid[J]. Journal of Consumer Marketing, 2008, 25(7) : 402 - 412.

[36] London T, Anupindi R, Sheth S. Creating Mutual Value: Lessons Learned from Ventures Serving Base of the Pyramid Producers[J]. Journal of Business Research, 2010, 63(6): 582 - 594.

[37] Percy - Smith J. Policy Responses to Social Exclusive: Towards Inclusion? [M]. Philadelphia, Buckingham: Open University Press, 2000.

[38] Raina. R. Inclusion, Inquality and Poverty Reduction What they Mean for SIID[EB - OL]. http://www. cma. zju. cn/siid/Readnews. aspx? newsid=32. 2009.

[39] Peace R. Social Exclusion: A Concept in Need of Definition? [J]. Social Journal of New Zealand. 2001, 16:17 - 36.

[40] Social Exclusion Unit. Preventing Social Exclusion[R]. London, 2001.

[41] Silver. Social Exclusion and Social Solidarity: Three Paradigms[J]. International Labor Review, 1994, (133):531 - 577.

[42] Sen. A. Inequality reexamined [M]. Oxford : Oxford University Press, 1992.

[43] Ali I, Zhuang J. Inclusive Growth toward a Prosperous Asia: Policy Implications

[R]. ERD Working Paper No. 97, Economic and Research Department, Asian Development Bank, Manila, 2007. 1 - 10.

[44] Moore J F. Predators and prey: A New Ecology of Competition[J]. Harvard Business Review, 1993, 71(3): 75 - 86.

[45] Moore J F. The Death of Competition: Leadership and Strategy in the Age of Business Ecosystems[M]. New York: Harper Business, 1996.

[46] Iansiti M, Levien R. Strategy as Ecology[J]. Harvard Business Review, 2004, 82 (3): 68 - 81.

[47] Li Y R. The Technological Road Map of Cisco's Business Ecosystem[J]. Technovation, 2009, 29 (5) : 379 - 386.

[48] Eisenhardt K M, Martin J A. Dynamic Capabilities: What are they? [J]. Strategic Management Journal, 2000, 21:1105 - 1121.

[49] Iansiti M, Richards G L. Information Technology Ecosystem: Structure, Health, and Performance[J]. The Antitrust Bull, 2006, 51: 77.

[50] Adner R. Match your Innovation Strategy to your Innovation Ecosystem[J]. Harvard Business Review, 2006, 84(4) : 98.

[51] Veronica Serrano, Thomas Fischer. Collaborative Innovation in Ubiquitous Systems [J]. International Manufacturing , 2007, (18) : 599 - 615.

[52] Duin H, Jaskov J, Hesmer A, Thoben K - D. Towards a Framework for Collaborative Innovation[M]. Boston: Springer, 2008, 277:193 - 204.

[53] Dubberly H. Toward a Model of Innovation[J]. Interactions 15, 2008(1):28 - 34.

[54] Chesbrough H, Vanhaverbeke W, West J. Open Innovation: Researching a New Paradigm[M]. Oxford University Press, Oxford.

[55] Leydesdorff , Loet & Etzkowitz, Henry . The Dynamics of Innovation:From National Systems and "M ode 2" to a Triple Helix of University - Industry - Government Relations[J] . Research Policy29 (2000). 109 - 123, 111 - 112.

[56] Raina R. Inclusion, Inequality and Poverty Reduction what They Mean for SIID[EB/OL]. http://www. Cma. zju. sdu. cn/siid/Readnews. aspx? Newsid=32. 2009.

[57] Peace R. Social Exclusion:A Concept in Need of Definition? [J]Social Policy Journal of New Zealand, 2001, 16: 17 - 36.

[58] Wildasin D E. Nashe Quilibria in Models of Fiscal Competition[J], Journal of Public Economics, 1988. 35(2): 229 - 240.

[59] Wilson J D. A Theory of Interregional Tax Competition[J] . Journal of Urban

Economics，1986，19(3)：296－315.

[60] Keen M，Marchand M. Fiscal Competition and the Pattern of Public a Pending[J]．Journal of Public Economics，1997，66(1)：33－53.

[61] Solinger D J. Citizenship Issues in China's Internal Migration：Comparisons with Germany and Japan[J]．Political Science Quarterly，1999，114(3)：455－78.

[62] Roberts K. Chinese Labor Migration：In Sights from Mexican Undocumented Migration to the United States [C]//In West，Loraine and Yaohui Zhao(eds.)Rural Labor Flows in China，Institute of East Asian Studies，University of California，Berkeley. 2000.

[63] Lipton M. Why Poor People Stay Poor：Urban Bias in World Development [M]．CamBridge，MA：Harvard University Press，1977.

[64] Bates R. Markets and States in Tropical Africa[M]．Berkeley，California：University of California Press，1981.

[65] De Brauw A，Rozelle S. Reconciling the Returns to Education in Off－Farm Wage Employment in Rural China[J]．Review of Development Economics. 2008，12(1)：57－71.

[66] Hannum E，Behrman J，Wang M Y，etal. Education in the Reform Era[C]//In Brandt，L.，& Rawski，T.G. China's Great Economic Transformation. New York：Cambridge University Press. 2008.

[67] Wernerfelt B. A Resource－based View of the Firm[J]．Strategic Management Journal，1984(5)：171－180.

[68] Makadok R. Toward a Synthesis of the Resource－Based and Dynamic－Capability Views of Rent Creation[J]．Strategic Management Journal，2001，22(5)：387－401.

[69] Huang Z H，Zhang X B，Zhu Y W. The Role of Clustering in Rural Industrialization：A Case Study of the Footwear Industry in Wenzhou [J]．China Economic Review，2008，19(3)：409－420.

[70] Treasury. Towards an Inclusive Economy[R]．New Zealand Treasury Working Paper01/15. Wellington，2001a.

[71] McEvily S K，Chakravarthy B. The Persistence of Knowledge－based Advantage：An Empirical Test for Product Performance and Technological Knowledge[J]．Strategic Management Journal，2002，23(4)：97－119.

[72] JensenR，Szulanski G. Stickiness and the Adaptation of Organizational Practices in Cross－border Knowledge Transfers [J]．Journal of International Business Studies，2004，35(6)：508－523.

[73] Treasury. Human Capital and the Inclusive Economy[R]. New Zealand Treasury Working Paper01 / 16. Wellington，2001b.

[74] Diamond PA，Mirrlees JA. Optimal Taxation and Public Production[J]. American Economic Review，1971，61(1)：8 - 27.

[75] Feldstein M S. Distribution Equity and the Optimal Structure of Public Prices[J]. American Economic Review，1972，62(1/2)：32 - 36.

[76] Hayami Y，Kikuchi M，Marciano M. Structure of Rural Based Industrialization：Metal Craft Manufacturing on the out Skirts of Greater Manila，the Philippines[J]

[77] Porter M E. Competitive Strategy[M]. New York：Free Press，1980.

[78] Power D，Hallencrrutz D. Profiting from Creativity? the Music Industry in Stock Holm，Sweden and Kingston，Jamaica[J]. Environment and Planning，2002，34 (10)：1833 - 1854.

[79] Becker G，Murphy K. The Division of Labor，Coordination Costs，and Knowledge [J]. Quarterly Journal of Economics，1992，107(4)：1137 - 1160 Industrial Automation in Sweden[C]// In：Carlsson.

[80] Stankiewicz R. The Role of the Science and Technology in Frastructure in the Development and Diffusion of Industial Automation in Sweden [C]// In：Carlsson，B. Technological Systems and Economic Performance：The Case of Factory Automation. Dordrecht，Kluwer，1995：165 - 21.

[81] Bougrain F，Haudeville B. Innovation，Collaboration and SME Sinternal Research Capacities[J]. Research Policy，2002，31(3)：735 - 734.

[82] Wolpert JD. Breaking Out of the Innovation Box[J]. Harvard Business Review，2002，80(8)：

[83] The World Bank. Inclusive Innovation for Sustainable Inclusive Growth[R]，2013.

[84] North，D. C. Structureand Performance：The Task of Economic History[J]. Journal of Economic Literature，1978，16(3)：963 - 978.

[85] Williamson，O. E. Transaction - Cost Economics：The Governance of Contractual Relations[J]. Journal of Lawand Economics，1979，22(2)：233 - 261.

[86] Burt R S. Structural Holes and Good Ideas[J]. American Journal of Sociology，2004，110(2)：349 - 399；

[87] Shane，S. & Venkataraman，S. The Promise of Entrepreneurship as a Field of Research [J]. Academy of Management Review，2000，25(1)：217 - 226；

[88] Baron，R. A. & Ward，T. B. Expanding Entrepreneurial Cognition's Toolbox：Po-

tential Contributions from the Field of Cognitive Science [J]. Entrepreneurship Theory and Practice, 2004, 28(6):553 – 575;

[89] Gargiulo, M. and Benassi, M., Trapped in your Own Net? Network Cohesion, Structural Holes and the Adaption of Social Capital[J], Organization Science, 2000, 11(2):183 – 96;

[90] Eastely. The White man's Burden: Why the West's Efforts to Aid the Rest Have Done so much Ill and so little Good[M]. New York: Penguin Press, 2006.

[91] Dutz Mark Andrew. Unleashing India's Innovation: towards Sustainable and Inclusive Growth[M]. Washington, D. C:The World Bank, 2007. 105 – 128.

[92] Christensen, C. M. The Innovator's Dilemma[M]. Boston: Harvard Business School Press, 1998.

[93] London, T. , Hart, S. L. Reinventing Strategies for Emerging Markets: Beyond the Transnational Model[J]. Journal of International Business Studies, 2004, 35(5): 350 – 370.

后 记

本书是在我主持的课题的基础上修改而成的。

我所在的研究团队进入"包容性创新"领域已经有两年多的时间，从最初的内涵概念到区域创新系统的构建再到创新的扩散，研究过程中的点滴进步都凝聚着许多老师、亲朋好友的心血和汗水。本人无以言谢，谨以此书献给帮助过我的老师和朋友们。

首先要感谢我的研究团队，本书是集体智慧和辛勤汗水的结晶。课题组成员团结协作，忘我工作，其中包括孙永康、李晓华、陈琳、马晖、李馥萌、张沂娜、李婷等。团队经过两年多的努力，在包容性创新领域取得了一定的成绩，先后获得四项省部级项目，公开发表CSSCI 学术论文八篇。本书的编写分工情况是：赵武提出框架及总体思路；孙永康、马晖负责研究背景、相关理论和区域包容性系统构建，具体包括第一章、第二章和第三章；陈琳负责国外经验和对策建议，具体包括第四章和第七章；赵武、李晓华负责案例分析和绩效评估，具体包括第二章、第五章和第六章；赵武、陈琳负责资料收集和文字统筹部分。我为能成为负责人并为之增光添彩而自豪！

其次要感谢西安电子科技大学的老师们。来到西安电子科技大学，我得到了诸位老师的指导和帮助，他们是：王安民教授、杜荣教授、王益锋教授、杜跃平教授、王林雪教授、李华教授、白旭东书记、樊稳副书记、李勇强副书记以及经济与管理学院、人文学院的所有老师。诸位老师的指导是使我加深对管理知识理解的关键。在此，向各位老师表示衷心感谢！

本书的出版，得到了陕西省出版资金的资助，本人主持的陕西省自然科学基金（2014JM2－7134）、西安市社科基金(15J39)项目的研究成果为本书提供了建设性的内容。

感谢陕西省出版广电局、陕西省科技厅、西安市社科规划办等单位的大力支持；感谢西安电子科技大学出版社胡方明社长、阔永红总编、马乐惠主任以及高樱女士，他们为本书的出版给予了大力的支持和帮助。

我真诚地感谢我的父亲、母亲、岳父、岳母、妻子和女儿对我的支持、鼓励与帮助，他们崇尚知识的理念和热爱生活的态度对我影响至深，他们无私的爱和奉献精神是我前进的力量！

向所有培养、关心、爱护和支持我的老师及亲朋好友致以崇高的敬意！

赵 武

2017 年 10 月